QUEER ZONES

2

sexopolíticas

Sam Bourcier

QUEER ZONES

2

sexopolíticas

tradução
Caroline Micaelia
Henrique Provinzano Amaral

ilustrações
Ruth Mora

crocodilo

Sam Bourcier

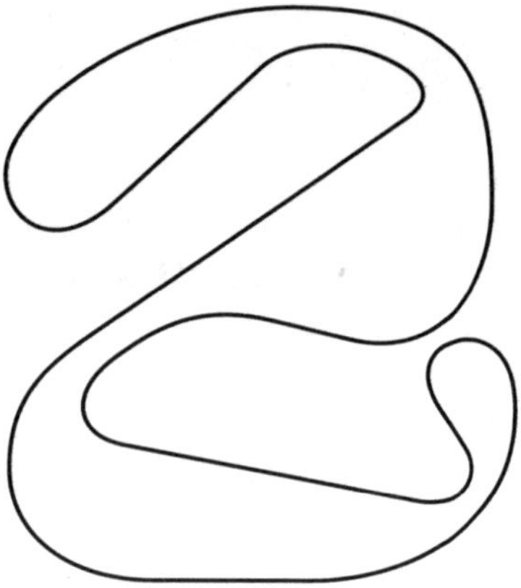

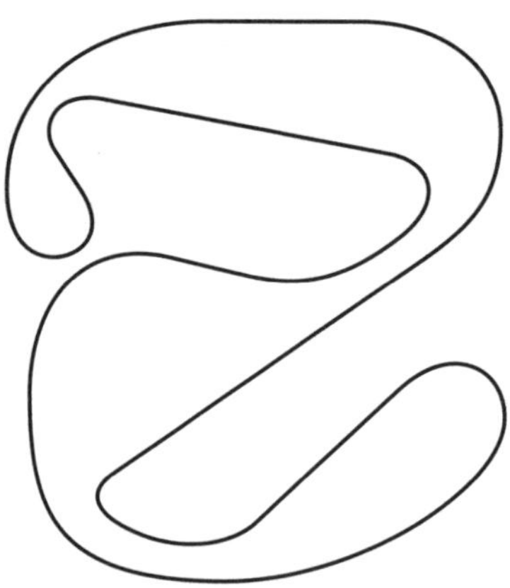

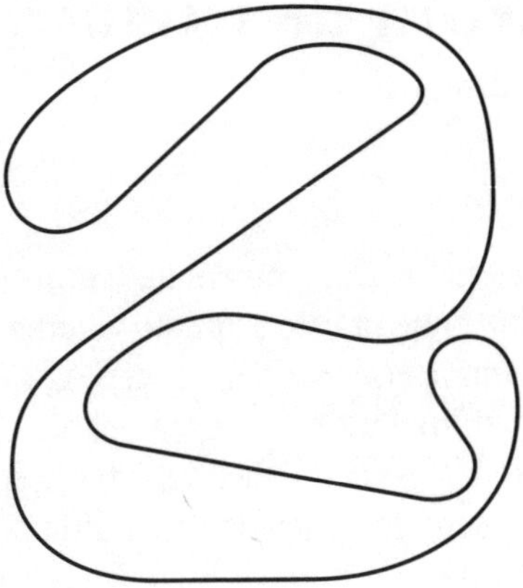

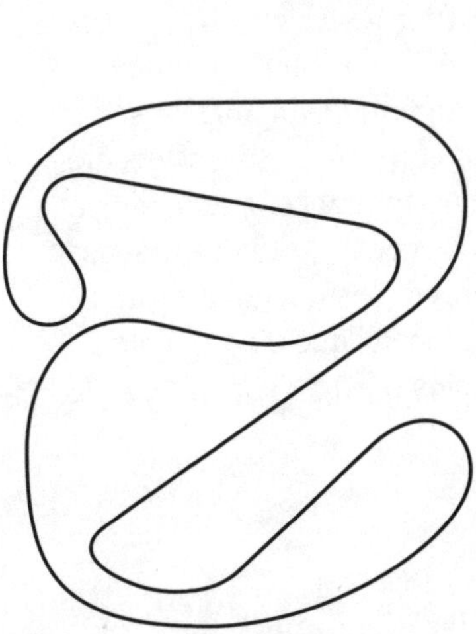

Nota de tradução

"Enquanto isso, parem de tentar nos traduzir". Essa é a frase que encerra este segundo volume de *Queer Zones*, livro que nos lembra, em diversos momentos, que uma tradução está sempre comprometida com uma política, e que essa política pode não ser a mesma da obra a ser traduzida - podendo inclusive ir no sentido contrário desta última. Diante da necessidade e da vontade de traduzir Bourcier, fazendo jus às particularidades de sua escrita e de seu pensamento, buscamos ter sempre em vista essa reflexão e a(s) política(s) dos textos aqui reunidos. Essa postura foi assumida, em nossa tradução, como uma tentativa de escapar a possíveis *lapsus traductae* (alguns dos quais, com consequências importantes para a chamada teoria queer, são exemplificados pelo autor), mas também como uma forma de pensar com Bourcier. Esperamos, assim, que isso esteja traduzido em nossos esforços para lidar com a complexidade desta obra, que inclui as misturas de diferentes registros de linguagem, os traços estilísticos, muitas palavras da língua inglesa, gírias, conceitos filosóficos, psicológicos e sociológicos, pontuação expressiva e sintaxe cumulativa, além de termos considerados de baixo calão ou obscenos empregados de maneira descritiva ou técnica, jogos de palavras, trocadilhos engenhosos (por vezes engenhosíssimos), ambiguidades e "tirações de sarro".

Bourcier escreve com muita sensibilidade para a linguagem, uma sensibilidade que ultrapassa o âmbito da linguagem verbal - alcançando também os domínios do corpo, dos espaços geográficos e/ou enunciativos, do tom, da performance -, sem, no entanto, colocar de lado em nenhum momento sua centralidade. E isso por ter consciência dos poderes de institucionalização e de alargamento da palavra. Talvez isso explique o porquê de a tradução ser uma questão que permeia o livro e com a qual ele se encerra.

Uma vez que, para Bourcier, é preciso dar bastante atenção às políticas de tradução – devido a alguns debates que vêm acontecendo na França nas últimas décadas e que não necessariamente possuem eco no Brasil, como, por exemplo, a questão da integração das comunidades oriundas das migrações –, procuramos manter o vocabulário específico e, quando isso não se mostrou suficientemente autoexplicativo quanto a elementos de contexto, optamos por recorrer a notas de tradução pontuais. Muitas das outras dificuldades tradutórias que aparecem neste *Queer Zones 2* já apareciam no primeiro volume, de modo que as resoluções seguiram os procedimentos utilizados anteriormente, justificados em nota naquela ocasião. Nos dois casos, ler e traduzir Bourcier é sempre um exercício de repensar os discursos sobre gênero(s), sexo(s) e sexualidade(s), bem como nossos próprios discursos, escolhas estilísticas, vícios, e até mesmo nosso ser e estar na linguagem.

Desejamos a todos.as.es uma boa leitura – e um bom exercício!

DIRTY TALK

Cultural studies e políticas da disciplina: *talk dirty to me*!

"O que acontece quando uma abordagem universitária e teórica tenta se envolver em pedagogias que incluem o engajamento ativo dos indivíduos e dos grupos, e tenta fazer a diferença no lugar institucional onde está situada? [...] Isso requer assumir que a cultura sempre vai funcionar por meio de suas textualidades e que a textualidade nunca é o bastante. Mas bastante de quê, para quê? Essa é uma questão extremamente difícil de responder, porque, filosoficamente, sempre se revelou impossível no campo teórico dos cultural studies – seja ele concebido em termos de textos e de contextos, de intertextualidade, de formações históricas nas quais se alojam as práticas culturais – chegar a algo que corresponda a uma formulação adequada da cultura e de seus efeitos. Não obstante, quero insistir no fato de que, se os cultural studies não ensinarem a viver com essa tensão, uma tensão que todas as práticas textuais devem assumir, uma tensão que Saïd descreve como sendo o estudo do texto em suas relações com 'as instituições, os agentes, as classes, as universidades, as empresas, os grupos, os partidos e as profissões, as nações, as raças e os gêneros em sua definição ideológica', então os cultural studies terão renunciado à sua vocação de estar no mundo [...]. Se vocês perderem de vista essa tensão, vocês podem fazer um bom trabalho intelectual, mas perderão a prática intelectual como política. Eu lhes digo isso, não para lhes dizer o que os cultural studies deveriam ser [...], mas porque penso que isso é o que define o projeto dos cultural studies. Tanto no contexto inglês quanto no norte-americano, os cultural studies chamaram a atenção, não devido a um desenvolvimento teórico interno mirabolante, mas porque mantiveram as questões teóricas e políticas numa tensão permanente e sem resolução."[1]

Stuart Hall

1 MORLEY, David; CHEN, Kuan-Hsing. "Cultural Studies and its Theoretical Legacies". *Stuart Hall*: Critical Dialogues in Cultural Studies. Nova Iorque; Londres: Routledge, 1996.

Um dos méritos dos *cultural studies*, na França, foi o de politizar os saberes em geral e as disciplinas em particular. Ou, pior do que isso, de fissionar o reator republicano, por meio da ativação em cadeia das teorizações e práticas culturais e políticas saídas das margens: os estudos pós-coloniais, os feminismos e o pós-feminismo, os estudos étnicos, os estudos gays, lésbicos e trans, os estudos queer, os *disabilities studies*, os *beur studies*, os *whiteness studies*, os *porn studies*, os *gender studies* e todos os estudos "oriundos da integração". Realmente, é de dar medo para quem ainda busca conforto à sombra das grandes narrativas da modernidade, que prometeram progresso social, justiça e igualdade para todos enquanto se tratava apenas da defesa do universal branco masculino heterossexual; é de dar muito medo devido a seus privilégios epistemopolíticos, seus compartimentos disciplinares e suas universidades *straight*. De fato, uma das problemáticas centrais dos *cultural studies* é a das políticas da disciplina. Mas também é preciso falar do encontro dos *cultural studies*, do marxismo e do pós-estruturalismo, dos *cultural studies* norte-americanos e dos *cultural studies* ingleses; da colisão dos grandes objetos dos *cultural studies*, como por exemplo as mídias de massa, com respingos que sujam os guardanapos dos campos que acabaram de se constituir, sem esquecer os ataques das minorias aos *cultural studies*.

Eu não estaria aqui onde estou se não tivesse descoberto os textos da "escola" de Birmingham, se não tivesse lido os *cultural studies* ingleses e norte-americanos, se não tivesse redescoberto o feminismo em seus aspectos políticos e teóricos, tal como ele evoluiu e foi redistribuído pelos *media studies* e pelos *queer studies*, nos anos 1990. Não poderia reivindicar minha qualidade de mau sujeito queer, pervertido e indisciplinado, minha identidade sexual e de gênero, minha relação com os saberes, os poderes e as políticas, sem uma posição construtivista radical que afete tanto a concepção da linguagem e da realidade quanto a da cultura e das identidades. Escolhi, portanto, adotar um estilo autobiográfico para contar situações reveladoras do tipo de resistência suscitada pelos *cultural studies* na França. A partir da constatação dessas resistências, tentarei, em seguida, definir o que podemos entender como *cultural studies*, por meio da descrição de vários níveis operatórios: os objetos e a dimensão profundamente política dos *cultural studies*. Uma vez passadas em revista as características epistemopolíticas dos *cultural studies*, veremos melhor em que medida elas buscam renunciar a toda forma de autoridade da disciplina. Misturando um tom autobiográfico a fragmentos da "história" dos *cultural studies*, este mosaico "textual" vai agradar àqueles que ainda têm necessidade de reduzir os *cultural studies* a um exagero de linguagem metafórico e apolítico. Para outros, ele vai assinalar que o pessoal, o teórico e as disciplinas são políticos.

Do mesmo modo, vale prevenir desde já quanto à irritação suscitada por esse tipo de escrita. Ela se deve ao fato de que esse tipo de prosa é considerado inútil e *cheap* em comparação com os modelos da teoria mais nobres e mais "rigorosos". Essa maneira de escrever seria muito "americana": pois não são os norte-americanos que têm essa tendência a tornar emotivas suas afirmações e experiências, com esse estilo Alcoólicos Anônimos tão próprio deles? No que diz respeito ao estereótipo cultural da "americanidade", ele não mascara muito bem o propósito crítico dessa ancoragem "subjetiva". Sem dúvida, gostaríamos, mesmo nas ciências humanas francesas, de continuar tranquilamente opondo subjetividade e objetividade, com um modelo hipotético--dedutivo guardado na manga ou com estratégias de verificação tomadas de empréstimo às ciências duras.

Começar desse modo leva a desconstruir o sujeito que sou, a ficção particular que ele representa, o efeito de uma história, de um contexto e de certos discursos. É impossível uma abordagem culturalista que não considere a questão do sujeito tão importante quanto a dos objetos de investigação, que não veja que ambas estão – devem estar – ligadas. Mais vale ser gay para poder fazer observação participante nos *dark rooms*.[2] Mais vale ser um fã de séries para investigar sobre os fãs de séries. A proximidade para com seu objeto é uma riqueza, não um defeito, e é preciso admitir que a maior parte das investigações sobre a

2 Sobre a observação participante gay em matéria de sexografia, ver: BOLTON, Ralph. "Mapping Terra Incognita: Sex Research for Aids Prevention – An Urgent Agenda for the 1990's". HERDT, G.; LINDENBAUM, S. (orgs.). *The Time of Aids*. Social Analysis, Theory and Method. Londres; Nova Deli: Sage, 1992.

sexualidade das minorias e dos "Outros" foram feitas, até muito recentemente, não de um ponto de vista objetivo, mas de um ponto de vista heterocentrado e masculino (que pode perfeitamente ser ocupado por uma mulher dita "biológica"). No final das contas, o modelo objetivante é bem mais duvidoso, haja vista o que ele produziu numa certa antropologia colonial. Um ponto de partida subjetivo e reflexivo também constitui uma maneira de combater a existência "natural" de um sujeito neutro, não determinado pelo gênero, não marcado pela classe ou pela raça. Em suma: universal e branco. Essa maneira de escrever faz eco aos textos com múltiplas vozes que li nos anos 1990, que me tiraram do monólogo e do pensamento *straight* e que, de Douglas Crimp[3] a Stuart Hall, me fizeram compreender o que havia de ficcional e de autobiográfico nos sujeitos das ciências humanas, e em que medida falar autobiograficamente permite relativizar o princípio de autoridade conferido pela teoria.

Para não mais sucumbir a um uso intimidador da teoria com T maiúsculo, apenas viva o *cheap*! Uma das contribuições dos *cultural studies* foi a de multiplicar os métodos e as abordagens de um objeto sem os hierarquizar. Tudo vale a pena para melhor apreender os objetos: a análise dos textos, dos discursos, dos públicos, da recepção, das instituições, mas também as entrevistas, o campo, as lixeiras, os arquivos e as teorias. E, sobretudo, as teorias que brotam como cogumelos: a *living chicana theory*[4] terá, provavelmente, uma vida mais curta que a da teoria dos números ou a da reprodução de Bourdieu, mas ela nos permitirá pensar nos objetos como a "fronteira" ou a identidade *chicana* sem eurocentrismo, colonialismo nem teoricismo. Como observa Appadurai, os *cultural studies* – mas o mesmo poderia ser dito da *cheap theory*, sobretudo no contexto francês – geram uma certa "ansiedade" em relação ao que constitui "a verdadeira pesquisa". Na realidade, isso deveria nos levar a traçar a

3 CRIMP, Douglas. "Fassbinder, Franz, Fox, Elvira, Erwin, Armin and All the Others". GEVER, Martha; GREYSON, John; PARMAR, Pratibha (eds.). *Queer Looks*. Perspectives on Lesbian and Gay Film and Video. Nova Iorque; Londres: Routledge, 1993.

4 TRUJILLO, Carla. *Living Chicana Theory*. Berkeley: Third Woman Press, 1998.

genealogia de nossas disciplinas e a historicizá-las.[5] É a contribuição que poderia ter sido trazida pela atual reforma europeia do ensino superior, com a "masterização" dos cursos (*licence, master, doctorat*),[6] sequência lógica do processo de Bolonha, que pretende fazer da Europa um espaço competitivo na economia globalizada do conhecimento. O mínimo que se pode dizer é que não tomamos esse caminho: as rivalidades entre as disciplinas estão exacerbadas pela necessidade de se trabalhar transversalmente, e a metáfora conjugal causa raiva, uma vez que as alianças entre departamentos são constantemente postas em termos de "casamento".

1964-1980: *cultural studies* e mídias

Sou um bebê do pós-estruturalismo francês. Uma *licence*, uma *maîtrise*, um *DEA* sobre literatura, na França dos anos 1980, eram feitos à base de Barthes, Lacan, Lévi-Strauss, Saussure, Propp, Greimas. De maneira tão formalista que, para meu trabalho de doutorado, logo decidi sair do campo puramente literário ou estruturalista. Naquela época, eu o via de maneira confusa como um trabalho sobre a vida do sentido na sociedade, uma espécie de semiossociologia. Mas isso, na realidade, não existia, e eu não conseguia me identificar nem como socióloga.o,[7] nem como semióloga.o. Interessada.o pelas mídias de massa e suas formas menos "nobres", decidi trabalhar com televisão - e com a Primeira Guerra do Golfo, com o discurso narrativo televisivo naquele contexto. Foi aí que descobri como eram utilizados o último Barthes (de *S/Z*, o Barthes mais textual, mais culturalista) e os textos culturalistas de Birmingham (Williams, Hall, Fiske,

5 APPADURAI, Arjun. "Diversity and Disciplinarity as Cultural Artifacts". NELSON, Cary; GAONKAR, Dilip Parameshwar (eds.). *Disciplinarity and Dissent in Cultural Studies*. Nova Iorque; Londres: Routledge, 1996.

6 [N.T.] Baseada em três ciclos de cursos, essa estrutura corresponde aproximadamente ao currículo brasileiro (graduação, mestrado, doutorado) e foi adotada em vários países da Europa a partir do chamado Processo de Bolonha, assinado em 1999.

7 [N.E.] A variação da desinência de gênero ao longo do texto segue as opções de Bourcier. Quaisquer casos em que a presente tradução diverge do manuscrito foram consultados e justificam-se com base nessas opções.

Morley...). Foi um alívio. Eu ia poder me desfazer da concepção de massa conforme Baudrillard, ou de televisão segundo Bourdieu. De descrições sobre os efeitos da dominação que ficavam girando em círculos, assim como de tantas outras teorias esterilizantes, apocalípticas, para maior benefício daqueles que as proferiam. Eu ia poder esquecer o desprezo "científico" em torno do objeto televisão e o fato de ele estar preso numa ideologia das luzes catódicas, em que a televisão permanece como fonte de progresso, educação, unidade republicana e "vínculo social". Com o surgimento dos canais temáticos no fim dos anos 1980, os teóricos franceses da comunicação nos anunciavam - sem rir - o fim do mundo. A chegada dos guetos. E nem estou falando da univocidade com que os públicos eram prefigurados: nunca consultados e concebidos como essencialmente passivos. O extremo oposto, é claro, daquilo que os culturalistas mostravam em seus trabalhos, que insistiam em práticas de negociação e apropriação de textos televisivos a partir de sua recepção, de Hall a Morley, passando por Jenkins. Hall distinguiu vários níveis de decodificação da mensagem televisiva em sua recepção (leitura negociada, oposicional, preferencial).[8] Morley confrontou essa tipologia das leituras à etnografia dos públicos, sem esquecer de se questionar sobre as políticas desse tipo de etnografia.[9] Jenkins traria à tona o potencial ativo, cultural e participativo dos fãs de *Star Trek*, rompendo por completo com a visão adorniana do telespectador como "joguete cultural" e do fã necessariamente histérico.[10]

No doutorado, tive de deixar para lá o emprego tão evidente das abordagens culturalistas. No dia da minha defesa de tese, os sociólogos e historiadores da minha banca tomaram distância da.o semióloga.o que eu devia ser. Para além do duelo disciplinar que é uma defesa de tese, e do fato de que um dia seria preciso

8 "Encoding/decoding in Television Discourse" (1973), retomado em: HALL, Stuart; HOBSON, Dorothy; LOWE, Andrew; WILLIS, Paul. *Culture, Media, Language*. Working Papers in Cultural Studies (1972-1990). Londres: Hutchinson, 1980.

9 MORLEY, David. *Television, Audiences and Cultural Studies*. Nova Iorque; Londres: Routledge, 1992.

10 JENKINS, Henry; TULLOCK, John (orgs.). *Science-fiction Audiences*. Watching "Doctor Who" and "Star Trek". Nova Iorque; Londres: Routledge, 1995.

estudar para nos livrarmos dele,[11] parecia claramente que eles me "autorizavam o discurso", mas guardando para si "a realidade nua e crua". E que o sujeito – intelectual ou telespectador – era o sujeito moderno que preexiste à realidade, dotado de linguagem como instrumento de representação dessa realidade. Não mais construído do que todo o resto, não mais determinado pelo gênero do que todo o resto, incapaz de se tornar o soldado que dá "um chega para lá" nos iraquianos com mais facilidade, visto que estes foram construídos como o mal, o "outro", a barata nova-iorquina. Como dizia o tenente-coronel norte-americano Dick White, ao *The Independent*, em 4 de fevereiro de 1994, ao voltar de uma missão no Iraque: "era como acender a luz da cozinha tarde da noite e ver as baratas fugindo a toda velocidade. Nós as tiramos de lá e, quando conseguimos encontrá-las, as matamos". O império da narrativa televisiva não era nada perto das críticas que me fazia, com paixão, um dos meus orientadores na tese: mas, no final, os telespectadores tinham medo, eles têm medo da guerra, ao passo que minha pesquisa tratava da eficácia narrativa ao estilo das séries televisivas na cobertura da Guerra do Golfo, construída como tal pelos jornalistas e pelos militares, e igualmente eficiente em tempos de paz.

Sem saber, eu me encontrava na mesma situação que os pesquisadores que haviam usado a carta dos *cultural studies* à inglesa nos Estados Unidos, durante os anos 1980, para combater o ressurgimento das abordagens quantitativas e behavioristas nos estudos sobre as mídias e a comunicação. Ressurgimento que, no caso, se traduzia por uma interpretação mecânica, psicológica, no máximo sociológica, dos efeitos das mídias sobre os públicos. Isso sabendo que, já nos anos 1960, James Carey falava explicitamente de "*cultural studies*" e utilizava as noções de "cultura" e "comunidades" para combater a pressão exercida pela ciência:[12] o positivismo, a psicolinguística, as teorias da

11 Para uma abordagem etnográfica da universidade, ver: MESSER-DAVIDOW, Ellen; SHUMWAY, David R. Shumway; SYLVAN, David J. *Knowledges*: Historical and Critical Studies in Disciplinarity. Charlottesville: University Press of Virginia, 1993.

12 CAREY, James W. "American Cultural Studies and the History of Broadcasting". Conferência realizada no colóquio "Across Disciplines and beyond Boundaries", na Universidade de Illinois Urbana-Champaign, em 1995.

informação, a visão tecnofóbica da tecnologia[13] e as estatísticas nos estudos sobre mídias.

Em 1964, é inaugurado na universidade de Birmingham o *Centre for Contemporary Cultural Studies* (CCCS). Seu primeiro diretor não é ninguém menos do que Richard Hoggart, autor de *La culture du pauvre* [*A cultura da pobreza*]. Nessa época, são os departamentos de história e de sociologia que estremecem diante dos objetos definidos pelo centro: "as instituições, as práticas e as formas culturais, a relação destas com a sociedade e a mudança social".[14] As mídias de massa se tornam rapidamente um dos principais objetos de pesquisa do CCCS, examinadas sob o ângulo mídia/poder, mídia/ideologia, e em ruptura, portanto, com as abordagens empiristas e behavioristas dos estudos sobre comunicação norte-americanos desenvolvidos desde os anos 1950. Com Stuart Hall, que substitui Hoggart em 1966, a análise da relação mídia/ideologia vai passar cada vez mais pela análise dos textos, dos sistemas significantes, da cultura e das subculturas como textos, tanto no sentido da emissão como no da recepção (mensagens e audiências). As culturas são examinadas em sua relação com a cultura dominante, seja esta de resistência ou de incorporação, com um interesse significativo pelas formas múltiplas que a resistência pode tomar, e que vão dar acesso tanto ao combo Althusser/Gramsci conforme revisto pelo CCCS, como também a Barthes e Lévi-Strauss.

O *linguistic turn* dos anos 1980-1990 não é, portanto, a transposição de sua versão apolítica francesa, e tampouco vem marcar a despolitização dos *cultural studies*. Uma interpretação ainda vivaz, e que sentimos despontar na França, acredita poder opor marxismo e pós-estruturalismo, dando crédito ao primeiro por se preocupar com as formas de opressão, algo que

13 Uma visão redutora das tecnologias de comunicação (*medium* = *message*) contribuiu para mascarar as relações ambíguas que existem entre tecnologia e gêneros, tecnologia e partilha privado/público. A irrupção das tecnologias no espaço doméstico, por exemplo, está longe de ser para a mulher unicamente sinônimo de alienação. Sobre esse aspecto, ver: MORLEY, David. *Television, Audiences and Cultural Studies*. Op. cit.

14 HALL, Stuart. "Cultural Studies and the Centre: Some Problematics and Problems". HALL, Stuart; HOBSON, Dorothy; LOWE, Andrew; WILLIS, Paul. (orgs.). *Culture, Media, Language*. Londres: Routledge, 1980.

o segundo não faria, apenas interessado na linguagem, e não na realidade. Se é verdade que os *cultural studies* tomam alguma distância em relação aos conceitos de "classe" e de "ideologia" como instrumentos de análise das formas de dominação ou de opressão, não é para renunciar à análise das relações de poder e da maneira como elas são produzidas culturalmente. Oriundo ele próprio da nova esquerda (*new left*), Hall sempre sublinhou que o encontro entre os estudos culturais britânicos e o marxismo deveria ser entendido como uma tensão permanente, o encontro com um problema e não com uma teoria, nem mesmo com uma problemática, tendo em conta o economicismo, o reducionismo e o profundo eurocentrismo que caracterizam a teoria marxista.

Na Inglaterra dos anos 1980, assiste-se na realidade a uma repolitização dos estudos culturais, em parte causada pelo thatcherismo. É exatamente esse o sentido da coletânea de artigos lançada por Hall em 1988, uma obra de título explícito: *The Hard Road to Renewal, Thatcherism and the Crisis of the Left.* A virada dita "linguística" corresponde, na verdade, ao momento em que os *cultural studies* britânicos vão se voltar, da crítica da ideologia julgada ineficaz, para as políticas das representações e das identidades. Hall e os outros autores levam em conta a inegável "diversificação das lutas sociais" e das novas culturas que caracterizam essa época: o *New Times.* O *New Times* "provém da diversidade de reviravoltas políticas e sociais na Grã-Bretanha, do sucesso do thatcherismo, do declínio da política e da classe trabalhadora, da emergência das políticas das identidades e do consumo, assim como do desafio que elas constituem para a esquerda".[15] Também nos Estados Unidos, os *cultural studies* se desenvolvem em pleno reaganismo, num momento em que as minorias usam cada vez mais a carta das mídias de massa.

A visão unívoca da dominação, *à la* Bourdieu, ou a análise psicológica da indústria de massa assombrada pelo espectro totalitário, *à la* Adorno, não levam em conta essas evoluções.

15 MAC ROBBIE, Angela. *Postmodernism and Popular Culture*. Nova Iorque; Londres: Routledge, 1994. Ver também, da mesma autora: "Looking back at New Times and its Critics". HALL, Stuart; HOBSON, Dorothy; LOWE, Andrew; WILLIS, Paul. (orgs.). *Culture, Media, Language*. Op. cit.

É preciso então entender a chegada massiva das ferramentas pós-estruturais como a intensificação de uma visão construtivista da sociedade e da cultura, e compreender que essa visão construtivista da sociedade e da cultura troca de mãos. Já constituídos tanto na Inglaterra como nos Estados Unidos, os *cultural studies* vão, ao mesmo tempo, levar em conta e favorecer uma politização dos recursos construtivistas - outrora reservados aos especialistas (etnólogos, sociólogos, antropólogos, psiquiatras) -, dos quais as minorias e as margens que reivindicam políticas da representação e das identidades vão se apropriar. É precisamente essa posição política que distingue os *cultural studies* dos desconstrutivistas derridianos, dos psicanalistas lacanianos ou dos linguistas formalistas hiperteóricos.

1980-2000: *cultural studies* & *gender studies*

Minha segunda experiência em matéria de resistência aos *cultural studies* diz respeito à suposta criação, na universidade francesa, de cursos dedicados ao estudo dos gêneros, das sexualidades, quer os chamemos de *gay & lesbian studies* ou de *queer studies*. Acabo de abrir, no departamento de artes e cultura da Universidade de Lille 3, cinco cursos pensados a partir dos *queer studies*, dos *gender studies*, dos estudos feministas e dos *performance studies*: "Mídias, minorias, identidades: políticas da visibilidade"; "Da teoria do(a) (tel)espectador(a) às práticas dos públicos: comunidades, subculturas, fãs mordidos e torcidos"; "Feminismos e culturas: dos feminismos ao pós-feminismo queer: da crítica ao patriarcado às políticas da representação"; "A invenção do corpo moderno"; "Quando dizer é fazer: introdução às teorias e às políticas da performance/performatividade"; "Jogo, gêneros e performance: de Philippe Caubère a Madonna".

Mas as formas e níveis de resistência são legião, e por vezes estão ligados. Citarei apenas alguns que emanam de atores *a priori* envolvidos: as mulheres e as feministas. As feministas e/ou universitárias francesas se opõem muito fortemente aos *gender studies*, isso sem falar nos estudos sobre a sexualidade. Elas fazem questão de não falar sobre a riqueza da interação entre *cultural studies*, estudos feministas (certamente não femininos) e *gender studies*, bem como sobre as evoluções teóricas e políticas dos estudos feministas. É como se o feminismo e o conhecimento universitário defendessem, conjuntamente, uma certa ideia da hierarquia dos saberes e dos usos, uma política unitária, republicana, heterocentrada e o sujeito atrelado a ela - para não dizer uma certa ideia de nação face à emergência das identidades no campo político e nas mídias.

Nos dias 24 e 25 de maio de 2002, me vi num colóquio intitulado "O gênero como categoria de análise", organizado pela Universidade de Paris 7 e pela então recém-criada rede Ring (Rede Interuniversitária e Interdisciplinar Sobre o Gênero, constituída em 2001), colocada sob os auspícios do Ministério da Pesquisa, a partir de então "benevolente" para com os estudos sobre os gêneros, devido às injunções europeias no assunto. Num clima hiperheterocentrado, praticamente monogênero (os gêneros, ou melhor, "o gênero", como se ele fosse uma extensão da sempre famosa diferença sexual, a mulher heterossexual por assim dizer), despido de qualquer referência às identidades de gênero dissonantes (leia-se as lésbicas que não são mulheres, as *femmes*, as sapatonas, as *butches*, as bichas loucas, os *gouins*, os.as trangêneros.as, os.as transexuais, os *bears*, ou ainda as drag queens e outros drag kings,[16] ou seja, o resto do mundo) e, nem é preciso dizer, ali onde estava eliminada qualquer evocação explícita das sexualidades, nós tivemos que ouvir que o gênero "era algo muito difuso" ou mesmo que "estava na moda". O pedido para levar em conta as lésbicas, as minorias e as sexualidades nas abordagens, o desejo de não reproduzir um posicionamento heterocêntrico e excludente, expressos na reunião de 9 de junho de 2001, viraram letra morta, evidentemente.

16 *Femme*: lésbicas "femininas"; *butch*: lésbicas "masculinas"; *gouin*: bicha que se identifica como lésbica; drag king: o inverso da drag queen; *bear*: uma mistura de pelos e gostosura, alguns gays se identificam como *bear* (urso), numa reação contra o "*body fascism*" do corpo perfeito e musculoso, que se tornou o modelo dominante na cultura gay atual. [N.T.] Embora Bourcier sinalize a opção pela grafia *fem* (cf. nota 1 do capítulo "O silêncio das *butches*"), preferimos manter o par *butch*/*femme* por fazer mais sentido em português, por estar em conformidade com o primeiro uso dos termos e também por já ter sido a grafia utilizada no primeiro volume de *Queer Zones*.

É claro que era preciso voltar a esse ponto G para ganhar o aval do ministério ao programa do colóquio, no entanto, tudo foi feito para nos assegurar do contrário: na França, temos tudo o que é preciso, ou seja, a categoria de sexo e as relações sociais ligadas ao sexo. O gênero (sempre acompanhado de um singular bem substancializante) é coisa de inglês. Pasmem: um efeito do imperialismo norte-americano ou, ainda pior, uma inútil tradução. O colóquio inteiro – para enorme desespero dos estudantes e pesquisadores presentes, em busca de novas ferramentas e debates sobre as correntes atuais de reflexão – girou em torno da oposição entre a noção de "sexo" e das "relações sociais ligadas ao sexo" à categoria de gênero, esta última demonizada como um McDonald's. Não trataram de Monique Wittig, que no entanto utiliza a noção de sexo. Afinal, vivendo e ensinando nos Estados Unidos, ela também devia ter se transformado em um *hot-dog* ou um *bob cat*.

O que importava era, sem dúvida, despolitizar o debate para reimplantar o divórcio tipicamente francês entre universidade e política. E se satisfazer com a "política" de cargos estabelecidos que não deu em nada: cinco cargos apenas passavelmente feministas em cerca de vinte anos. O estabelecimento de um cargo pelo Ministério da Educação nacional equivale à criação de um perfil no seio de uma disciplina já existente. Esse estabelecimento, que permanece sujeito aos critérios do ministério, possui o imenso inconveniente de impedir um questionamento aprofundado da partilha disciplinar e daquilo que torna possível ou não a criação de uma nova disciplina ou de um novo campo disciplinar na instituição universitária francesa. E esses raros cargos não foram atribuídos aos militantes dos anos 1970-1980, é óbvio.

Em contrapartida, essa estratégia contribuiu enormemente para o fracasso da institucionalização dos estudos feministas na França, para a dispersão das raras eleitas e seu isolamento metodológico, e para o atraso francês em matéria de teorias e políticas feministas. De modo que fazer valer o bordão "não precisamos de muita teoria" (a "discrição teórica" a que nos intimou Christine Bard, uma das historiadoras participantes) era de dar arrepios: tirando o lado burguês e furiosamente feminino da qualidade requisitada, era de se perguntar de onde poderia vir tamanha propensão para ficar no armário, para querer excluir problemáticas que infectam de maneira salutar as disciplinas estruturais, a começar pela história e pela história das mulheres, tão propensas à renaturalização. Mas, na tribuna, cada disciplina teve sua vez, como num coquetel, com direito a elogios. Sem risco de interferências: cada um exprimia sua especificidade, e alguns revelavam, em tom de brincadeira, que as historiadoras escrevem melhor do que as sociólogas.

Se os anos 1970 foram a grande época da anti-institucionalização nos meios e nos movimentos feministas, na França e fora dela, os anos 1980, graças à vitória de François Mitterrand nas eleições presidenciais, permitiram a entrada de algumas mulheres (feministas ou não) em algumas disciplinas (na história, principalmente) e em alguns departamentos. Essa estratégia dos cargos estabelecidos, apoiada por universitárias como Michelle Perrot, preconiza a escola das mulheres e a história das mulheres, e vê com maus olhos o desenvolvimento dos estudos feministas, tidos como "guetos" potenciais.[17] Resumo da ópera no ano 2000: pesquisadoras isoladas, completamente desconectadas da cena política e das reformulações feministas dos anos 1980-1990 (terceira onda), nenhuma tese sequer com referência a "estudos feministas" na França. Tínhamos direito aos "estudos femininos" de Hélène Cixous na Universidade de Paris 8, o que só prova que a França é o museu da diferença sexual e o único país europeu a ter reessencializado a mulher na universidade.

As feministas não francesas dos anos 1970 deram uma verdadeira rasteira nos *cultural studies*, a ponto de provocar uma completa reconfiguração do campo e uma modificação de suas abordagens. As narrativas atuais dos participantes do CCCS articulam-se em torno de duas rupturas: o choque com

17 Para um histórico do fracasso da institucionalização dos estudos feministas na França (1981-1985), ver: BONNET, Marie-Jo. "Les noces entre la pensée et la vie". *Les cahiers du CEDREF*, n. 10, p. 41-60, 2001. Disponível em: http://journals.openedition.org/cedref/432.

o feminismo e a questão da raça.[18] As editoras de *Women Take Issues* – que pegaram o CCCS de surpresa – não vieram simplesmente apontar as fragilidades de um marxismo que privilegia a opressão de classe em detrimento da opressão de gênero. Elas contribuíram para trazer à tona a importância das questões de gênero e das sexualidades na compreensão do poder, o que as levou não somente a importar suas próprias estratégias de análise aos *cultural studies*, mas também a tomar emprestado destes últimos estratégias de análise para fazer avançar a política feminista e a análise das relações de poder, sem se limitar a uma crítica ao patriarcado.

E o que as feministas do *Women's Studies Group*, fundado em outubro de 1974, impuseram aos *cultural studies*? Levar em conta a dimensão política do pessoal, do privado e do corpo, e ao mesmo tempo se comprometer com uma repolitização e uma teorização sem precedentes dos processos de subjetivação, coisa que o feminismo francês evitava. Na França, a análise da construção do sujeito e da identidade, para não dizer da diferença sexual, continuaria sendo exclusividade do discurso psicanalítico lacaniano e de seus epígonos do Psi & Po (Cixous, Fouque), enquanto os feminismos culturalistas se apossariam da política das identidades e das representações, como fizeram tantas áreas de contestação e de resistência às normas sociais e culturais, e às formas de opressão conjugadas. Com Braidotti, De Lauretis, Butler e muitos.as outros.as que fogem ao discurso lacaniano franco-francês, o discurso psicanalítico se viu fazendo oposição a teorias do sujeito determinadas pelo gênero. Com Sedgwick[19] e Rubin, as sexualidades que tinham sido escondidas no porão foram recolocadas sobre o tapete.

Em que as novas preocupações dos *cultural studies* contribuíram para uma modificação dos objetos dos estudos feministas

18 A esse respeito, ver o relato feito por Hall e Charlotte Brunsdon, que fizeram parte do grupo de pesquisas (*Women's Studies Group*) que daria origem à revista *Women Take Issue*: "A Thief in the Night, Stories of Feminism in the 1970s at CCCS". MORLEY, David; CHEN, Kuan-Hsing. (orgs.). *Stuart Hall*. Critical Dialogues in Cultural Studies. Op. cit.

19 Ver a contribuição de Sedgwick sobre esse assunto em: DURING, Simon. *The Cultural Studies Reader*. Nova Iorque; Londres: Routledge, 1993.

e do feminismo?[20] Num primeiro momento, os *women studies* "naturalmente" coincidiram com a história das mulheres, o cinema das mulheres, a literatura feminina e a crítica ao patriarcado. Sob o impacto do pós-estruturalismo,[21] da desconstrução, da análise do discurso e da análise pós-colonial, os estudos sobre os gêneros e os estudos pós-feministas não tratavam mais apenas do patriarcado ou da dominação masculina, e menos ainda da mulher, mas dos pares natureza/cultura, homossexualidade/heterossexualidade, do consumo da cultura popular pelas mulheres ("biológicas" ou não), da crítica da representação colonial e pós-colonial (incluindo a propensão internacionalista de certos feminismos), da globalização, das nações e dos nacionalismos, das opressões de gênero, da pornografia,[22] da ciência. Não se trata mais apenas da literatura das elites, com o sempiterno uso de Virginia Woolf e do ponto de vista das criadoras, mas também de Madonna e dos.as fãs de Xena. A dependência com relação à sociologia do trabalho ou à história das mulheres renaturalizante foi se atenuando com o tempo. As análises feministas das *mass media*, por um tempo relegadas ao cinema, distanciaram-se da aparelhagem psicanalítica para analisar a espectadora (corrente da revista *Screen*) e se voltar para as práticas dos públicos e das subculturas, em plena desinvisibilização: as mulheres, as lésbicas pretas, as minorias sexuais e étnicas, mas também as múltiplas masculinidades emergentes ou passadas.[23]

A virada feminista nos *cultural studies* acontece, então, nesse momento em que as feministas tomam consciência da eficácia

20 Sobre a relação *cultural studies*/feminismo, ver: FRANKLIN, Sarah; LURG, Celia; STACEY, Jackie. *Off-Centre*. Feminism and Cultural Studies. Londres: Harper Collins, 1991; e PROBYN, Elspeth. *Sexing the Self*. Gendered Positions in Cultural Studies. Nova Iorque; Londres: Routledge, 1993.

21 Para uma síntese do impacto do pós-estruturalismo sobre o feminismo, ver: WEEDON, Chris. *Feminist Practice & Poststructuralist Theory*. Oxford; Nova Iorque: Basil Blackwell, 1987.

22 Para uma abordagem culturalista e pós-feminista da pornografia, ver: WILLIAMS, Linda. *Hardcore, Power, Pleasure and The Frenzy of the Visible*. Berkeley: University of California Press, 1989; seu livro posterior *Porn Studies*. Durham; Londres: Duke University Press, 2004; e o artigo de Laura Kipnis sobre a revista *Hustler* em: GROSSBERG, L.; NELSON, C.; TREICHER, P. (orgs.). *Cultural Studies*. Nova Iorque; Londres: Routledge, 1993.

23 Ver: Kaja Silverman, Richard Dyer, Jack Halberstam, Susan Bordo, Jackie Stacey, Janice Radway e Jacqueline Bobo.

das políticas de identidade, capazes de apontar o dedo não exatamente para A dominação, mas para os múltiplos efeitos da dominação e do poder, mapeados tanto na biopolítica como no discurso da ciência e do eurocentrismo. Isso explica o sucesso de Foucault e de sua concepção do poder e da produção do sujeito: não que ele forneça uma concepção liberal do poder para as feministas, que teriam se voltado para problemáticas consumistas, o fato é que ele propõe análises dos poderes-saberes que correspondem melhor à modificação das formas de opressão cultural surgidas nos anos 1980-1990, e que são portanto mais suscetíveis de apreender os excessos do capitalismo e os pontos de resistência que este não deixa de suscitar.

Na França, a ausência de estudos feministas e de uma consciência da dimensão epistemopolítica dos saberes - que é, no entanto, um dos maiores ganhos da reflexão feminista de Harding e Haraway sobre a ideia de ponto de vista - contrasta com os constantes movimentos de repolitização dos estudos feministas e pós-feministas em certos países da Europa e nos países anglo-saxões. Fica impedido o questionamento de velhas disciplinas que garantem a diferença sexual e sua desconstrução enquanto ficção dominante, quer se trate da psicologia ou da psicanálise. Prova disso é a rede Ring acolher sob seu logo um seminário organizado por Patricia Mercader, cuja tese sobre a transexualidade, *L'illusion transsexuelle* [*A ilusão transexual*], ainda pretende fazer as pessoas transexuais passarem por ilusionistas e doentes psicóticos.[24] Seria então o papel da Ring reforçar, na esteira das pitorescas feministas do *french feminism* (Cixous e Kristeva, em particular), uma psicologia e uma psicanálise heterocentradas e patologizantes? Negar a emergência das culturas e do conhecimento transexual e transgênero? As análises conduzidas por autoridades que não se perguntam sobre sua legitimidade e que já não são competentes só servem para manter o recorte disciplinar clássico e a ideia de que "a ciência" não pertence às minorias de gênero, no caso, às pessoas trans.

24 MERCADER, Patricia. *L'Illusion transsexuelle*. Paris: L'Harmattan, 1994.

Resultado: Patricia Mercader foi escrachada[25] pelo GAT (Grupo Ativista Trans), na ocasião de sua participação na Cidade das Ciências e da Indústria, em junho de 2004.

Outros fatores explicam essa fixação francesa em análises e modos de saber que não desconstroem sua própria conduta hegemônica: uma forte cultura do armário entre as feministas e as lésbicas universitárias; um antiamericanismo acoplado a uma oposição superficial entre o que seria liberal pela perspectiva norte-americana (os *cultural studies*) e um ponto de vista marxista materialista pela perspectiva francesa; o impacto de uma abordagem materialista que não tirou benefício das contribuições do feminismo pós-marxista, em seu princípio, um feminismo materialista não essencialista, mas que acaba por se essencializar ao focar binariamente no par homem/mulher; e, *last but not least*, o republicanismo e o universalismo das abordagens opostas a qualquer política das diferenças, sexuais, étnicas, de gênero... em suma, ao fato de que o ponto de vista republicano (feminista) é político, heterocentrado, bi-gênero e geralmente branco. Na França, custa desconstruir a branquitude, tamanha a força da influência colonial.[26]

Cultural studies talk dirty

O que nos ensinam essas resistências aos *cultural studies*, não tanto para defini-los, mas sobretudo para delimitar suas entradas significativas? Encontramos neles objetos "sujos": a cultura popular, a televisão... Isso quando não são os próprios assuntos que são abjetos: as bichas, as sapatonas, as pessoas trans, desviantes do gênero, o sexo. Os objetos dos *cultural studies* são duplamente sujos: os objetos de análise que eles constroem

25 Um escracho é uma ação de desobediência civil dirigida contra uma instituição ou uma pessoa pública. No caso do escracho de Patricia Mercader, professora de psicologia social, tratava-se de impedir o desenrolar de sua conferência para dar vazão à cólera das pessoas trans, denunciar o teor transfóbico de suas teses e a usurpação da fala trans. A política de convites da Cidade das Ciências também estava em pauta.

26 Para um bom exemplo de *whiteness studies*, ver as análises de Richard Dyer em: *White*. Nova Iorque; Londres: Routledge, 1997.

e as questões colocadas têm a sorte de não serem necessariamente engendrados pela universidade (o que explica seu caráter indisciplinado). E se os *cultural studies* fabricam para si esse tipo de objetos, é também para trazer respostas políticas para o "*dirty outside world*", como diz Hall.[27] Para os culturalistas de Birmingham, bem como para os culturalistas norte-americanos atuais (Grossberg, Ross), os *cultural studies* são uma maneira de fazer política por outros meios, isto é, de chegar a níveis de compreensão do social que permitam transformá-lo; de identificar relações que possam ser de dominação, buscando ver como elas podem ser combatidas; de dizer que é preciso politizar a teoria e teorizar as políticas. Os *cultural studies* se tornaram "sujos" num terceiro sentido, por falar cada vez mais das sexualidades (*dirty* dessa vez no sentido de "palavras sujas, safadezas").

É essa ancoragem no *dirty outside world* que permite a reunião de objetos e procedimentos aparentemente tão heterogêneos quanto os de Nuel Pharr Davis, professor do departamento de inglês da Universidade de Illinois, que em 1968 decide trabalhar com a bomba atômica (e que nem por isso é ou pretende se tornar físico); ou os de uma estudante do mesmo departamento que publica, alguns anos mais tarde, um artigo sobre os catálogos de lingerie da *Victoria Street Company* (tinha um bocado de corselets no catálogo); como os de Teresa De Lauretis, semioticista e feminista especialista em estudos sobre o cinema, que em 1987 se propõe a trabalhar com as tecnologias de gênero, inspirada pelas tecnologias do sexo de Foucault, de modo a analisar tanto as epistemologias quanto as críticas e práticas da vida cotidiana;[28] assim como os de Rachel P. Maines, que toma o vibrador como objeto de estudos e se dedica a um estudo das tecnologias de reprodução do orgasmo feminino – do "Chattanooga", um vibrador elétrico do começo do século XX, aos modelos atuais, passando pelo pequeno "Butler" (o nome

27 Sobre a dimensão política dos *cultural studies*, ver: HALL, Stuart. "The Emergence of Cultural Studies and the Crisis of the Humanities". *October*, n. 53, 1990; e HALL, Stuart. "Cultural Studies and its Theoretical Legacies". MORLEY, David; CHEN, Kuan-Hsing. *Stuart Hall*: Critical Dialogues in Cultural Studies. Op. cit.

28 LAURETIS, Teresa de. *Technologies of Gender*. Bloomington; Indianapolis: Indiana University Press, 1987.

é exatamente esse!).[29] Todos esses objetos vêm do *dirty world*. Vêm do mundo à nossa volta, e não do espaço universitário ou acadêmico. Em todos esses trabalhos, são esses novos objetos que determinam o método, a teoria, os meios. Os contornos das perguntas não são delineados por preocupações teóricas ou disciplinares, mas pelo contexto. A teoria (a teoria *cheap*) se dá em função do contexto e do eriçado objeto de partida. *It is a dirty world*, e os *cultural studies talk dirty*.

Cultural studies e políticas da disciplina

Quer se trate da redistribuição dos *women studies* dentro dos *cultural studies* descrita anteriormente, ou desses objetos OVNI, é preciso entender que o interesse dos *cultural studies* não é, como se costuma dizer, "favorecer" abordagens inter ou pluridisciplinares, compreendidas como uma justaposição ou uma interpenetração de disciplinas. O objetivo não é esse. Os *cultural studies* não são departamentos interdisciplinares. Nuel Pharr Davis não se tornou físico ou engenheiro por trabalhar com a bomba, não se tornou multidisciplinar. Ele tomou contextualmente aquilo que poderia lhe ser útil. O próprio gesto dos *cultural studies* com relação a outras disciplinas existentes é de renúncia à autoridade disciplinar, às fronteiras que esta impõe e ao procedimento que ela supõe. Essa infidelidade à academia, tanto na origem do pensamento (os objetos) como nos métodos, encontra-se, aliás, na esfera da recepção: os culturalistas não se dirigem necessariamente a seus pares numa linguagem conhecida unicamente por eles, ou naquela que poderia ser a linguagem comum à disciplina. A não fidelidade à disciplinaridade e o caráter visivelmente político do procedimento culturalista culminam, logicamente, numa atenção aos problemas do *dirty outside world* e em escrever para ele também. Essa redefinição do destinatário das análises e da crítica, que não é mais a comunidade dos especialistas, corresponde a uma vontade de invadir o espaço público, que não está isenta de intenções políticas.

29 MAINES, Rachel P. *The Technology of Orgasm*. "Hysteria", the Vibrator and Women's Sexual Satisfaction. Baltimore: John Hopkins University Press, 1999. Tradução francesa: *Technologies de l'orgasme*. Paris: Payot, 2012.

Mais do que interdisciplinaridade, seria preciso falar em desdisciplinarização. Trata-se de parasitar as disciplinas existentes, de colocar em xeque sua estabilidade e a concepção de sujeito humanista ou universalista que elas continuam pressupondo. Trata-se de recusar o poder da disciplina, fonte de apagamentos e estagnação. Motivo pelo qual existe nos *cultural studies* uma exigência de diversidade, de se levar em consideração as identidades em sua dimensão étnica e pós-colonial, tendo em conta o caráter nacional, para não dizer nacionalista, das disciplinas. Os *cultural studies* não são bem-vindos na França porque expõem a ideologia republicana e suas extensões universalistas, que impediram, entre outros, a fase de institucionalização do feminismo, a fase reflexiva do feminismo, a crítica ao feminismo de classe tipicamente branco, bem como tudo o que tange às políticas das identidades e das diferenças.

Ora, os *cultural studies* colocam em evidência o caráter político mascarado das disciplinas existentes, e obrigam a um rompimento com toda veleidade de objetivismo apolítico: existe, sim, uma política da(s) disciplina(s). No que concerne aos *queer studies*, estes mostram que as disciplinas se apoiam, na maior parte do tempo, em concepções ontológicas do homem e da mulher: quer sejam elas uma articulação em torno da diferença sexual ou o produto de um regime epistêmico heterossexual que, logicamente, acaba por excluir os sujeitos e os objetos de estudo queer do campo universitário e dos saberes em geral. Nesse contexto, a postura queer consiste no desenvolvimento de práticas de ressignificação anti-hegemônica e antinormativa para definir espaços de resistência a esse regime de saber que é também um regime da normalidade. Essa possibilidade de ressignificação das posições designadas como abjetas vale, é claro, para o espaço universitário e acadêmico.

Seria possível afirmar que esse procedimento é parte da "desconstrução afirmativa" de que fala Spivak ao se referir à teoria pós-colonial.[30] A autora busca trazer à tona a dimensão política da disciplina, seus silêncios construídos, a maneira como os subalternos estão inscritos em baixo-relevo, como em estado

30 SPIVAK, Gayatri C. "Subaltern Studies, Deconstructing Historiography" (1985). LANDRY, Donna; MACLEAN, Gerald (eds.). *The Spivak Reader.* Nova Iorque; Londres: Routledge, 1996.

de ficção, nessas disciplinas. Ela procura se opor à violência epistêmica que faz dos sujeitos-abjetos, dos subalternos, dos colonizados, objetos nas disciplinas, especialmente na história. Assim, a teoria queer é uma intervenção política e cultural em resposta a práticas institucionais que privilegiam disciplinas heterocentradas, e aos *gay studies* e *lesbian studies*, que corriam o risco de ser dominados pela disciplina da história.

Então, será mesmo que os *cultural studies* são apenas coisa de norte-americano nesses tempos de globalização intensa? Será que eles não são, na realidade, a retradução política de autores como Gramsci, Foucault, Derrida e Althusser? Infiel e, por isso mesmo, produtiva? Será que os *cultural studies* não são uma conspiração contra as velhas disciplinas, tal como parecem dizer, de maneira alarmista, aqueles que observam o modo como as técnicas de análise literária são utilizadas para decodificar um shopping ou um filme pornô? Na verdade, os *cultural studies* não são resultado de transposição ou de roubo de método: eles só provam que os "métodos" não devem ser circunscritos em definitivo a disciplinas particulares e que a era do majoritarismo das disciplinas já é um passado remoto.

As culturas se globalizam e se tematizam transnacionalmente (a política das identidades LGBT – lésbicas gays bi trans – nos países mais ricos é um bom exemplo disso), e fica cada vez mais patente o fracasso dos movimentos e instituições políticas da esquerda tradicional. Tornadas falantes e ativistas, as margens descentralizaram o paradigma da cultura e dos *cultural studies* com os *post-colonial studies*, os *chicana studies*, os *gay & lesbian studies*, os *disabilities studies*,[31] os *black studies*, os *queer studies*, mas também os *visual studies* e os *space studies*. Todos eles estilhaçam a noção de Cultura em culturas e subculturas, além de descentralizarem cada disciplina constituída. Razão pela qual esse movimento não leva à criação de departamentos de *cultural studies*, assim como os *cultural studies* não impulsionam

31 Os *disabilities studies* são uma área de estudos emergente nos países anglo-saxões, consagrada à deficiência e cujos atores são muitas vezes pessoas com deficiência. Ver a coletânea de textos de DAVIS, Lennard J. *The Disability Studies Reader*. Nova Iorque; Londres: Routledge, 1997.

uma visão interdisciplinar das análises e das práticas. Se é tão difícil apreender os *cultural studies*, é porque a rigor eles não existem em si, renomeiam-se constantemente e operam no interior das disciplinas existentes. Eles as desnaturalizam, dando visibilidade àquilo que lhes permitiu ocupar um centro que só existe em função das exclusões a que as próprias disciplinas procederam, mas que elas próprias silenciam, fazendo-as se passar por naturais:

> As políticas da cultura que são praticadas pelos críticos oposicionistas de hoje, sejam eles feministas, etnógrafos pós-modernos, marxistas, foucaultianos ou quaisquer outros, podem ser entendidas como uma luta pela representação e pela participação plena e integral daqueles que foram sub ou mal representados nas escolas, nos cursos, nos cânones artísticos e literários, assim como no governo, na economia e nas instituições de todos os tipos [...]. E o primeiro alvo delas tem boas chances de ser não a ideologia ou a falsa consciência desses outros, mas a representação equivocada desses outros por meio das práticas ideológicas daqueles que dispõem de poder.[32]

E que transmitem os saberes, seria preciso acrescentar. E azar daqueles que caricaturam o *politically correct*, vendo nele uma censura na terra da liberdade de expressão. O PC é o inverso da censura. Não é nada menos do que a face epistemopolítica e cultural da discriminação positiva. Nas faculdades, escolas e centros culturais norte-americanos, o PC se traduz numa explosão da lista dos textos e referências. As antologias universalistas tipicamente brancas, heterocentradas, foram preenchidas com esse incomparável sabor colonial. Aqueles que foram reintroduzidos são, em geral, autores franceses como Fanon, martinicano, médico e psiquiatra de profissão durante a guerra da Argélia. Entre parênteses, é realmente uma pena que as políticas da educação e da cultura sejam rejeitadas por nossas belas organizações homossexuais que só se

32 BRANTLINGER, Patrick. *Crusoe's Footprints*. Cultural Studies in Britain and America. Nova Iorque; Londres: Routledge, 1990.

lembram delas para denunciar os direitos que essas lhes recusam, não sem um gozo obscuro. As leis não serão suficientes para mudar as coisas. A começar pela sacrossanta homofobia, que ocupa o horizonte da luta contra as discriminações a ponto de mascarar as outras minorias sexuais e de gênero.

Na realidade, os *cultural studies* dão medo porque podem estar em qualquer lugar. Denunciados como guetos, eles são, a bem da verdade, procedimentos de reterritorialização no interior da disciplina e dos saberes, no sentido que Deleuze e Guattari dão para essa estratégia de investimento do majoritário.[33] Trata-se de parasitar a disciplina, de cultivar a promiscuidade entre disciplinas. A vantagem da promiscuidade é que não dá pra saber logo de saída quem vai ficar com quem. *Talk dirty to me then*!

33 DELEUZE, Gilles; GUATTARI, Félix. "O que é uma literatura menor?" *Kafka*: por uma literatura menor. Trad. de Cíntia Vieira da Silva. Belo Horizonte: Autêntica, 2017.

ARREGACE A *REP*!

Pequeno retrato da França pós-colonial: nada de bom na República de Banânia

Para Hoàng Phan e contra meu pai, que sempre se gabou de ter ido bater em africanos e asiáticos.

"É preciso que o discurso sobre a integração seja silencioso, caso contrário, ele é um embate."
Jean Ueberschlag, presidente da Câmara de Estrasburgo, *Le Figaro*, 9 de maio de 1997

"A história se torna uma roupa que podemos vestir e compartilhar, e não uma capa para se dissimular; e o tempo se torna um amigo."
James Baldwin

"One is too few, and two is only one possibility"
Donna Haraway, *Manifesto Ciborgue*

A *Rep*: o que sobra quando a República Francesa já tirou tudo das "diferenças". Não é muito, é a *Rep*. A epopeia universalista francesa: último episódio. Usar véu em todas as estações do ano começa a fazer sentido. Os roteiristas da República pós-colonial vão rever suas cópias. A batalha da integração não será travada *ad aeternum*, enquanto a maior parte dos protagonistas e dos telespectadores fabricam para si identidades pós-integração. E como poderia ser diferente? Vocês acreditam que, com sexo e um pouco de exotismo, vocês vão impressionar o público? Tirando o véu das mulheres muçulmanas?

Pornotopia

É a *Rep* que está nua. Nos lembrando, de maneira oportuna, que a construção das raças e dos gêneros está ligada do início ao fim à tradição pós-colonial, assim como estava na República colonial.

Mergulhem no "*enfer des tournantes*",[1] em seguida façam uma oitiva da comissão Stasi,[2] para se convencerem de que os marcadores de raça e de arabidade são acima de tudo práticas e papéis sexuais retrógrados com relação ao "nosso" grau de civilização heterossexual avançada. A República está correndo risco de estupro, temos que salvar as mulheres, as Mariannes e as crianças dos predadores de subúrbio. Eis uma das narrativas dos bons e velhos tempos das colônias e do império, que se inscrevem na "tradição pornotrópica europeia", para retomar a judiciosa formulação de McClintock.[3] Muito antes do imperialismo vitoriano, a literatura "de viagem" mostra com abundância essa erotização das regiões periféricas, desconhecidas e exóticas, onde as "pretas" transam com macacos e os homens locais têm paus enormes. No país da aberração sexual, sempre chega o momento em que o voyeur se torna civilizador protofeminista. Estupramos, raptamos, mas também salvamos e educamos:

> O homem colonial é enviado pela Mãe Pátria para salvar as mulheres e as crianças de formas de masculinidade bárbaras: quando o homem local resiste, o colono o censura por faltar com seus deveres de homem. O colono atribui sua resistência a uma masculinidade retrógrada e conservadora, e então se torna defensor das mulheres e das crianças locais, vítimas de homens marcados pela violência. As mulheres e as crianças são seres inocentes, e o missionário republicano deve protegê-las. A missão civilizatória vem acompanhada de uma remodelagem das relações entre mulheres e homens colonizados. A França republicana não pode aceitar os costumes de submissão das mulheres.[4]

1 [N.E.] Referência a *Dans l'enfer de tournantes*, livro de não-ficção publicado em 2002 pela ativista francesa Samira Bellil. *Tournantes* são estupros coletivos. Cf. nota 12.

2 Após a multiplicação das expulsões, em colégios e liceus, de moças vestindo véus, de 1994 a 2003, Chirac cria a comissão Stasi, em julho de 2003, para deliberar sobre o estatuto da laicidade. Ela terá por foco o "véu islâmico" e resultará, em dezembro do mesmo ano, numa lei que proíbe todo e qualquer signo religioso visível e ostensivo, em nome da laicidade.

3 MCCLINTOCK, Anne. *Couro imperial*: raça, gênero e sexualidade no embate colonial. Trad. de Plínio Dentzien. Campinas: Ed. Unicamp, 2010.

4 BANCEL, Nicolas; BLANCHARD, Pascal; VERGÈS, Françoise. *La République coloniale*. Essai sur une utopie. Paris: Albin Michel, 2003.

Entre muitas outras, a metáfora pornô do resgate remete ao pornotropismo moderno, que vai de Charcot a *O exorcista*, passando por Cristóvão Colombo, e que gera a revolta das jovens de *Baise-moi*, as jovens estupradas, supermaquiadas e de outras "piranhas" autoidentificadas como tais. Hipersexualizamos e dessexualizamos; dessexualizamos e hipersexualizamos. Longe de serem antagonistas ou contraditórias, essas tecnologias de gênero e de biopoder dos tecnopornógrafos são o próprio sinal de que a *terra incognita* – os mistérios da feminilidade – está dominada por uma vontade de saber moderna e, portanto, masculina. No relato de sua viagem para as Índias, Colombo conta que o mundo tem a forma de um seio feminino e que ele navega em direção à protuberância do seu cume. Depois de ter dissecado Saartjie Baartman, a "Vênus de Hotentote", Cuvier não se contenta em comentar suas "características simiescas". Ele se detém no tamanho de suas nádegas e no grande lábio de seu sexo como prova da "natureza" primitiva da mulher africana, mas não fica insensível a sua mão, que qualifica como "mão charmosa".[5] Para Cuvier, Deus tinha criado o caucasiano como uma forma de humanidade superior, justificando assim sua dominação sobre as outras raças e, portanto, o império colonial. Na França das *tournantes*, reconquistar a República vai passar por uma regulação da produção da feminilidade e por uma nova demarcação do território republicano pelo corpo da mulher: a mulher como figura de proa da República.

5 CUVIER, Georges. "Extrait d'observations faites sur le cadavre d'une femme connue à Paris et à Londres sous le nom de Vénus Hottentotte". *Mémoires du Muséum d'Histoire naturelle*, n. 3, 1817. Durante sua vida, Saartjie Baartman foi exibida em feiras em Londres e Paris, para se tornar em seguida um espécime do discurso "científico" que permitiu definir as raças subalternas (mulheres e colonizados). Para uma análise da construção médica e racista da "Vênus de Hotentote" pelo discurso médico e literário francês, ver: FAUSTO-STERLING, Anne. "Gender, Race and Nation: the Comparative Anatomy of Hottentot Women in Europe, 1815-1817". TERRY, Jennifer; URLA, Jacqueline (eds.). *Deviant bodies*. Critical Perspectives on Difference in Science and Popular Culture. Bloomington; Indianapolis: Indiana University Press, 1995; e SHARPLEY-WHITING, Tracey Denean. *Black Venus*. Sexualized Savages, Primal Fears and Primitive Narrative in French. Durham: Duke University Press, 1999. Para uma reapropriação artística da construção sexual e racista da Vênus, ver as instalações de Renée Green, em especial "Sa main charmante" ["Sua mão charmosa"], de 1989.

O debate sobre a laicidade e a votação de uma lei contra o "véu islâmico" são reveladores da crise da identidade francesa republicana e das políticas sexuais da França pós-colonial. A ênfase na mulher muçulmana (árabe, na verdade) é uma manifestação desesperada e violenta da falibilidade da modernidade e uma denegação do que a racionalidade europeia engendrou e engendra. Embora não se assuma como tal, é cada vez mais difícil negar que o universalismo francês seja um particularismo. Razão pela qual assistimos, há anos, a um verdadeiro *backlash*, com a emergência de toda uma literatura anticomunitária, tanto à esquerda como à direita, que almeja transferir a responsabilidade do particularismo às tribos e a outros adeptos do "gueto": feministas *à la* estadunidense, judeus, gays, ONGs, corsos, bretões, islamistas, *handis*...[6] Tantas categorias ostensivas, ou visíveis, seja à moda *gay pride* ou nos canais de TV da Bretanha. Tantas categorias identitárias consideradas culpadas por mascarar a política mortífera da identidade francesa, levada a cabo pela República.

O universalismo francês é um essencialismo racista

A ficção do sujeito republicano francês que se diz não marcado, neutro, universal – mas que na prática corresponde, como bem sabemos, ao branco heterossexual masculino – perpetua-se graças a um essencialismo sincrônico sustentado por uma miríade de grandes e micronarrativas. Elas desempenham um papel capital, pois permitem naturalizar e tornar atemporal "o que é" esse sujeito republicano, mas também quem é "o outro", quer se trate do imigrante ou da mulher. Ao mesmo tempo, também é preciso se assegurar no plano diacrônico. Em sua descrição do funcionamento do discurso racista, Homi Bhabha tem razão ao insistir em sua necessária flexibilidade, no fato de que se está diante de produções de saber-poder em constante evolução.[7] Nesse sentido, a comissão Stasi deve ser tratada como

6 Abreviação utilizada pelas "*handicapées*" ["pessoas com deficiência"] politizadas.

7 BHABHA, Homi K. "A outra questão: o estereótipo, a discriminação e o discurso do colonialismo" e "Da mímica e do homem: a ambivalência do discurso colonial". *O local da cultura*. Trad. de Myriam Ávila, Eliana Lourenço de Lima Reis e Gláucia Renate Gonçalves. Belo Horizonte: Editora UFMG, 2013.

um dispositivo de saber/poder conforme às novas estratégias discursivas. Vê-se bem que não é mais possível fazer referência a um racismo medicalizado ou científico, com vistas a produzir esse "outro" que é necessário para definir *a contrario* o bom sujeito republicano civilizado. Aparecem, assim, outros estereótipos, que não são apenas imagens deformadas, mas que vão ao encontro de certos tipos de subjetivação, como o do integrado que se integrou demais e fracassou.

A mulher de véu é um desses novos estereótipos. Mas não o único. Ela é apenas um elemento, entre outros, da produtividade do discurso pós-colonial caracterizado pela ambivalência. Um discurso de dois gumes, que conjuga a denegação das diferenças (históricas, sociais, culturais) com a construção de formas de outridade e de produção de saber que permitem o exercício de uma vigilância. Produzida como realidade social, a mulher de véu muçulmana é outra, e, ao mesmo tempo, completamente visível, conhecida, para não dizer reconhecível. Essa é uma das principais mensagens da comissão Stasi: agora nós sabemos por vocês exatamente o que é uma mulher de véu e o que deve ser uma mulher desvelada. Enfim, para aqueles que não se lembravam. A precaução é inútil para quem se atém a seu próprio instinto colonial. Enquanto "veterano da Argélia", Jean-Paul Renard, o prefeito de Avant-lès-Marcilly, lembra na edição de 15 de outubro de 2003 do jornal *Le Monde* ter compreendido imediatamente que ele "estava diante do cúmulo do cúmulo do integrismo: o véu que deixa apenas os olhos à mostra. Imaginem, vocês, um país pequenino e essa pequerrucha que é uma vítima". Com efeito, a mulher de véu permite rearticular formas de diferenciação sexual e racial. E não é que, ao se tornar – abusivamente – o símbolo universal da opressão contra a mulher, ela realiza uma homogeneização que agrada tanto às feministas que não examinaram os pressupostos coloniais de seu discurso emancipador quanto às pseudofeministas – para não dizer antifeministas –, que compõem o conjunto da classe política francesa e a maior parte dos intelectuais desse país. A estereotipização da mulher de véu desencadeia a prescrição de um modelo ideal: a mulher mais feminina do que feminista, republicana e "não submissa", e laica (como se todas as jovens de véu fossem religiosas). Entra em cena o roteiro pós-colonial básico: com a intenção teleológica expressa pela missão civilizadora de sempre, e o véu como signo que vem ressignificar a diferença, chega-se à separação entre as francesas republicanas e as outras. Um mecanismo de segregação que afeta, muito além das mencionadas jovens de véu, a maior parte dos candidatos à integração.

Pois a integração-imitação republicana à moda francesa é uma proposição desonesta. Os dados estão viciados desde o início, uma vez que a injunção à imitação corresponde ao desejo de um outro reconhecível e reformado, educado, republicanizado, que será, como diz Bhabha, "quase o mesmo, mas não exatamente". Esse "quase o mesmo, mas não exatamente" não é o triste resultado dos reveses da integração: "A mímica [mimicry] emerge como a representação de uma diferença que é ela mesma um processo de recusa. A mímica é, assim, o signo de uma articulação dupla, uma estratégia complexa de reforma, regulação e disciplina que se 'apropria' do Outro ao visualizar o poder".[8] É o resultado desejado e esperado do processo de diferenciação permanente e excludente que funda o pensamento republicano, desde seu início até nossos dias. Estamos diante de uma estratégia reeducativa, reguladora e disciplinar que se apropria do "outro" para existir. É a identificação dos signos do inapropriado que justifica a intensificação da vigilância. O véu convertido em "lenço islâmico" é ideal não apenas porque constitui uma forma de visibilidade fácil de reconhecer, mas também porque permite assegurar que aquilo que se esconde, o que há por baixo do véu, foi dominado pelas autoridades de conhecimento competentes. E, *last but not least*, ele também permite invisibilizar o que deve ser invisibilizado, isto é, as outras identidades recalcitrantes. Invisibilidade, unicidade e ubiquidade são as tetas de uma francidade engajada na resistência a toda e qualquer forma de performance identitária diferente da identidade francesa republicana, pois esta se define pela ausência de performance e, portanto, não pode deixar ver (ou saber) sua dimensão performativa. Observemos um pouco mais de perto como se desenrola todo esse arsenal que objetiva republicanizar as ovelhas negras e os espíritos pervertidos, aqueles que arregaçam a *Rep.*

8 [N.T.] BHABHA, Homi K. *O local da cultura*. Op. cit., p. 130.

Invisibilidade, unicidade, ubiquidade, feminilidade!

A República tem muito o que fazer em matéria de invisibilização. À habitual camuflagem das práticas diferencialistas da República branca, é preciso acrescentar a luta contra as minorias que, aliás, nem sempre se identificam como tais, mas que, em todo caso, estão engajadas nas políticas de visibilidade do ponto de vista republicano. É que os subalternos se tornaram ostensivos, não apenas na França. E alguns deles – os não assimilacionistas – inscrevem-se explícita e politicamente contra a modernidade uniformizante, contra o universalismo abstrato e a simples identificação ao ser humano.

Todo mundo finge esquecer que a República traz consigo uma longa tradição de prática do diferencialismo. A República colonial praticou efetivamente o diferencialismo. Os valores republicanos nunca foram aplicados nas colônias,

> os escravos não entram na "comunidade dos cidadãos", mas numa nova categoria recém-criada: cidadãos e colonizados [...]. A República se constrói como branca, mas, como tem vergonha dessa característica, ela se propõe a branquear os colonizados para torná-los cidadãos. E, como tem pavor das diferenças culturais, não sabe o que fazer com indivíduos que têm crenças, maneiras de viver e de fazer que não são europeias, mas mestiças. Esses indivíduos deverão, portanto, passar pelas provações da pedagogia republicana. Seus ancestrais serão os gauleses; sua história, a dos reis da França. Sendo minorias, eles deverão desaparecer na maioria; sendo visíveis, sonha-se em torná-los invisíveis.[9]

Essa invisibilização é necessária para atingir a proclamada unicidade da República. Ela serve ao discurso circular que vai na mesma direção: a República é una e indivisível, e a unicidade (se) estabelece como horizonte. Invisibilização = integração; unicidade = igualdade. É a mesma luz que deve ser difundida para todos e em toda parte, no contexto de uma missão civilizatória

9 BANCEL, Nicolas; BLANCHARD, Pascal; VERGÈS, Françoise. *La République coloniale*. Op. cit.

assimilacionista cujos arautos serão a elite republicana: o médico, o professor e também o militar que será promovido, na metrópole, a comissário de exposição colonial ou de zoológico humano. Ainda hoje, o ideal republicano se assenta sobre essa política de assimilação e de realização da unicidade à moda da Terceira República, e tenta, em vão, impor o modelo de progresso da modernidade oriundo das Luzes, que supostamente fala à humanidade inteira. Na prática, o que sustenta o republicanismo é a promoção da narrativa de conquista da racionalidade e a promoção do sujeito universal, isto é, branco, masculino e heterossexual ocidental.

Não é nada surpreendente ver a que ponto essa macronarrativa moderna e civilizadora atravessa, de cabo a rabo, o livro *Nem putas nem submissas*, verdadeiro manual da República segundo Fadela Amara, presidente da associação de mesmo nome.[10] Reconhecimento de perigo/marginalização/segregação/reintegração: eis as etapas-chave da missão civilizatória escandidas no livro daquela que se reivindica "da França das Luzes, da França da República, da França de Marianne, dos defensores de Dreyfus, dos membros das comunas, dos *maquis*, enfim, da França da liberdade, da igualdade e da fraternidade". Fadela Amara conduz à identificação de uma "minoria delinquente", de uma "minoria que age" às margens, nos guetos dominados pela máfia e nos porões, fermentando a "retração comunitária". Isso tudo é muito vago, mas bastou para indicar o caminho e dar início à longa marcha das mulheres em direção à Praça da República e à Assembleia Nacional, onde serão transformadas em Mariannes republicanas autorizadas. "Explosão salutar", a marcha de 2003 rapidamente assume como palavra de ordem "Pela igualdade e contra o gueto", fazendo igualdade rimar com invisibilização. Como pode Fadela Amara ter a memória tão fraca, a ponto de esquecer as práticas diferenciais da República branca, que não deixaram de colocar seus pais – aterrissados emergencialmente numa cidade francesa dos anos 1960 – num gueto e a encontrar

10 AMARA, Fadela (com colaboração de Sylvia Zappi). *Ni Putes, Ni Soumises*. Paris: La Découverte, 2003. Em português: *Nem putas nem submissas*. Porto: Campo das Letras, 2005.

nele ares de um "vilarejo gaulês"? Diz ela: "Embora as populações estrangeiras estivessem agrupadas ali, eu não tinha a sensação de viver num gueto. No entanto, a população de nossa cidade era composta por 90% de imigrantes argelinos".

Da puta à Miss Marianne MMBE (Muito Muito Bem Esgarçada)

A cereja do bolo da fase de "reintegração" é a exibição das fotos das Mariannes do movimento Ni Putes Ni Soumises [nem putas, nem submissas] numa lona desenrolada sobre a fachada da Assembleia Nacional, como conclusão da marcha das mulheres dos bairros de Paris contra o gueto e pela igualdade, no dia da festa nacional em julho de 2003. *What a drag*! A operação pelo menos teve o mérito de mostrar a dimensão performativa da Marianne moderna. Afinal, como passamos da puta à Miss Marianne? Basta ir ao site "Ni Putes Ni Soumises", na seção "Mariannes de hoje" (para não dizer "Mulheres de hoje"), e rever o desfile. Sem véu e "inveuláveis", as caminhantes da República usam o único penteado que estão autorizadas a ostentar, o barrete frígio,[11] e às vezes estão munidas de galos! O véu se tornou o símbolo da discriminação nessa máquina de discriminar que é a República francesa. Mas não acaba aí, e é nesse ponto que nos encontramos em pleno pornotropismo moderno. Enquanto todos os esforços de redefinição da feminilidade propostos pelo Ni Putes Ni Soumises andavam de mãos dadas com um movimento de dessexualização das jovens das quebradas – no sentido de se livrar da hipersexualização exigida e sancionada pelos rapazes "das quebradas" –, o que vemos, com a exibição das novas Mariannes, é a uma hipersexualização particular das mulheres negras. Basta ver a maneira como seus gestos e expressões são diferentes daqueles das outras jovens expostas na lona para encontrar a sempiterna erotização do

11 [N.T.] Espécie de touca de cor vermelha usada pelos revolucionários que tomaram a Bastilha em 1789, no início da Revolução Francesa. O barrete frígio aparece em muitas representações da Marianne, alegoria da República Francesa e dos valores revolucionários.

corpo negro. Samira Bellil[12] nos lança um olhar de *butch*. Uma delas tem até o direito de posar de perfil, o olhar dirigido para um ponto distante, feito estátua. Já as três Mariannes negras não apenas têm que sorrir, mas expressam uma gestualidade sedutora: uma delas nos manda um beijo, outra coloca a mão na frente do rosto, mas abre os dedos para melhor nos lançar um olhar altivo, safada e maliciosa. Tudo indica que estava mais para um desfile de Miss França com que os senhores deputados se regalaram, à entrada de uma plenária ainda e sempre reservada a eles. Inteiramente submetidas à construção do olhar masculino, as "Mariannes de hoje" foram estampadas como um gigantesco anúncio publicitário na fachada da Assembleia Nacional, erotizadas, para não dizer "zooficadas", em pleno centro de Paris. O ciclo se fecha com a metáfora pornô do troféu e a da mulher gigante na cidade. Em favor de uma dessexualização superficial, a "puta" de calçada foi arrancada do subúrbio para ganhar a Assembleia Nacional, situada em região nobre de Paris - enfim, em sua fachada -, onde ela foi ressexualizada e erotizada, conforme o gosto dos deputados.

Estamos longe da mulher segundo Fadela Amara, que não seria mais puta, não usaria mais véu; que não seria hipersexualizada e assumiria seu gênero - sua feminilidade minimalista -, e nada diferente disso para expressar naturalmente seu sexo. Uma concepção essencialista e modesta da mulher, que permite tomar distância dos excessos do feminismo e da hiperfeminilidade. Uma feminilidade óbvia, em vias de conduzir à maternidade e capaz de suscitar o amor, para vermos enfim "casais abraçados abaixo das torres". Essa versão renaturalizante da feminilidade e dos papéis sexuais permitiu apenas uma coisa: passar de uma forma de hipersexualização violenta, aquela da quebrada, dos rapazes e dos "manos", a uma outra forma de hipersexualização violenta admitida com frequência: aquela consumida pelos homens da cidade pornomoderna e pós-colonial. Assim, entendemos melhor a expressão de alegria dos deputados respondendo a entrevistas em frente a essa gigantesca vitrine. Não muda nada, é como

12 Falecida em 2004, Samira Bellil é a autora de *Dans l'enfer des tournantes*. Ela havia entrado para o movimento Ni Putes Ni Soumises.

espiar a bela Marianne na prefeitura, levando em conta o fato de que são atrizes que modelam o rosto da *Rep*: de Brigitte Bardot a Laetitia Casta, passando por Catherine Deneuve. Feito a Vênus das encruzilhadas,[13] as novas Mariannes iconizam e erotizam a República, em vez de corresponderem a uma verdadeira entrada das mulheres no espaço público e político. A lona e sua disposição falam por si. Elas metaforizam e reafirmam, com orgulho e uma rara arrogância, a exclusão das mulheres – e, *a fortiori*, das jovens oriundas das migrações e da escravidão – na Assembleia Nacional. A agência encarregada desse show cívico fora montada por duas antigas diretoras de publicidade: "Duas mulheres jovens tão belas quanto talentosas, o que acontece com mais frequência do que se imagina. Uma é morena de olhos verdes, a outra é loira de olhos azuis, e elas se encontraram enquanto uma estava em licença-maternidade e a outra afastada por gravidez", podemos ler no site, à guisa de apresentação. Seu conceito? "Defender o espírito francês". Então, é claro, elas encararam as viagens pelo interior do país... e, como era de se esperar, pelo mundo.

O (un)iversalismo unissex *à la* Badinter

> *"A visão única produz ilusões piores do que a visão dupla ou do que monstros de muitas cabeças."*[14]
>
> Donna Haraway

Afirmar a unicidade contra tudo e contra todos, empurrar goela abaixo uma homogeneização forçada, também consiste em atribuir estratégias e práticas diferencialistas ou particularistas às "minorias" que poderiam reivindicar algo diferente do direito à indiferença. A partir do exemplo do Ni Putes Ni Soumises, vemos bem como a tirania da unicidade enquanto ideal, como objetivo político e modelo de subjetivação, cristaliza forçosamente, uma

13 [N.T.] Referência ao romance *La Vénus des carrefours* ["A Vênus das encruzilhadas"], publicado em 1930 por Henri Drouin.

14 HARAWAY, Donna. "A Cyborg Manifesto". *Simians, Cyborgs and Women*. The Reinvention of Nature. Londres; Nova York: Routledge, 1991. No Brasil: *Símios, ciborgues e mulheres:* a reinvenção da natureza. Trad. de Rodrigo Tadeu Gonçalves. São Paulo: WMF Martins Fontes, 2023, p. 269.

hora ou outra, a "diferença dos sexos". Com o querer ser universal e unissex promovido por Elisabeth Badinter em *Rumo equivocado*, passamos a uma velocidade ainda maior.[15]

O universalismo preconiza a negação de todas as diferenças históricas, culturais e sociais, e com esse objetivo as transforma em ameaça - o diferencialismo - à integridade do projeto humanista moderno. Cultura do mesmo, o universalismo é uma forma particularmente criminosa de essencialismo. O universalismo essencialista de Badinter é de tal modo alérgico às diferenças, que chega a mostrar logicamente como se pode e se deve abolir a diferença sexual. Em sua lógica absolutista e universalista, a "diferença sexual" pode se tornar o paradigma apavorado e apavorante de "A Diferença". Se superamos essa diferença, como não pensar que todas as outras diferenças são inúteis e devem ser sacrificadas no altar do republicanismo universal, para chegar... ao ponto de partida: uma República una e indivisível, logo, perfeitamente igualitária. "Para fazer da indiferenciação uma etapa universal que funcione como condição da igualdade, a indiferenciação dos papéis é a única via em direção à igualdade dos sexos", nos diz Badinter. Numerosas concepções universalistas abriram mão de se desfazer da repartição bipolar dos gêneros, derivada por assim dizer da diferença sexual, e não é para menos. Esta permite justamente estabelecer uma oposição "universal" entre os dois sexos. Mas Badinter ainda estica um pouco mais a corda ontológica: é verdade que existe um e outro sexo num primeiro momento - as meninas e os meninos -, e não devemos, aliás, privá-los de marcas diferenciadoras. Mas a etapa seguinte é a dissolução da "alteridade", o relâmpago abolicionista, a vitória do mesmo, única garantia possível de igualdade: "O um é o outro, desde que persistam um e outro" e, em seguida, "a igualdade se nutre do mesmo (=), e não do diferente (≠)"! O esquema é puramente aritmético, nem mesmo dialético. Não é impossível ouvir ecos da resolução heteromatrimonial católica: "vocês não serão mais do que um". O "terrorismo paritário" não

15 BADINTER, Elisabeth. *Fausse route*. Paris: Odile Jacob, 2003. No Brasil: *Rumo equivocado*: o feminismo e alguns destinos. Trad. de Vera Ribeiro. Rio de Janeiro: Civilização Brasileira, 2005.

seria capaz de retardar o advento do mesmo e do um, grita a autora de *XY* com voz de trovão. Nem relativismo cultural, nem relativismo sexual: o unissex vencerá, e a semelhança triunfará sobre a dessemelhança.

É preciso deteriorar os ostentatórios

Alguns vão interpretar essa rusga universalista como uma resposta desesperada diante daquilo que Badinter vê, sem grande originalidade, como um desmoronamento da República face às pressões comunitaristas e à filosofia "diferencialista" dos outros. Com essa ideia que encontramos em outro grande conservador da República (no sentido museológico do termo), Alain Minc: a França amarela, fica à mercê, ajoelha-se diante do inimigo...[16] Ela já está de calças abaixadas e, se continuar assim, vai ser enrabada ou estuprada. Avante os "militares defensores da República" e outros escravos das minorias, "petrificados" pela perspectiva de enfrentar seus inimigos "com o sabre desembainhado"! É a virilidade da nação que está em xeque: velha angústia que sabemos bem ser atribuída geralmente aos traidores da República, que com frequência são mais integrados em excesso do que não integrados. Ainda seria preciso refletir sobre a operação de deterioração do capitão Dreyfus, que mobilizou tantas tecnologias de reinscrição de sua judeidade e de sua não virilidade. Afinal de contas, o que tiraram de Dreyfus naquele famoso 5 de janeiro de 1895, se não os signos de virilidade e de francidade que ele tinha conquistado arduamente, e que fazia de tudo para levar consigo: o uniforme militar francês, a coragem e a força. Derrotaram Dreyfus numa encenação de fazer inveja às análises de Foucault sobre a encenação moderna do poder e da autoridade, para torná-lo um "oficial incompleto", um travestido, um *performer* da francidade perfeito demais e, por isso mesmo, duvidoso. Sob o modelo da integração, o traidor. Pois de tanto assimilá-los, não os reconhecemos mais. Seus corpos se tornam "indetectáveis",

16 Para uma descrição da derrota do pensamento francês e uma versão cômica da dialética mestre/escravo revista e corrigida por Alain Minc, ver seus *Epîtres à nos nouveaux maîtres* [*Epístolas a nossos novos mestres*]. Paris: Grasset, 2003.

daí a exploração do corpo de Dreyfus depois da deterioração moral: medem-no, fotografam-no, acrescentam o que ele tinha conseguido ocultar, isto é, os traços, os sintomas do judeu e de sua malignidade inerente. Embora Dreyfus tenha passado a vida tentando se tornar musculoso e viril para se integrar, ele vê seu corpo amolecer, se afeminar, tornar-se novamente judeizado, devolvido à virilidade deficiente dos circuncidados e em acordo com a nova onda de teorias racistas dos anos 1889-1890. Ele se tornou de novo ostentatório. As minorias que nos espreitam estão igualmente presas nesse duplo discurso: os covardes que rezam a cartilha da vitimização e do PC (*politically correct*), e que, no entanto, representam a ameaça por excelência à masculinidade e à nação francesa. E Badinter é a primeira a se alçar como porta-voz masculinista da virilidade defunta. Mas ela não é a última: a psi liberal se mete nisso também. Em sua obra intitulada *Ainsi soient-ils: Sans de vrais hommes, point de vraies femmes* [*Assim sejam: sem homens verdadeiros, não há mulheres verdadeiras*], Hélène Vecchiali, psicanalista e coach de empresas (!), oferece soluções para combater a feminização dos homens franceses, argumentando que eles devem parar de se "travestir", e entrar novamente na verdadeira caça às mulheres (o *speed dating*, por exemplo, não deve fazer parte do jogo, uma vez que a caça já está "baleada"). Às mulheres, ela aconselha retomar a posição passiva/receptiva e a se reconciliar com seu Édipo, mantendo o sobrenome de seus maridos,[17] ao mesmo

17 VECCHIALI, Hélène. *Ainsi soient-ils: Sans de vrais hommes, point de vraies femmes*. Paris: Calmann-Lévy, 2005. A entrevista concedida por Hélène Vecchiali a Sophie Carquain, publicada no jornal *Madame Figaro* em 5 de fevereiro de 2005, faz uma boa recolha de suas teses: "Se ser reacionária é desejar que a gente pare de travestir os homens, então, sim! [...] Desejam que a mulher seja o futuro do homem, mas deixam que ela se vire sozinha em todos os seus papéis (mulher, companheira, trabalhadora, amante...). Para sair dessa situação, numa reviravolta inconsciente, ela levou o homem a exprimir sua 'parte feminina', como se assim ele pudesse ajudá-la. Mas essa feminização exorbitante engendrou prejuízos consideráveis: sociedade hipermaternal, apagamento da lei, problemas de casal, crise de libido [...]. Eu sou 'coach' de muitos CEOs que trabalham como loucos e deixaram de lado a vida amorosa. Em outras palavras, eles sublimam a libido no trabalho. Mais do que 'crise de libido', podemos falar em 'medo de desejar'. Alguns chegam a reconhecer que as mulheres se tornaram tão complicadas que eles preferem 'jogar a toalha'. Eles estão na negação das necessidades sexuais e afetivas, e isso é novidade".

tempo em que se derrama ao falar da sorte dos pobres CEOs que não têm mais amantes, ou que se "revoltaram contra essas mulheres exigentes, intratáveis, muito mais complexas de lidar do que uma empresa".

O furor abolicionista é um racismo ignorado

Voltando à filósofa Badinter, a esse triste tópico que é uma corrida em direção ao "um" no final da vida, corrida essa que se manifesta também nos pronomes. Que belo lapso é a masculinização que encontramos em *Rumo equivocado*: Elisabeth, com toda sua impessoalização universalizante, nos revela estar "pasmo" (sic!). Após termos sofrido os golpes da arenga lacano-foucaultiana e cixousiana – há apenas dois sexos! –, que despolitizou de maneira eficaz o feminismo francês, agora vamos nos entupir com um programa de reeducação universalista e civilizacional, cheirando ao século XVIII dos Condorcet, Diderot e Madame d'Épinay?

"Seja *butch* e abra a cabeça, em vez de colocar a questão dos gêneros em termos binários. Pare de reificar o sistema sexo/gênero dominante, que se adapta muito bem ao dois e ao um, mas muito mal ao três e seus múltiplos", ficamos tentados a dizer à intelectual republicana essencialista. Mas não se pode brincar com os Badinter. E nem comigo, pois nem eu tenho mais vontade de rir quando vejo a que ponto a aritmética estreita da igualdade que nos é imposta reproduz a dupla articulação da narrativa colonial e pós-colonial, assimilacionista e racista: a produção do "outro" (diferencialismo, particularismo republicano) é vitoriosamente seguida de sua dissolução (a assimilação). Outra grande narrativa está em ação nos textos de Badinter, assim como nos discursos da maioria das feministas francesas, quando tratam da questão da prostituição: a apologia do abolicionismo e de seus feitos. A França aboliu a escravidão e a pena de morte! Se escutássemos Badinter, ela mostraria como abolir a diferença sexual para disseminar a igualdade entre os povos. Por baixo do universalismo beato, a realidade das práticas diferencialistas: a escravidão foi de fato abolida por decreto em 1794, mas se tratou de uma "abolição fracassada", que não foi aplicada na maior parte dos casos. E anos de estudos e de teorias feministas, além de autores como Derrida, levaram a compreender que o tal "um" do (un)iversal não marcado é masculino.

Segundo Badinter, seria preciso reabsorver "o diferencialismo feminista" (a paridade e a inscrição da diferença dos sexos na constituição) e o diferencialismo cultural (a saber, o véu), já que teria sido por ocasião do debate sobre o véu "islâmico", em 1989, que a lei universal "conheceu sua primeira grande derrota". Mas, uma vez que temos conhecimento de que Badinter não estava na rua durante as manifestações feministas dos anos 1970 e que ela contempla o mundo pelas janelas de seu apartamento com vista para o Jardim de Luxemburgo, é de se perguntar como ela nunca viu nem compreendeu que sua missão civilizatória já acabou; que suas exigências de pureza republicana e de unicidade nos fundamentos, nos objetivos e na subjetividade são políticas racistas e discriminatórias; que o particularismo republicano já não pode fazer do múltiplo o um. Badinter está restrita aos mantras e às práticas de intimidação ultramidiatizadas. Tanto melhor. Acabou o tempo do um e de seu "outro", previsto para isso. Não há o um e "o outro". Resta apenas um fantasma de unicidade diante das identidades e das subculturas que proliferam. A prática diferencialista republicana foi arrancada do armário e não é mais possível constringir subalternos a uma posição epistêmica incontestável, nem pedir que eles sigam a elite republicana esclarecida pelo caminho da civilização (francesa). Em todo caso, nós decididamente não queremos embarcar em *Le Voyage en Laponie avec M. de Maupertuis*[18] [*A viagem à Lapônia com o Sr. Maupertuis*], obra infantil recém-publicada por Badinter.

A República alsaciana ou o milagre da ubiquidade: o assimilacionismo civilizacionista

> *"Houve, ainda há e haverá um milagre alsaciano. Esse milagre alsaciano deverá ser aplicado a toda a França, hoje ferida em sua identidade profunda. Aliás, esse milagre*

18 BADINTER, Elisabeth. *Le Voyage en Laponie avec M. de Maupertuis*. Paris: Seuil Jeunesse, 2003.

já não estaria em curso? Robert Grossmann é justamente de Estrasburgo, assim como a família de minha esposa, Blandine Kriegel."[19]

Alexandre Adler

Diferente do modelo de assimilação-fusão no (un)issex, o modelo do "milagre alsaciano" sem disfarces – tal como proposto por Robert Grossmann e François Miclo, especialistas do território e autores de *La République minoritaire, contre le communautarisme* [*A República minoritária, contra o comunitarismo*] – é abertamente cínico. Grossman é presidente da Comunidade Urbana, vice-prefeito de Estrasburgo e vice-presidente do Conselho Regional da Alsácia; Miclo é filósofo e membro do gabinete do prefeito de Estrasburgo. Sempre vale a pena mexer nos escritos dos republicanistas mais arcaicos para trazer à tona o discurso republicano em todo seu esplendor ultrapassado: num momento ou noutro, a afiliação mundial aos "nossos ancestrais, os gauleses" será reafirmada com ousadia. É o caso dessa diatribe contra o comunitarismo, na qual Miclo e Grossmann não hesitam em invocar os mecanismos da republicanização, e até mesmo em extrair um certo orgulho de sua grosseria:

> Todos se lembram das lições aprendidas nos bancos das escolas da República pelos africaninhos ou arabezinhos, que grasnavam em coro: "Nossos ancestrais, os gauleses...". Léopold Sédar Senghor, aliás, ironizou brilhantemente a fórmula: "Nossos ancestrais, os negros/ Cabelo crespo, nariz grosso/ comiam brancos/ comiam brancos bem balofos". Hoje, lamentamos pelos africaninhos, aos quais dávamos ancestrais brancos de olhos azuis; desculpamo-nos pela ingenuidade dos professores e dos redatores dos livros de história; acusamos os hussardos da República de terem sido ogros, devoradores de crianças e de identidades; denunciamos a França por ter praticado, de maneira ultrajante, a aculturação dos colonizados. É que nós fazemos, hoje, uma leitura racial da história. Pois bem, é

19 ADLER, Alexandre. Prefácio de *La République minoritaire, contre le communautarisme*, de GROSSMANN, Robert; MICLO, François. Paris: Éditions Michalon, 2002.

possível ler, na história, uma lição mais de civismo do que de coisas étnicas: os gauleses eram – estes que os professores ensinavam aos jovens franceses que eram seus ancestrais –, antes de mais nada, modelos morais de coragem, de abnegação e de revolta contra a submissão. A história escolar não era um desfile de manequins étnicos.

E na sequência vêm Vercingétorix, Joana d'Arc e o vaso de Soissons. É de cair o queixo… O discurso deles sobre a identidade e a nação francesa é particularmente interessante pelo fato de admitir, sem rodeios, que no final das contas a identidade francesa e a nação francesa não existem. Um universalismo não nacionalista, essa seria uma das explicações do excepcionalismo francês. Com uma política tão metacultural, metanacional e, por que não dizer, transnacional, podemos mesmo imaginar que a integração à francesa seja possível.

Mas por que o milagre alsaciano seria uma solução exemplar para a fratura republicana contemporânea? É porque a Alsácia – povoada de alsacianos que se dizem franceses falando alemão, "não exatamente tribais" (cuidado!), mas também não "javaneses"[20] – é uma figuração nostálgica, incrustada por assim dizer, da "colônia ideal". Não é a primeira vez que é preciso convocar metáforas excêntricas da República para dar credibilidade ao sucesso de sua realização. As exposições coloniais na metrópole, a Argélia de antes da independência – colônia exemplar porque departamento francês –, são muitas as contribuições para a manutenção da ilusão colonial e republicana. A colônia ideal é aquela que entendeu o paradoxo da identidade francesa: trata-se da identificação a um princípio civilizatório global sem fronteiras, e que é caracterizado pela ubiquidade: o império e o espírito francês. Razão pela qual disputamos o tempo todo com os estadunidenses, que sabem tudo em matéria de globalização imperial. Não basta se integrar, ter a nacionalidade não quer dizer nada se não nos identificarmos com o gênio civilizatório francês e se não mantivermos uma relação bastante específica com o espaço. Ser francês é estar em todos os lugares e em parte alguma, exercer um cosmopolitismo

20 "Essa língua era falada naturalmente. [...] Fazia parte de seu ser: ela os habitava. O alsaciano era mais que um simples javanês". ADLER, Alexander. Ibid.

civilizacionista, atingir os píncaros supraontológicos: "Uma vez que a França se identifica com sua própria ideia de civilização, ela nunca fala em civilização francesa, mas apenas em civilização". A França é a civilização e a cultura: "Na realidade, não existe contradição alguma entre o local e o universal", afirmam Miclo & cia. A ubiquidade universalista permite tornar real uma megaunicidade, uma *mondorespublica*. Aliás, encontramos em Miclo & Grossmann a mesma aritmética republicana de base, presente em Badinter, afinal, apenas uma questão conta em matéria de política: "Como fazer com que o múltiplo se torne um?". Fácil. Rejeitando "os comunitaristas", fonte de diversidade, assim como as identidades que eles defendem. Desse modo, eles serão ainda mais facilmente acusados de sustentar concepções ontológicas da identidade (o "somos aquilo que somos" das "tribos" e dos "bandos", conforme Miclo & Grossmann), ao passo que o republicano sublime se vangloria de estar fora da identidade, no espaço além da identidade, na superação de todas as identidades. Este se reserva, diga-se de passagem, o direito de usar uma ficção identitária assumida como tal, a do cidadão, sabendo que se trata de um direito conferido pela lei universal a uma elite. Miclo & cia. não veem problema algum em dizer que "os homens não são espíritos puros, e o cidadão permanece sendo uma ficção reguladora de nossa sociedade democrática, e não uma realidade encarnada". Basta confinar os multiculturalistas a uma política retrógrada e determinista da tradição, das raízes e das origens, amplamente criticada pela maioria, e à qual se propõe responder com o estabelecimento de "pacotes culturais" e com um projeto civilizacional unitário que abrange a humanidade inteira. Assim se alimentará a mitologia tenaz, segundo a qual a França está aberta aos estrangeiros e conta com indivíduos que são, ao mesmo tempo, criadores potenciais e mensageiros do Espírito francês. Aqueles que desejaram aportar nas margens da terra universalista, baseando-se em sua reputação de terra acolhedora, tiveram a surpresa de compreender, às próprias custas, que a integração símbolo do gênio francês valoriza, no fim das contas, apenas os "cidadãos de fora" e os grandes artistas.

Diante de um programa tão atemporal e linear, por que tanta virulência contra os gays, os corsos, o desfile dos "manequins étnicos" e das "tribos"? Para que assimilar as minorias aos nazistas? Para mascarar a maneira como se opera a retomada "do discurso sobre a diferença", denunciado como uma "alteração da noção de alteridade" pelos republicanos universalistas. Porque um grande número de diferenças tornadas visíveis e de zonas explícitas de exercício do biopoder obriga a uma transparência nefasta, com o fim de manter o segredo e os procedimentos conservados pelas elites republicanas. A superioridade e o caráter implacável do republicanismo francês: a França "não existe" no que diz respeito à humanidade, mas precisa encontrar replicantes para encarnar a ideia francesa. Esse é o resultado de um universalismo extensível e de uma modernidade arrogante, que ainda gostariam de convencer a ONU de que "a França votou pela liberdade do mundo", sempre segundo Miclo & cia.

Misérias da literatura anticomunitária

A grande fraqueza de autores como Badinter, Minc, Grossmann e Miclo, e de tipos como Joseph Macé-Scaron – que é a versão gay dos primeiros, com sua *Tentation communautaire*[21] [*Tentação comunitária*] –, é o fato de terem chegado a um tal estágio de denegação de suas próprias práticas diferencialistas, disciplinares, pós-coloniais e particularistas, que acreditam estar na posição ideal para advertir os "identitários" e os "minoritários" dos prejuízos da tipologização e das "etiquetas". Em todos esses autores, assoma uma nova forma de exasperação diante de formas de visibilidade, cada vez mais autorizadas ou reivindicadas. Em todos os seus escritos, a estigmatização do "gueto" é pelo menos tão forte quanto a do *coming out*. A concomitância dessas duas acusações deveria bastar para relativizar as acusações de "retração", de "deriva" e de "fechamento comunitário ou identitário": como conciliar "gueto" e inscrição, irrupções voluntárias de uma identidade ou de uma subcultura no espaço público? Como acusar os gays e, *a fortiori*, as lésbicas – de quem tão pouco se fala – de se guetizarem, ao passo que eles pedem acesso às mídias e à participação no debate cidadão? Como acusar as

21 MACÉ-SCARON, Joseph. *La tentation communautaire*. Paris: Plon, 2001.

jovens de véu de formarem guetos nas periferias, se elas também querem habitar o espaço escolar e o espaço público?

O pânico dos anticomunitários vem do fato de que, atualmente, as formas de visibilidade das minorias não são mais consequências da censura produtiva republicana e moderna. São as minorias que criam seus próprios saberes, conhecimentos específicos e formas de visibilidade. A produção da identidade (francesa) não é mais exclusividade da República. Badinter se sentia mais à vontade nos anos 1990, quando ainda podia manejar uma ironia tranquila, ao alertar que todo "diferencialismo" se coloca a perigo ou que vai pagar seus pecados. Ora, ela não afirmava, num dos capítulos de *XY*[22] sobre a homossexualidade masculina, que foram os próprios homossexuais que "colocaram lenha na fogueira ao inventar a problemática identitária" no século XIX, e não os grandes sexoclassificadores? "Eles queriam que fosse reconhecida sua especificidade" e "sem pretender, Ulrichs dirige a pederastia (sic) para o caminho escorregadio da patologia mental"![23] A retomada de certas teorias biologizantes dos médicos do século XIX pelos protagonistas do movimento homossexual emancipacionista alemão não é da ordem de uma reivindicação particularista *ex nihilo*. Muito pelo contrário. Ela é muito precisamente um discurso reverso, para retomar a formulação de Foucault em *A vontade de saber*. Que a estratégia tenha provado ou não seu valor é outra coisa, mas não se pode invisibilizar a política das identidades praticada pelas instâncias médicas e jurídicas do século XIX, nem as formas de resistência suscitadas por ela. É nesse sentido que as coisas caminham. Ulrichs não está na origem da medicalização nem da patognomonia do discurso sobre os "antinaturais" e outros.as "invertidos.as". O mesmo vale hoje para a política da identidade republicana, que se pretende outro tipo de discurso reverso, com jovens manifestantes usando uma bandeira da França como véu. Não fizemos delas francesas e cidadãs?

22 BADINTER, Elisabeth. *XY, de l'identité masculine*. Paris: Odile Jacob, 1992. No Brasil: *XY*: sobre a identidade masculina. Trad. de Maria Ignez Duque Estrada. Rio de Janeiro: Nova Fronteira, 1993.

23 [N.T.] Ibid., trad. bras. citada, p. 102-103.

Em sua arrogância republicana universal, os intelectuais tomaram os subalternos por espíritos que necessitavam ser abertos, por imbecis que precisavam entender que estavam confinados em diferenças mais bem dominadas por outros. O que estava dominado era essa espécie de metassaber tipicamente francês sobre a realização de um ideal para além da identidade. Ora, esse tempo hierárquico passou. Já não é mais possível prescrever o armário e a reserva para "os específicos", mostrando-lhes o porrete. Já não é mais possível atribuir às minorias visíveis, em estágio de reviravolta de conhecimento, suas próprias práticas disciplinares e acusações de imaturidade política: "O comunitarismo é uma obra de entomologia; ele somente concebe os indivíduos classificados, marcados em sua origem e tratados com formol como insetos estranhos", debocham Miclo & cia. *Look who's talking*! Como se fossem os animais do zoológico que tivessem escolhido suas jaulas. Como se não fosse tarefa das pessoas "trans" (transexuais, transgêneros. as), por exemplo, "tomar nosso próprio destino nas mãos, nosso discurso, a fim de que nos tornemos atores de nosso discurso, e não mais temas, objetos de discurso".[24]

A promessa dos anormais,[25] outros des/inapropriados e *genderfucker*[26] da *Rep*: performances e políticas da difração

O modelo de integração/imitação republicana está fodido. Por quê? A produção controlada da "outridade" e a vigilância geral se tornaram mais difíceis – o que o policiamento do véu testemunha *a contrario*. Como continuar negando que a imitação da identidade francesa, ou do bom sujeito republicano, é impossível para todos os candidatos à integração? A lógica da assimilação é confrontada com falhas, difrações e más apropriações, que eram inevitáveis e desejáveis, haja vista a dureza e a arrogância do

24 "Trans La Menace" ["Trans, a Ameaça"]. Entrevista de Tom Reucher. *Corps 9*, maio de 2003.

25 Esse título é uma variação/apropriação do seguinte texto de Donna Haraway: "The Promises of Monsters: A Regenerative Politics for Inappropriate/d Others" ["As promessas dos monstros: uma política regenerativa para outros des/inapropriados"].

26 Arregaçadores de gênero.

modelo francês moderno e pós-colonial. Houve um tempo em que essas falhas, que são mais uma vez inerentes à lógica integracionista francesa, "retornavam" à República. Elas até faziam parte dela. No modelo francês, é possível dizer que a injunção ao fracasso e à infidelidade tem ainda mais força, visto que é preciso se identificar não a uma nação, mas a princípios abstratos: a República, o universalismo. Tornar-se francês, integrar-se, faz parte da "repetição de uma forma de conhecimento e de identificação que vacila entre o que está sempre 'no lugar', já conhecido, e algo que deve ser ansiosamente repetido".[27] Porém, mesmo quando a lição republicana estaria bem aprendida, a separação continuaria lá: "Mesmo sendo francesa nascida em Argenteuil, vivem me dizendo que estou 'muito bem integrada'. Mas vou acabar me desintegrando de tanto me integrar", diz Latifa Abed numa entrevista à *Télérama*.[28] Ela se tornou a mesma, mas não exatamente - ou então alguém visível demais, assim como Dreyfus, que subitamente se tornou o mesmo inapropriado. Ótimos exemplos da ambivalência diferencialista de fundo que está no coração do modelo francês. Ser francizado se torna, ao fim, ao cabo e de maneira enfática, não ser francês. Pois parecer-se com algo é também ameaçá-lo.

Ao mesmo tempo, essa imposição brutal da narrativa republicana abre caminho para uma imitação lateral, paralela, assim como para apropriações deformadas, recontextualizações, produção de monstros, de anormais pós-coloniais e pós-integração, e de "outros des/inapropriados", para empregar a formulação de Trinh T. Minh-Ha retomada por Haraway:

> Designando as redes multiculturais, étnicas, raciais, nacionais e sexuais dos atores que emergem após a Segunda Guerra Mundial, a formulação de Trinh (os "outros des/inapropriados") fazia referência à posição histórica daqueles que não podem adotar nem a máscara do "eu", nem aquela do "outro" oferecidas pelas narrativas ocidentais de identidade e política dominantes até aqui. Ser des/

27 BHABHA, Homi. *O local da cultura*. Op. cit, p. 105, adaptado.
28 "Pas besoin de porter le foulard pour être traitée de terroriste" ["Nem é preciso usar véu para ser tratada como terrorista"]. *Télérama*, 3 de dezembro de 2003.

> inapropriado não quer dizer "não estar em relação com", quer dizer estar numa reserva especial, esvaziada do estatuto do autêntico, do intocado, e desde uma condição inocente, alocrônica e alotrópica. Pelo contrário, ser um "outro des/inapropriado" significa estar numa relação crítica e desconstrutiva, numa racionalidade que difrata mais do que reflete, de maneira a realizar poderosas conexões que excedem a dominação. Ser inapropriado é não coincidir com a taxonomia, estar deslocalizado dos mapas disponíveis que especificam o que devem ser os diferentes atores e as diferentes narrativas, não ser originalmente fixado pela diferença. Ser inapropriado não é nem ser moderno, nem pós-moderno, mas amoderno.[29]

Seja esse "querer-ser inapropriado" resultado ou não de uma tomada de consciência, de uma vontade política identificada como tal, o fato é que chegou o tempo em que a lógica da assimilação se vê contrariada, não por uma estratégia de subversão ou de transgressão, mas por efeitos de repetição e de difração, dos quais é possível extrair novos modos de ação política, novas relações com identidades e subjetivações não cativas. Isso não integra mais, mas difrata ao máximo. O raio das Luzes - que às vezes é de se perguntar se não estaria mais para um raio laser de depilação - não se vê refratado nem mesmo refletido, com todas as honras garantidas pela reflexividade, mas sim difratado. Os efeitos do fracasso da transmissão da modernidade não são únicos, mas múltiplos, em função da dupla, tripla, até a enésima consciência ou acumulação de diferenças étnicas, sexuais, de gênero, de classe: "Esses raios difratores compõem modelos de interferência, e não imagens que refletem". Os efeitos da difração reforçam e alimentam as "duplas consciências", as "visões duplas", as subjetividades clivadas, oriundas da escravidão e da máquina colonial, narradas e analisadas nos textos políticos de Du Bois ou de Fanon. Mas também aquelas geradas pela naturalização violenta da diferença sexual e dos gêneros.

29 HARAWAY, Donna. "The Promises of Monsters: A Regenerative Politics for Inappropriate/d Others". In CROSSBERG, Lawrence; NELSON, Cary; TREICHLER, Paula A (orgs.). *Cultural Studies*. Nova Iorque: Routledge, 1992, p. 295-337.

Infiéis

Ocupado em negar as próprias práticas diferencialistas e em fazer apologia do mesmo e da semelhança, o discurso republicano assimilacionista terminou por negligenciar a repetição das marcas que ele mesmo quer controlar, seja em termos de gênero, de sexualidade, de raça ou de véu. Para tanto, é preciso que ele acredite ou nos faça acreditar na existência de um modelo, de um original que poderíamos, que deveríamos imitar. Mas não existe original, identidade sexuada ou identidade francesa mais real e mais verdadeira que as outras: existem apenas cópias de cópias, infinitamente. Apenas infiéis...

Do mesmo modo que o véu não mascara mais a República, os republicanos da comissão Stasi acharam que tinham desvelado o que o véu esconde, para se certificar da validade de uma das alegorias mais antigas da descoberta da verdade: derrubar os véus sucessivos, para que ela finalmente apareça nua, feito uma mulher pelada. Mais uma metáfora pornô de peso. Aleteia é meu cu! As jovens de véu tampouco são a reaparição de um símbolo da opressão universal da mulher desvendado pelo olho do racionalismo ocidental. Nessa visada, podemos reconhecer uma estratégia de homogeneização abusiva, que permite mascarar o que múltiplas práticas recentes de re-velação[30] significam e rearticulam. Em meio à necessidade de separar o véu de várias outras peças de roupa que ele acompanha e compõe, estaria o sonho da comissão Stasi de mascarar as significações culturais, identitárias, políticas – não simplesmente religiosas, e bem menos ainda integracionistas – do véu das jovens que o usam. Mas como admitir isso, se uma feminista universalista como Badinter chega a pensar que as políticas das diferenças são um fundamentalismo?

Técnica de camuflagem para algumas, o véu permite, evidentemente, resistir a uma hipersexualização pornográfica, que não é exatamente a dos rapazes de periferia. Porque se é verdade que

30 [N.T.] No original, "*révoilement*". Além do sentido corrente de "revelação", trata-se da ação de colocar novamente um véu, o que tem uma implicação imagética no contexto dessa discussão, na qual ganham importância os jogos de linguagem em torno da imagem do véu.

estes cultivam uma hipermasculinidade hiper-heterossexual e homofóbica, Nacira Guenif-Souleimas bem mostrou, ao retraçar a genealogia desse "fechamento virilista", que essa metáfora pornô moderna foi delineada pela mascunilidade heterossexual branca francesa dominante.[31] Outros usos do véu - pois há *vários* usos do véu - correspondem a discursos reversos, a performances da arabidade de fato conscientes, a manifestações culturais e identitárias de subjetividades complexas, clivadas, pós-integração. É o caso de certas jovens que fazem manifestações usando véu, ou com a bandeira amarrada na cintura, já que são francesas nascidas na França, mas não francesas cidadãs. É o caso daquelas que, religiosas ou não, exibem o véu para representar a arabidade, quiçá para representar implicitamente o Islã, que se tornou um dos principais elementos de sua cultura. E isso às vezes contra sua própria vontade. Pois não as consideramos todas como muçulmanas?

A véu[32] e a vapor

Nilüfer Göle mostrou muito bem como, longe de ser somente um signo religioso, a reaparição do véu na Turquia laica - para não dizer superlaica - dos anos 1980 devia ser compreendida como uma "rearticulação da modernidade e da cultura" e, antes de mais nada, permitia "mensurar o autoritarismo islâmico e um transbordamento deste".[33] A irrupção das jovens de véu no espaço público produz frequentemente o efeito inverso do que as feministas brancas acríticas acreditam saber: outras declinações da feminilidade, que bloqueiam o controle escópico do olhar pornográfico moderno e que não coincidem com o corpo controlado, tal como gostariam de impor certas leituras alienantes e misóginas do Corão e da religião muçulmana:

31 MACÉ, Éric; GUENIF-SOULEIMAS, Nacira. *Les Féministes et le garçon arabe*. Paris: Éditions de l'Aube, 2004.

32 [N.T.] No original, "*à voile et à vapeur*". Há aqui um jogo de palavras difícil de reproduzir em português, pois "*le voile*" é o véu, ao passo que "*la voile*" pode ser a vela de uma embarcação, o que permite brincar com a oposição entre véu/vela e vapor.

33 GÖLE, Nilüfer. *Musulmanes et modernes:* voile et civilisation en Turquie. Paris: La Découverte, 1993.

> O uso do véu pelas jovens muçulmanas não deriva de um processo gradual e contínuo, que teria sido transmitido pelos costumes religiosos e familiares, mas, ao contrário, resulta de uma nova interpretação da religião muçulmana por grupos sociais em mobilidade ascendente, isto é, recém-urbanizados e educados. Essa nova interpretação leva a uma crítica das tradições de assujeitamento da religião e dos valores de assimilação da modernidade.

Algumas práticas de re-velação são, portanto, reapropriações do significado do véu e correspondem à sua utilização performativa como signo ostentatório de identidades pós-integração: "*Veil is beautiful*". Ostentatórios e não ostensivos, *out* e não dentro do armário: é com base nesse aspecto que essas novas identidades serão proscritas, pois elas visibilizam as identidades e as discriminações cruzadas produzidas pelo discurso republicano à moda francesa; e remetem a identidade francesa à sua própria performance e a seus barretes frígios. São essas novas formas de visibilização cultural e identitária que são visadas pela lei da laicidade. Elas instigam a arrogância e a ingenuidade do discurso republicano. Seu modelo de referência, o sujeito universal branco e heterossexual, está fadado à difração perpétua, às falhas performativas: e, bem, é possível ser cidadão a véu e a vapor. As experiências de "dupla consciência" ou de "dupla visão" que revestem os textos de Fanon ou de Du Bois, as sensações de clivagem, de dupla (quiçá tripla) consciência, de identidades múltiplas para as pessoas que vivem na França e são oriundas da pós-integração são todas elas decorrentes da obrigação à performance da raça ou do estereótipo do integrado. Pele morena, máscaras brancas, ou como brincar de ser francês na *Rep*? Idem para a obrigatoriedade da performance da masculinidade e da feminilidade heterocentradas. A experiência do insulto também faz parte do patrimônio comum de todos aqueles e aquelas que são o tempo todo lembrados de que fracassaram em sua integração, mas que nem por isso deixaram de acumular, na longa estrada da assimilação, a capacidade de performar outros gêneros, outras identidades. O fato de que o gênero e a raça são performativos é justamente o que torna possível o excesso semiótico e sua exploração pelos próprios subalternos. É nesse ponto em que estamos.

Mas, para existirem, permanecerem ou tornarem-se práticas culturais e/ou políticas, essas integrações transviadas e cada vez mais orgulhosas disso, esses "*inappropriated others*" precisam escapar às interpretações patologizantes e psicologizantes que as perseguem. E isso não é simples. É preciso desmantelar a marcação da raça por meio da sexualidade e do gênero, e dar um basta no ventriloquismo republicano.

Não somos bichas! Não somos *butches*! Integração e heterocentrismo

> Ao lidar com a relação entre raça e classe, tem sido lugar-comum evocar o sugestivo comentário de Stuart Hall de que a primeira é a modalidade na qual a última é vivida. O caso do 2 Live Crew (um grupo de rap da Flórida) e o lugar central da sexualidade nos discursos contemporâneos da particularidade racial apontam para uma formulação análoga, que pode se mostrar igualmente manejável: o gênero é a modalidade na qual a raça é vivida.[34]

O gênero e a sexualidade. Não é a grande tentativa de rerrepublicanização pela refeminilização empreendida pelo grupo Ni Putes Ni Soumises o que poderia desmentir essa análise de Gilroy. Se essa associação tem aceitação unânime, e não apenas entre a classe política (mas também entre os machões do tipo *Bedos*), é porque ela constitui uma tentativa de atribuir novamente a feminilidade "natural" à mulher que se opõe ao uso do véu.

É difícil imaginar algo menos feminista. Muito curiosa essa emancipação pré-beauvoiriana, que consiste em estigmatizar "aquelas que não assumem sua feminilidade" intrínseca, em outras palavras, aquelas que performam a masculinidade e sua feminilidade, o que as distancia do gênero "natural". E é decerto

34 GILROY, Paul. *The Black Atlantic*. Cambridge: Harvard University Press, 1995. No Brasil: *O Atlântico negro*: modernidade e dupla consciência. Trad. de Cid Knipel Moreira. São Paulo: Editora 34, 2001, p. 179 (parênteses de Bourcier).

essa renaturalização da feminilidade heterocêntrica o que tanto seduz os políticos franceses, assustados pelo feminismo político e pela desconstrução dos gêneros que ele implica, aí incluída sua masculinidade. Não é de surpreender o fato de que essas brilhantes políticas sexuais tenham saído do Partido Socialista – o qual, sabemos bem, produziu Ni Putes Ni Soumises, após ter desintegrado a marcha dos Beurs,[35] ao criar a concorrência SOS-Racisme e France-Plus –, dadas as referências feministas que o partido reivindica para si, a começar pelo feminismo biologizante e naturalizante de Sylviane Agacinski.

"Seu arrombado! Nós não somos bichas!". Nacira Guénif-Souleimas forneceu elementos de análise acerca da homofobia dos "rapazinhos de periferia" – análise na qual deveriam se inspirar os políticos gays que sofrem de uma singular falta de memória colonial e sexual em relação ao cruzamento de sua história com a desses "árabes que os excitam" e os enrabam, como se dizia na FHAR [Frente Homossexual de Ação Revolucionária]. Se os "rapazinhos de periferia" exageram e agem como "caras mais machões que os machões", é porque seus pais, imigrantes na França dos anos 1950, foram brutalmente hetero-ocidentalizados. Esses pais foram deslocados de dois modos: no sentido geográfico, e também porque tendiam a dar mostras de uma homossensualidade condenável, ao manter uma gestualidade e até mesmo práticas sexuais entre homens que são comuns no mundo árabe. Resultado: os "rapazinhos dos bairros problemáticos" vão fundo na performance da masculinidade hétero. Homofóbicos, sim, porque constrangidos à heterossexualidade e à heteromasculinidade. No dia em que compreendermos que o heterocentrismo mata e que a "homofobia", a "lesbofobia", a "transfobia", mas também – e talvez sobretudo – a "generofobia" não são fobias, mas sim formas de saber *straight* que atropelam as outras e visam disciplinar as identidades sexuais e de gênero desviantes, talvez possamos parar de confiar a luta contra a homofobia à la Perben, e a luta contra discriminações a uma Alta Autoridade qualquer, cuja preparação

35 [N.T.] A *Marche pour l'égalité et contre le racisme* ["Marcha pela igualdade e contra o racismo"] foi criada em Marselha, em 1983, e chegou a Paris no final do mesmo ano, atraindo grande atenção da mídia, que a apelidou de *Marche des Beurs*.

foi supervisionada pela... comissão Stasi. A Halde [Alta Autoridade de Luta contra as Discriminações e pela Igualdade], criada em dezembro de 2004, já começou excluindo pessoas trans e transgênero do campo da discriminação, e poderia muito bem contar com Joseph Macé-Scaron entre os oito "sábios" designados pelo Presidente da República, pelo Primeiro-ministro e pelos presidentes das duas assembleias.

Mas também não somos *butches*! A *Rep* também se encarrega de nos lembrar disso. Volta à baila a tipologia das formas de feminilidade proposta por Fadela Amara no livro *Nem putas nem submissas*, e o testemunho chocante com aparência de pornô Z de Samira Bellil em *Dans l'enfer des tournantes*. O que me interessa nessa leitura a contrapelo é ver como uma pequena marginal como Sam – que justamente poderia figurar no panteão dos *genderfuckers* entre outros ilegítimos e inapropriados da *Rep* – vai se tornando, ao longo dos textos e dos discursos autobiográfico, psicológico, midiático e político *made in France*, Samira: mulher republicana que desfila na primeira fila dos cortejos de Ni Putes Ni Soumises.

É que Fadela Amara se esmera em sua classificação dos tipos de feminilidade no ambiente urbano. Ela praticamente poderia se juntar aos grandes ordenadores e corretores de gêneros do século XIX. É verdade que ela acrescenta a categoria "moças de véu" a sua taxonomia, mas dá novo fôlego à estigmatização da hipersexual e da de gênero "invertido". As "submissas" também são hipersexuais, pois, se de um lado são privadas da emancipação pelo trabalho e condenadas ao confinamento doméstico, de outro também estão sujeitas, fora do perímetro urbano, a estampar uma hiperfeminilidade julgada como excessiva, por seu caráter manifestamente "artificial".

> Algumas dessas jovens podem mudar completamente de comportamento. Quando saem da quebrada, encontram tudo o que lhes é proibido: os homens, o cinema, a moda, a liberdade. Essa realidade é esfregada em suas caras e elas a "superconsomem". Vestem-se como gatinhas, se maquiam, paqueram. Para algumas, o desvio é violento demais e elas escorregam, terminando por cair na prostituição ou no vício em drogas.

Nada menos do que isso para essas *sisters Jekyll and Hyde* do gênero feminino.

No que se refere ao tipo "jovens maquiadas hiperfemininas", elas levam a performance da feminilidade ao extremo e a reivindicam como uma estratégia de resistência, algo que Fadela Amara percebe, mas sem reconhecer nisso uma nova forma possível de feminismo popular, que de fato não tem nada a ver com o feminismo dos anos 1970. Esse feminismo *grassroot* talvez esteja mais perto de um feminismo *à la* Despentes ou Madonna, que lança mão do *peepshow feminism*.[36] Este não é elaborado nem nas faculdades nem nos colóquios, mas entre as trabalhadoras do sexo e as jovens que decidem representar o ideal feminino controlando-o, e que bem sabemos estar mais próximo da puta e da piranha, tanto para as *sex workers* como para as mulheres que se pautam pelos cânones da sedução heterossexual. Basta ver o subtexto da maior parte dos *reality shows*, como o romântico "Bachelor" ou aqueles do tipo "Ilha da tentação", frequentados por figuras como Greg, o milionário. A partir da segunda temporada, os *castings* recrutaram "vagabundas": Marie-Laetitia, Laetitia, Karine, Valérie, Sarah, todas elas trabalhadoras do sexo ou construídas como tais. Esse feminismo funciona como um discurso reverso com relação ao discurso pornográfico moderno, que permanece sendo um dos principais dispositivos de produção da feminilidade e da masculinidade nas sociedades ocidentais. É uma fonte importante, mas ignorada e tida como ignóbil pelas feministas tradicionais e "históricas", pois deriva da cultura jovem e da cultura popular, além de se nutrir das mídias. A "terceira onda", da qual nunca se fala, por assim dizer.

Também é apresentado como oposto ao exercício da feminilidade o tipo "jovens de bolsa", identificado por Fadela Amara, que abrange aquelas que usam véu na quebrada para se proteger, mas o trocam pelo estojo de maquiagem assim que saem dela. Pois a feminilidade seria percebida como um jogo de amplo espectro, em que a jovem de véu poderia perfeitamente ser incluída, o que deixaria entrever seu caráter performativo.

36 DUDASH, Tawnya. "Peepshow Feminism". NAGLE, Jill (ed.). *Whores and Other Feminists*. Nova Iorque; Londres: Routledge, 1997.

Característica obrigatória, inata e natural, expressão de seu sexo, a feminilidade não poderia ser descontínua: é preciso assumir sua "feminilidade" biológica, psicológica, ontológica. Logo, entendemos que um raio cai sobre as marginais, que são acusadas de não "assumir" essa feminilidade. Último tipo de feminilidade:

> Das mulheres que querem se parecer com os caras, que se impõem para forçar o respeito. Elas adotam as atitudes dos rapazes, incorporando suas ferramentas e suas armas; vimos, assim, aparecer nos distritos um fenômeno de gangues constituídas unicamente por moças – vestidas de moletom e tênis, ou qualquer tipo de traje que sirva para não assumir sua feminilidade – e que utilizam a violência como expressão. Essas jovens são muito violentas em seu falar e no comportamento: elas chantageiam, brigam – inclusive com os homens – e não hesitam em insultar, bater. Nunca têm um gesto de ternura, que seria percebido como um sinal de fraqueza. Às vezes elas são piores do que os homens, pois, quando agridem, podem se mostrar muito mais duras e sádicas. Elas têm a mesma forma de pensar e de viver que os piores dos machões. Agem como se "botassem o pau na mesa". É de se perguntar se não são tão perigosas para a República quanto as "soldadas do fascismo verde", "as jovens de véu instruídas e militantes, que lutam por um projeto de sociedade perigoso para nossa democracia".

Eis aí algo interessante: Samira Bellil não deixou de ter colhões de marginal...

A marginal Sam está pouco se lixando, ou quase isso

Eis a história de Sam que se tornou Samira Bellil. "Sam" representa tudo o que Fadela Amara mais detesta: um arregaçador de gênero de primeira ordem, um desintegrado desintegrador. Antes e depois dos estupros, Sam é *butch*, se é que esse termo pode dar conta da masculinidade feminina praticada entre as jovens oriundas da integração. Sam cultiva a atitude marginal. Aliás, é por uma compra vultuosa com um cheque sem fundo que começa a narrativa: Sam e Sofia acabam de comprar dois pares de sapatos masculinos a 1.450 paus cada: "de estalar, eles estalavam, eu juro". Sam entendeu muito bem o que pode trazer a performance da masculinidade e da raça que ela escolheu para si, e não é isso o que lhe traz problemas. Sam é um ás da performatividade em todos os gêneros. Ela sabe fazer a marginal, mas também... a epiléptica nas casas de acolhimento:

> – Escuta, você não pode ter crises assim, tão violentas e tão frequentes, a menos que você seja uma grande atriz!
> – Pois é, doutor, você acertou na mosca. Eu assumo agora, depois de tantos anos: fui a maior atriz que você pode imaginar!

Filho da puta! Arrombado!

E é "de família". Sam e sua mãe partilham uma consciência dupla – para não dizer tripla ou quádrupla – dos papéis que são cobradas a desempenhar. Trocam rajadas de xingamentos permanentemente, mas com estilo, como se estivessem conscientes do fato de que isso constitui uma retomada, uma récita permanente dos xingamentos que lhes são dirigidos o tempo todo. Aliás, puta, filho da puta, é o insulto favorito de Sam: "Agora que ele me alvejou, vou também insultá-lo: 'Filho da puta! Arrombado!' Eu atiro nele o que tenho de melhor no meu repertório. Ele fica louco de raiva. Não estamos na merda!". Poderíamos completar muitos dos golpes de oratória levados a cabo por Sam com as didascálias da antológica cena de xingamento que se encontra em *Black Boy*, de Richard Wright: "Acusação proferida num grito, orgulho amargo, buquê, conclusão triunfal".[37]

A narrativa insinua que a "inversão" de gênero de Sam não teria sido produzida se ela tivesse permanecido na Bélgica com sua família adotiva, em vez de viver com seus pais biológicos. Com Josette, a belga, Sam teria sido de fato integrada enquanto mulher hetero-ocidental. Já a mãe de Sam, a argelina, é indigna. Ela não entende a filha e ajusta suas contas com ela à base de bombas de

37 WRIGHT, Richard. *Black Boy* (1947). No Brasil: *Black boy*: infância e juventude de um negro americano. Trad. de Aurora Soares Neiva. Rio de Janeiro: Espaço Tempo, 1993.

gás lacrimogêneo. De fato, a cumplicidade dela com Sam está em outro lugar e vem do fato de que ela utiliza, continuamente, recursos performativos "integrados", porém deslocados, como nessa cena incrível em que, munida de seu bilhete único, ela vai atrás da filha que havia fugido, fazendo-se passar por um guarda:

> Eu devia ter doze ou treze anos nessa época, e estava escondida em frente a uma escola. Naquele dia, minha mãe fez seu melhor. Ela me deu ordem de prisão. Eis que ela sai de um carro, tira seu bilhete único como se fosse um distintivo de polícia, mostra rapidamente para os jovens, que veem apenas seu brilho, e grita: polícia! Ela me aborda, me joga no chão, prende meus pulsos com algemas e me enfia no carro. E lá vai o carro, cantando pneu com minha tia ao volante! A maior vergonha da minha vida! Na frente de todos os meus colegas. Assim que eu entrei no carro, levei a surra do século. Sempre me perguntei de onde ela tirou aquelas algemas. Minha mãe sozinha era *Starsky & Hutch*!

Como dizia Karen Bach em *Baise-moi*, quando faz a atiradora: "A beleza do gesto... Eu dou uma importância do caralho para a beleza do gesto".

A mãe de Sam era fatal: ela "(se) jogava a sério". Ela incorporou as formas de autoridade com as quais foi confrontada, a ponto de saber imitá-las com perfeição. Muitas vezes, Sam evoca sua capacidade de performar um grande número de figuras, mas também a sensação de clivagem que resulta disso e que a remete a uma integração fracassada:

> Tanto no abrigo de Nogent como no colégio, eu tenho várias personalidades, consigo me adaptar a todas as situações, a todos os indivíduos. Falo muito bem com os "marginais" e com os alunos sérios. Com os que saem um pouco da linha, faço pequenos negócios aqui e ali, um jeito de descolar um trocado, e a gente também se encontra no fundo do pátio para fumar umas toras [...] Com os outros, os sérios, é mais complexo. Tenho vontade de ser como eles, de me integrar ao seu meio. Mas quando entro em contato, compreendo minha marginalidade, minha incapacidade para me integrar.

A euforia provocada pelo lado "personalidade múltipla", o sentimento de orgulho cabotino que resulta do roubo da performance da masculinidade e de seus privilégios (os "feitos" de Sam) se alternam com o bloqueio radical diante de certos papéis, e até mesmo diante do fato de estar condenada à imitação. De maneira significativa, quando é preciso desempenhar o disfarce dominante, a performance da feminilidade, para entrar na linha, aí a integração fracassa com certeza. Quando Sam faz um estágio de recepcionista de hotel para entrar no bom caminho, a máscara é pesada demais:

> Tchau, tênis e jeans. Olá, terninho e salto alto! Isso não vai durar muito. Me sinto fantasiada, fico aborrecida e não vou aguentar mais que um mês! Tenho 20 anos e só faço merda. Estou tentando mudar, fazer como todo mundo. Mas não consigo. Me falaram para ir adiante, estou indo. Indo adiante nessa selva que é a vida. Indo sem saber por que, indo sem objetivo e sem vontade. Faço pequenos bicos: vendo roupas e sanduíches de linguiça no mercado de pulgas de Clignancourt. Estou fazendo um esforço enorme para entrar nesse teatro. Desempenho papéis, mas não sou eu mesma.

Uma leitura do testemunho de Samira Bellil fora dos quadros *straight* e franco-francês é um capítulo da história da ambivalência, dos efeitos da dupla consciência e das clivagens no infeliz candidato à integração. Rei do *passing*, Sam desenvolveu mais do que uma dupla consciência que a massacraria entre a realização da identidade francesa republicana, branca, feminina e heterossexual, e uma outra coisa, marginal, *butch*, oriunda da colonização. Sujeita a fraturas identitárias que lhe são impostas antes de serem diagnosticadas como seu problema, ela extrai os recursos de uma visão múltipla dos efeitos de dominação, de uma consciência e de uma prática da performance identitária. Mais ciborgue *à la* Haraway que Marianne, feminista sem feminilidade, quiçá mesmo sem a mulher, Sam é um "*many headed monster*" cheio de recursos para tal: a anti-Badinter, o pesadelo do feminismo republicano, a candidata errada para o concurso de Miss Marianne. Ela é ciborgue no sentido em que "a expressão 'mulheres de cor' poderia ser entendida como uma identidade ciborgue, uma poderosa subjetividade sintetizada pelas fusões de identidades forasteiras",[38] filha de Malinche, superbastarda... Será que Samira estaria de acordo com essa ficção política com ares de ficção científica, da qual Sam é o herói?

(SAM)irá

Tarde demais para perguntar a ela. Muitos subalternos morreram nesse meio tempo, dentre eles Samira Bellil e Karen Bach. *Dans l'enfer des tournantes* tem cara de ter sido feito para ser lido como a história de Samira escrevendo um livro ao final de uma longa terapia.[39] Adeus a Sam, seus recursos autobiográficos e seu poder de autodenominação. Uma pena. Richard Wright e Sam tinham apenas histórias de consciências cindidas para contar. Tinham também os tapas e os *fight back*. Richard, conhecido como Richard Wright em *Black Boy*, puxa a faca. Sam revida com um golpe na canela, em família. A masculinidade agressiva de Sam, a *butch* marginal, a protegia contra as agressões dos rapazes. Mas Sam se torna Samira no dia em que se desencadeia a construção de sua identidade de vítima francesa pelo discurso psi e lhe é proposta a salvação pela escrita, na mais pura tradição francesa. É o fechamento/cercamento. No livro, Fanny é a psi. Dentro e fora dele, Josée Stoquart, que conhece bem Fanny e chega ao ponto de prefaciar o livro que ela mesma organizou, para nos assegurar de que de fato passamos da desintegração à integração:

> Uma vez que as violências de sua história foram extirpadas de sua memória, impressas, lidas e relidas, ela começa a se distanciar de seu passado e a se pacificar. Tudo foi dito, gritado, chorado. Tudo foi refletido, compreendido, integrado. Ela colocou todos os pedaços de sua vida em seu devido lugar. Tudo foi ordenado, guardado, registrado.

38 HARAWAY, Donna. *Símios, ciborgues e mulheres*: a reinvenção da natureza. Op. cit., p. 340.

39 Quarta capa da edição de bolso: "É graças a esse trabalho terapêutico que Samira se tornou capaz de chegar ao livro e que nós nos encontramos". Prefácio de Josée Stoquart, *ghost writer* de Samira. Título do capítulo XXI: "Terapia".

A psi, a *ghost writer* e Victor Hugo em vez de Al Pacino

É difícil imaginar um projeto autobiográfico tão enquadrado, tão distante de uma economia narrativa independente. A acuidade de Sam diante da performance obrigatória da feminilidade e do tipo de trabalho que lhe era proposto, atrelados um ao outro, constituía uma forma de contestação social. A produção de sua nova subjetividade de vítima, unificadora, vai obter sucesso no processo de integração e revestir tudo com uma capa psicologizante. Um psi e um *ghost writer*: eis o mínimo necessário para se livrar da marginal. Samira já não tem nada a ver com Sam, nem com a especificidade da autobiografia do subalterno, que pode se constituir enquanto "ato ou processo de autocriação e de autoemancipação simultâneas", segundo Gilroy.

A força performativa de Sam e sua capacidade de ser muitas, múltipla, caem por terra com o golpe da patologização "positiva". Nem "invertida", nem esquizo: vítima. Polícia do gênero, sargento do sexo, o discurso psi chega para reindividualizar e despolitizar. Samira não tem mais necessidade de se expressar em nome de uma identidade, de uma comunidade ou de uma subcultura. Fazem com que ela espelhe uma criatividade aparentemente muito pessoal (de fato, na página 245, ela já guardou a arma e parece falar quase... como Victor Hugo): "eu me agarrei aos recifes que haviam nesse oceano negro que foi minha vida. Hoje, o naufrágio está aí". É claro, ninguém bebe tanto na fonte de *La légende des siècles*, de Victor Hugo, quanto um de seus ídolos, Al Pacino em *Scarface*.

A patologização positiva

O discurso da vitimização que invadiu as esferas públicas e privadas na França deve ser considerado como uma forma particularmente insidiosa de saber-poder e de recondução da regulação dos sujeitos pelo discurso psi e pela política tradicional. É impressionante ver como um regime disciplinar como a psi, outrora agressivo e em posição epistemopolítica elevada – em todo caso, elevado o suficiente para apontar os culpados, os pervertidos e os inadaptados –, renegocia seu passe, propondo uma fórmula mais "universal" e invertida: de culpados, nos tornamos vítimas.

É exatamente esse o trato proposto a Sam para virar Samira, por meio de um recentramento voltado para a família e o estupro: "não sou culpada, sou vítima". Essa psicologização despolitizante também prevaleceu durante os debates sobre a lei contrária ao uso do véu:

> O Conselho dos Sábios, presidido pelo mediador da República, deve se pronunciar sobretudo acerca da necessidade de uma lei que regulamente os signos religiosos e defina um "manual de instruções" da laicidade. É uma tarefa complexa, que se assemelha a uma "psicanálise da consciência francesa".[40]

Só faltava terem criado associações de amparo às vítimas da perda de referências republicanas, aos professores e a outras encarnações da República. O ministro Jack Lang não foi o último a se debruçar sobre esses pobres membros da educação nacional, subitamente incapazes de aplicar as circulares existentes. Pode-se dizer que uma das principais funções da comissão Stasi foi construir uma vitimização generalizada, empregando, de um lado, o estupro e o véu, e, de outro, os republicanos desamparados: "'Muitos membros da comissão ficaram igualmente impressionados' com a amplitude do desespero e com o sentimento de abandono das equipes confrontadas a esse tipo de situação".[41]

Essa amável psicologização não é nada diferente de uma nova estratégia de rerrepublicanização. Mas não nos enganemos: com a psi, encontramos sob outra forma um dos regimes de saber-poder pós-coloniais mais significativos, cujos vínculos com o pensamento ocidental colonial são claros. Antes das vítimas do véu e do estupro, houve a tão popular "dialética senhor/escravo" e suas intepretações/instrumentalizações para psicologizar a descrição da dominação. Houve a gestão da diferença do colonizado pela psicanálise, com "o complexo de dependência" de Mannoni, que Fanon se encarregou de desconstruir em *Pele negra, máscaras*

40 BERNARD, Philippe. "La commission Stasi recherche les lignes d'un compromis sur la laïcité". *Le Monde*, 28 de outubro de 2004.
41 BERNARD, Philippe. Ibid.

brancas. Sem dúvida, essa é a diferença mais gritante entre o testemunho de Samira e os textos autobiográficos (ou não) de subalternos não brancos que se apropriam do conhecimento branco e ocidental para não ser mais objeto dele. Se os textos de Richard Wright, de Fanon e de muitos outros fossem mais ensinados e difundidos na França, talvez não estivéssemos neste ponto.

Feministas e coloniais

Ao invés de se abrir para a questão pós-colonial na França, o debate sobre a laicidade descambará para o "véu islâmico" e a condição da mulher. Assistiremos à tomada do debate pelos homens e por antifeministas, que evidentemente fazem parte do movimento Ni Putes Ni Soumises. Ao invadir o espaço do feminismo político nas mídias e na cena política oficial, o Ni Putes Ni Soumises nos leva de volta a uma concepção essencialista da mulher, a uma renaturalização da diferença sexual e a uma "lactação" do feminismo. A Mulher não existe, a não ser numa epistemopolítica branca, eurocêntrica e pós-colonial acrítica, e para as leitoras da revista *Elle*. Não se pode mais passar ao largo das diferenças entre as mulheres. A homogeneização da mulher é um universalismo mascarado, assim como sua versão vitimizante, que usa o estupro como argumento. As mulheres não são um grupo que já estaria ali, explorado, assediado, mas uma coalizão política a ser construída, e que não é definida unicamente pelo gênero ou pelas opressões de gênero, e sim pela interferência dos níveis de opressão: raça, gênero e classe. Está mais do que na hora de denunciar a conduta de saber-poder do feminismo francês, que estabiliza de modo abusivo a identidade "mulher". Trata-se, nem mais nem menos, de uma atitude colonial, que atinge sua fase final com os.as tecnopornógrafos.as da Assembleia Nacional.

É preciso deixar que as mulheres não brancas falem e decidam, e não amordaçá-las em nome da mulher republicana branca. As feministas – inclusive as lésbicas feministas, sempre em guerra contra o estupro e a objetificação do corpo da mulher na publicidade e nos "porões", mas que nunca falam de sexualidade positiva – fariam bem em se perguntar por que elas conseguem, melhor que antifeministas de esquerda e de direita, construir um buraco ontológico, uma subjetividade "feminina" radicalmente vazia e passiva, mesclada a uma boa consciência – a delas – de amparo às vítimas. De que outra maneira se atrapalha mais a produção de identidades e de feminismos políticos, se não construindo "as mulheres" como não sujeitos? De que outra maneira se impõe às mulheres sua definição biológica de "mulher", se não as definindo pela experiência do estupro, e de quebra aproveitando para mascarar todas as resistências possíveis, obliterando identidades de gênero eficazes, tais como Sam, a *butch*?

De certa maneira, Samira Bellil não se enganava a respeito disso. Muitas vezes, em suas intervenções na mídia, ela reafirmou sua desidentificação para com as feministas. Decerto porque é difícil se identificar como "feminista" na França sem ser vista como uma "histérica", uma mulher que não gosta dos homens, ou seja, uma lésbica ou uma mal comida. Provavelmente porque a cultura feminista não foi transmitida – e nesse aspecto é preciso responsabilizar as feministas políticas e as universitárias, que se deixaram impressionar pelo argumento republicano da guetização e perderam o bonde da institucionalização dos estudos feministas e dos *gender studies*. Mas também porque, como bem disse Samira em resposta a um comentário do apresentador de um programa temático do canal *Arte* dedicado ao feminismo: "nem cadelas de guarda, nem irmãos mais velhos [...] a colonização acabou".[42]

Isso vale como resposta ao espanto de Anne Zelensky, feminista histórica entrevistada no documentário que precedeu a discussão no auditório do canal *Arte*.[43] Ela falava do cemitério de Montparnasse, em meio ao grupo de feministas que teve

42 "Où sont passées les féministes?", programa noturno "Thema". *Arte*, 9 de dezembro de 2003.

43 *Profession féministe?*. Dir. Sophie Jeaneau. França, 2003, 45 min. O título inicial do documentário era *Chiennes d'arrière-garde* ["Cadelas de retaguarda"], mas foi modificado devido a uma intimação judicial movida pela associação Les Chiennes de Garde ["As cadelas de guarda"] contra o canal *Arte*.

a brilhante ideia de deslocar a placa em memória de Sohane, no dia de seu aniversário de morte. Em 4 de outubro de 2002, Sohane Benziane, de 17 anos, tinha sido queimada viva num depósito de lixo, em Vitry-sur-Seine. No dia seguinte, uma placa de pedra tinha sido instalada no local do crime. Nela, lia-se: "Em memória de Sohane, para que os rapazes e as moças vivam melhor juntos, em igualdade e com respeito. Sohane Benziane 1984-2002". A placa foi logo quebrada, mas substituída por uma outra idêntica pela prefeitura. Informada da deterioração, mas não da substituição, a Liga pelo Direito Internacional das Mulheres (LDIF) tomou então a iniciativa de mandar fazer uma nova placa em inox, com a mesma mensagem, complementada pela menção "queimada viva", a ser colocada... ao lado de Simone de Beauvoir, sem nem mesmo ter recebido o aval do prefeito de Vitry. E Anne Zelensky questiona: "Por que elas não estão aqui, as jovens do Ni Putes Ni Soumises? É uma delas que foi queimada".

A raiva semiótica dos políticos e dos especialistas da sociedade em torno do "véu islâmico" tem ao menos o mérito de tornar visível seu trabalho de produção de discursos e de signos, e de constatar mais uma vez a relação entre política da representação e representação política. À questão colocada por Spivak, "Pode o subalterno falar?", devemos acrescentar: "Podem eles ser vistos?". O dispositivo da comissão Stasi resultou numa ventriloquia eficaz, que transformou os sem-voz em subalternos em vias de invisibilização. A tomada de rédeas da produção da visibilidade islâmica que ocorre atualmente na França é violenta, mas seria possível, por outro lado, refrear a emergência cultural e política das identidades pós-integração?

A *Rep* não conseguirá controlar os recursos performativos identitários. Afinal de contas, é cada vez mais evidente que eles pertencem a todo mundo. O desejo de uma superlei que proíba todos os signos ostentatórios remete ao medo suscitado por sua possível utilização. Jack Lang pode criar rugas de preocupação, logo ele, que propôs a versão mais extremista da uniformização republicana – ou do armário, a depender –, sugerindo estender a proibição de todos os signos identitários para muito além dos signos "religiosos", incluindo os "signos distintivos filosóficos".[44] Miss Marianne não vai ganhar a batalha contra Miss É Minha Escolha, e a culpa não será da República minoritária.

Políticas da performatividade e identidades pós-integração

Nos dias de hoje, a cultura da performance e as práticas performativas identitárias não são obra de multiculturais radicais, de minorias ou de comunitários.as a quem se pode atribuir uma "retração" ou "deriva identitária". A grande maioria de gays, lésbicas e trans são hiper-republicanos, em busca da hiperintegração. Basta ver como a política assimilacionista é conduzida pelo Interlgbt (a associação fiel ao Partido Socialista, que organiza a marcha do orgulho, em junho); como o ativismo cultural é relegado ao esquecimento, em prol de visões vitimizantes e psicologizantes das discriminações; como o *coming out* se tornou um ritual familiar que só pode se produzir uma vez, sob a forma da confissão, um pouco como uma primeira comunhão e não como uma técnica de irrupção permanente no espaço público; como o "movimento gay e lésbico francês" pariu uma união estável claramente menos inquietante do que o casamento, mas muito mais universal; como ele só milita pelo voto de leis igualitárias. São patentes a docilidade política e as vontades normativas da pseudocomunidade gay e lésbica, aliás moldada por infradiscrimações. Os anticomunitários podem deixar de lado suas acusações de "fascismo" contra gays e lésbicas: a maior parte dessas pessoas estaria de acordo em dizer – precisamente porque não foram atravessadas pelas culturas feministas e político-sexuais, e por isso estão impregnadas de um universalismo que tomam por um individualismo – que o privado não é político, que horror!, e que o *coming out* se resume a "revelar sua própria sexualidade", e que isso não é obrigatório, do contrário, que totalitarismo! Que fascismo! Do lado heterossexual, esse ódio ao *coming out*

44 "O deputado representante da região de Pas-de-Calais propôs uma lei que defende a proibição de 'todo signo distintivo religioso ou filosófico' nos estabelecimentos escolares. Após a expulsão de Alma e de Lila Lévy, o senhor Lang estima que 'é preciso acelerar, não para tornar dramático, mas para dar um direcionamento claro aos professores desorientados'". *Le Monde*, 14 de outubro de 2003.

provém de um medo de ser tirado à força do armário em sua identidade heterossexual e na prática de um biopoder que, de fato, assume o comando dos corpos e do privado.

Em lugar disso, devemos nos voltar principalmente para o lado das mídias e da cultura popular para ver a expansão de uma cultura do *coming out* que ultrapassa largamente a "cultura gay" e é geradora de microculturas e de novas identidades. A televisão, especialmente os *reality shows* – prova disso são os programas como "C'est mon choix" ["É minha escolha"], mas também aquele que mostra a fabricação de uma estrela da *Star Académie* –, são laboratórios explícitos de práticas performativas e contribuem para desnaturalizar as identidades, indicando também claramente que é possível se apropriar de sua produção. E com certeza não é por acaso que algumas jovens de véu também utilizam a fórmula-título do programa de Evelyne Thomas para se identificar: "É minha escolha". Pois Evelyne Thomas, apresentadora de um programa que alterna entre *relooking* e afirmação-manifestação da diferença e das performances de gênero, serviu de modelo controverso para a estátua da nova Marianne; e "C'est mon choix" causou um protesto público geral durante suas primeiras transmissões, até mesmo na Assembleia Nacional, em 1999. Só faltava ter que proibir um programa que prova muito bem, ainda que não intencionalmente, a que ponto não é mais possível aparar as diferenças – sejam elas sexuais, de gênero ou sociais –, e que não se trata de diferenças individuais. A *Rep* sempre continuará tentando fazer as pessoas acreditarem na ausência de performance, a ponto de querer apagar todo e qualquer signo identitário e cultural do espaço público: na escola, no trabalho, na piscina, no hospital ou no consultório médico. Para as mulheres públicas, que são as putas, observa-se o contrário: tudo nelas pode se tornar legível, ostensivo, conforme o decreto de Sarkozy sobre a solicitação passiva. Mas as políticas tradicionais *straight* e pós-coloniais pouco podem contra a derivabilidade da força performativa: no canal *TF1*, Bataille e Fontaine celebraram casamentos em seu programa "Veux-tu m'épouser?" ["Quer se casar comigo?"], rivalizando com o prefeito e o vigário. As criaturas, as mulheres masculinas, enunciam suas escolhas em "Ça se discute" ["Isso se discute"], enquanto transformistas ocupam o pódio de "C'est mon choix". Agora enxergamos com mais clareza: no final das contas, Johnny, estrela nacional muito francesa, seria diferente da performance do *rocker* americano?[45]

A crise da representação política não deixa dúvidas. A França permanece sendo um país onde as diferenças, os "outros des/inapropriados", não têm direito à cidadania. As velhas estratégias de representação hegemônica ainda funcionam, e essa é a lição que se pode tirar da maneira como a comissão Stasi conseguiu calar e converter todo mundo quanto à tese da ameaça velada. As minorias estão fascinadas pela assimilação republicana: quantos militantes não se contentam com simplesmente sonhar com a integração da política *straight* do Partido Socialista, ou se deixam intimidar pela ameaça agitada do gueto, e não chegam nem mesmo a desenvolver, por sua vez, políticas da representação que dariam acesso a múltiplas formas de visibilidade no espaço político e cultural? Ora, para pegar o exemplo de gays, lésbicas e minorias visíveis, como eles aceitam tão facilmente o pequeno escândalo que é um programa como "Follement gay" ["Loucamente gay"], transmitido pelo canal M6 em 2004, destinado ao público hétero e loucamente discriminatório? Toda a propaganda do programa foi feita com base no casal Magloire e Virginie Efira. Durante suas quase duas horas de duração, Magloire ficou confinado aos bastidores, no salão de *relooking*, e ainda obrigado a realizar as tarefas domésticas, enquanto Virginie Efira ocupava o palco todo. Nem minoria visível, nem *black queenie* em cena. O papel essencial de Virginie Efira – que já tinha deixado a gente surda com seu "hétero, mas não de gueto", bradado em todas as frequências – foi o de re-heterossexualizar a cena *in extremis*, explicando, quase no fim do programa, de que tipo de homem ela gosta. Isso era realmente muito necessário depois do desfile das bichas loucas.

Apesar de tudo, os fracassos, as des-integrações e as difrações são uma força da qual podemos nos apropriar. Os "outros des/

45 [N.T.] Muito provavelmente, Bourcier se refere a Johnny Halliday (1943-2017), muito conhecido roqueiro francês, que emulava o estilo de *rockers* estadunidenses como Elvis Presley.

inapropriados" – que são reformuladores, tradutores da modernidade, motores de busca – podem reivindicar como recurso cultural e político as torções, as leituras parasitas, as traições necessárias que eles opõem à lógica assimilacionista republicana. A França é um país particularmente difícil para as minorias, ainda mais tendo em vista que vivemos um momento em que o universalismo francês quer enfiar goela abaixo sua resistência às diferenças. Seria preciso inventar políticas da difração que permitam compensar as políticas da representação ineficazes e exaustivas, assim como a autossatisfação promovida pela simples consciência reflexiva. Enquanto isso, Arregace a *Rep*, Arregace seu gênero. Isso já é muita coisa.

Sex and the city

Sex and the city, episódio 1
As políticas sexuais da cidade de Paris, entre *homo republicanus* e norma paritária

Desde o *coming out* minimalista de Bertrand Delanoë[1] no canal *M6*, em 1998, e a agressão homofóbica que ele sofreu, no outono de 2002, ao ser apunhalado por um desconhecido nos salões da prefeitura durante o evento Nuit Blanche, produz-se uma crise da representação na "capital" da República. Crise que nos informa sobre as políticas sexuais em vigor e sua configuração: o então prefeito de Paris se encontrava, naquele momento, sustentando um triplo discurso político-sexual. Em primeiro lugar, ele usa cada vez mais a carta republicana, em detrimento do que poderia fazer supor sua saída do armário, se compreendermos o *coming out* como uma técnica de irrupção no espaço público que consiste em produzir uma autodefinição ou contradefinições não patologizantes acerca do que é "ser homossexual". Desse ponto de vista, a estratégia de comunicação do prefeito após sua agressão foi clara: ele escolheu se identificar com "os representantes políticos cada vez mais expostos" – tais como os vereadores de Nanterre, que foram atacados por um Richard Durn mais político que esquizofrênico[2] –, em vez de se identificar com os gays assassinados nos locais de paquera pelos agressores de bichas. Em seguida, esse homorrepublicanismo propício a futuras ambições políticas nacionais vem acompanhado de uma política arquigay que não diz o próprio nome. Por fim, é preciso acrescentar uma obrigação ao paritarismo (a instrumentalização

1 [N.T.] Membro do Partido Socialista e prefeito de Paris entre 2001 e 2014, foi um dos primeiros políticos franceses de grandes partidos a assumir publicamente sua homossexualidade.

2 Ver os excertos do diário de Richard Durn publicados em *Corps 9*, n. 1, primavera de 2003.

mais pobre que existe do feminismo pelos políticos), que impede o prefeito de Paris de conduzir uma verdadeira política transversal, uma política de respeito às diferenças.

A política arquigay do *homo republicanus*

Sob a República, desenha-se uma política arquigay, como prova a escolha dos cartazes para diferentes campanhas de comunicação (o cartaz para a pista de patinação de Natal, em 2002, e também o cartaz de votação, onde figurava um casal não necessariamente hétero) e a reterritorialização da cidade *straight*, com eventos como Paris-Plage e a Nuit Blanche. O Paris-Plage [Paris-Praia] foi instalado em antigos locais de paquera gay, que o prefeito se dedicou a destruir com sucesso, enquanto os salões lounge da cidade de Paris durante a Nuit Blanche [Noite em claro] foram inspirados na noite gay. A noite, a praia: dois espaços centrais da cultura sexual gay abertos a toda Paris. Melhor ainda, reproduzidos a poucos metros da prefeitura, e até mesmo na própria prefeitura. O caso do centro de arquivos homossexuais, que existe desde a primavera de 2002,[3] também é sintomático do paradoxo intrínseco à política homorrepublicana. O prefeito de Paris afirmou diversas vezes sua visão doméstica, familiar e republicana do espaço – a prefeitura é a casa de todos –, fomentando ao mesmo tempo um projeto de Centro de Arquivos e de Documentação Homossexuais de Paris (CADHP), simultaneamente republicano e arquigay, para não dizer arqui-homossexual.

Não é o plural paritário de uma designação médica ("*as* Homossexuais", no feminino), criticada e em seguida esvaziada de seu sentido disciplinar, que bastará para fazer crer que "ancestrais" das lésbicas, dos.as trans e dos.as bis são "*os* homossexuais". Escolhida por suas qualidades "federadoras" (universalismo vergonhoso), a denominação tem também o "mérito" de apagar a problematização das questões de gênero, tão centrais nas culturas gays, lésbicas, transexuais e transgêneras, isso para não

3 "L'avant-garde soluble dans le Marais?". *Le Nouvel Observateur/Paris Île-de-France*, 28 de fevereiro-6 de março de 2002.

falar da invisibilização da imbricação entre minorias sexuais, de gênero e de raça.

Essa denominação também mascara o fato de que esse projeto republicano almofadinha é muito significativo do advento de uma hegemonia gay, isto é, de uma identidade (sexual) em detrimento das outras. Esse fenômeno já era muito perceptível nos Estados Unidos e no mundo anglo-saxônico desde os anos 1990. A estratégia que consiste em se agarrar na prioridade da "homossexualidade masculina" serve, de maneira oportuna, para fixar uma ordem de passagem entre as minorias sexuais, para ordenar a lista das reivindicações, que começaria por aquelas dos homossexuais e se desfiaria, em seguida, pelas das pessoas trans e intersexo, num futuro que se espera ser distante. No primeiro dossiê de apresentação, que lhes garantiu uma subvenção, os idealizadores do CADHP afirmam ser necessário "começar pela homossexualidade masculina por razões históricas", referindo-se ao instituto de ciência sexual fundado por Hirschfeld na Berlim dos anos 1920. Como se este só tivesse acolhido "invertidos masculinos". Desde 2002, os coletivos Archilesb! e VigiTrans lembram que Hirschfeld foi um pioneiro em matéria de mudança de sexo e que ele arquivou todos os tipos de "intermediários sexuais", aí incluídas as homossexuais. Além disso, eles lembram que a prioridade conferida à "homossexualidade masculina", por mais falsa que ela seja historicamente, servia para fixar uma ordem de passagem entre as minorias sexuais e de gênero que não deveria existir, e resultava numa uniconcepção gaycentrada da história. De fato, o trabalho de arquivamento e de análise de Susan Stryker, transexual e diretora da GLBT Historical Society (arquivos de São Francisco), mostrou que era impossível estabelecer a origem dos movimentos político-sexuais da segunda metade do século XX na revolta gay de Stonewall, em 1969.

Cidade das mulheres, mas sem as putas

Em resposta às críticas e às ações de associações, o modelo paritário ressurgiu. Inspirando-se na visão binária e essencialista da diferença sexual, e se mostrando exasperada pela dominação masculina assimilada gay, Anne Hidalgo, secretária do prefeito e encarregada da paridade, tirou do esquecimento um velho projeto de centro para as mulheres com nome fellini-republicano: La Cité des femmes[4] [Cidade das mulheres]. E se pôs a cultivar, mais uma vez, a homologia entre lésbicas/mulheres e gays/homens, construindo por esse mesmo viés os gays da prefeitura de Paris como heteropatriarcais ou dominantes masculinos. Esses, aliás, interiorizaram de maneira suficiente a instrução e a crítica:[5] em seu encontro com Christophe Girard, secretário de cultura, os representantes do Archilesb!, do Vigi-Trans e do LopattaQ[6] assistiram, petrificados, à reafirmação absoluta (e tida como tranquilizadora) de um compromisso em favor da paridade homem/mulher, ao passo que eles tinham ido cobrar uma forma de representatividade cultural adequada à diversidade das identidades sexuais e de gênero.

4 Sempre muito insensível tanto às críticas quanto às realidades culturais, Anne Hidalgo insistia em promover esse projeto, assim como sua visão binária e paritária das duas metades do mundo, numa entrevista concedida à *Lesbia Magazine*, n. 234, em abril de 2004.

5 "Les élues parisiennes critiquent les conditions d'exercice de leur mandat". *Le Monde*, 5 de março de 2003.

6 Esses coletivos se formaram para que o projeto do centro de arquivos integrasse todas as minorias sexuais e de gênero, e se engajasse numa filosofia do arquivo vivo.

Cartazes em forma de cartões plastificados utilizados no Festival de Cineffable, Quand Les Lesbiennes se font du Cinéma, Le Trianon, Paris, 2002.

A paridade é sem dúvida o instrumento político-sexual mais grosseiro e o mais propício a levar a uma visão biologizante dos "dois sexos e dos dois gêneros". Devido à sua "evidência igualitária" e ao seu valor normativo, esse instrumento se tornou o cavalo de batalha das campanhas eleitorais desde 1995. Preferida em relação às cotas e à discriminação positiva, que levariam a cálculos mais próximos da realidade histórica e cultural da exclusão das mulheres do campo político, a paridade resulta numa reontologização da diferença sexual e do regime sexo/gênero/orientação sexual dominante, a saber, a heterossexualidade. Isso foi amplamente demonstrado por certas propostas para se colocar em prática a paridade por meio do escrutínio binomial, com uma chapa com um homem e uma mulher, ou a divisão em dois das circunscrições existentes e os recentes brasões conjugais de uma paridade eleitoreira estabelecida por um Chirac ou um Jospin: Bernadette e Jacques, Sylviane e Lionel.[7] Biologizante, renaturalizante, a paridade sexual é também excludente. É um empobrecimento do próprio conceito de paridade, seu confisco em nome de uma identidade que não assume seu nome: a da mulher. Na verdade, o paritarismo nem sempre foi associado à diferença sexual. Ele era reconhecidamente um instrumento mais social, com as relações empregadores/assalariados nos organismos de gestão da seguridade social. O que a argumentação paritarista se tornou, desde que as feministas paritárias a empobreceram, é um puro produto do feminismo burguês francês, que ignora a imbricação das opressões (de raça, classe e gênero) e a questão dos gêneros e das sexualidades.

Na esteira de Jospin e do Partido Socialista, Delanoë retomou o projeto paritário em suas propostas eleitorais. Ao fazer de sua principal secretária a responsável pela paridade, ele reinscreveu na cidade a violência da diferença sexual. Ele favoreceu a reificação da diferença homem/mulher com sua visão essencialista. Com efeitos cascata nas políticas sexuais da prefeitura. O primeiro deles foi apagar a diferença entre gay e heterossexual,

7 [N.T.] Bernadette Chirac é a esposa de Jacques Chirac, que foi presidente da França entre 1995 e 2007; e Sylviane Agacinski é a esposa de Lionel Jospin, membro do Partido Socialista e ex-Primeiro-ministro francês entre 1997 e 2002.

e conduzir os gays e as lésbicas (o par pela paridade) a uma designação de sexo "biológico". Ora, as culturas gays, lésbicas e trans são precisamente locais de contestação do regime sexo/gênero normativo e arbitrário. Depois de serem colocados em posição patologizante, estigmatizados como contragêneros, invertidos.as e desviantes, dissidentes do gênero agora exploram positivamente essa desnaturalização de uma relação sexo/gênero forçada. A partir de agora, há os homens, as mulheres, mas também o resto das pessoas do mundo.

Mas a lógica paritária, tal como foi implantada na prefeitura de Paris, fará de tudo para restabelecer a ordem. Será preciso, então, atribuir de novo às lésbicas sua "condição de mulheres", sobretudo por meio da proposta de anexá-las no projeto da Cidade das mulheres, deixando para os gays – os homens – o CADHP. Pouco importa se o movimento lésbico rompeu com o movimento feminista em 1980, se foi criado um festival de filmes lésbicos em 1988 para mitigar o apagamento das lésbicas no Festival International de Filmes de Mulheres de Créteil, e se muitas lésbicas não se identifiquem mais como mulheres – especialmente com a feminilidade heterossexual.

Ignoram-se, por fim, as pessoas transexuais e transgêneras, ainda mais que uma parte do movimento e da cultura transgênero procede a redefinições de gênero e a modificações corporais que rompem com o quadro estrito da diferença sexual. Ignoram-se, igualmente, os arquivos de prostitutos.as, tendo em vista que a prefeitura de Paris adotou uma posição abolicionista, que tem como um de seus objetivos não assumidos o de retificar a imagem da mulher, fazendo desaparecer a prostituta (necessariamente vítima), que deveria ser reintegrada, ressocializada, reconstruída em prol de uma visão "digna" da Mulher.

Nesse último caso, que não se coaduna com o integracionismo republicano dos idealizadores do CADHP, a produção da figura da prostituta será o resultado de um gesto disciplinar que tem como consequência fazer das prostitutas não os sujeitos de seu próprio discurso, mas os objetos do discurso, assim como invisibilizá-las. A pesquisa sobre a prostituição encomendada pela prefeitura de Paris e dirigida por Janine Mossuz-Lavau corria um sério risco de produzir os resultados ruins esperados. A pesquisa foi orientada por Judith Trinquart-Jacobs, médica e psicanalista, ex-presidente do MAPP, Movimento pela Abolição da Prostituição e da Pornografia, e por Malka Marcovich, presidente do movimento. Foram subrepticiamente injetadas na pesquisa perguntas até então nunca feitas, sobre a reação (de nojo) das prostitutas aos odores e fluxos corporais em sua primeira vez com um cliente. Submetidos a uma obrigação de reserva draconiana, profissionais que participaram da pesquisa viram seus resultados serem devidamente supervisionados, ajustados e planificados pelo comitê técnico da cidade de Paris, presidido por Judith Trinquart e Malka Marcovich. Um belo exemplo de agenciamento disciplinar (político-jurídico-médico), que seria mais do que suficiente para repatologizar a prostituta.[8] Eis o perfil psicopatológico da prostituta segundo Trinquart, que acaba de "cometer" uma tese de medicina geral intitulada *La Décorporalisation dans la pratique prostitutionnelle*: un obstacle majeur à l'accès aux soins [*A descorporalização na prática da prostituição*: um obstáculo central para o acesso aos cuidados]:

> Despossuídas de seus corpos, as pessoas prostituídas perderam a faculdade de ouvir seus apelos. A ausência de sintomas e a autonegligência dão aos distúrbios psíquicos e físicos tempo para se instalar. É um fato inerente à situação de prostituição, à violência primordial do ato sexual não desejado, sem o reconhecimento do qual não podem ser vislumbrados cuidados e apoio eficazes [...]. As consequências psíquicas da situação de prostituição se manifestam por meio de distúrbios psíquicos de tipos dissociativos, isto é, uma verdadeira clivagem ou dissociação psíquica entre a personalidade prostituída e a personalidade "privada" da pessoa prostituída, o que constitui o aspecto psíquico da descorporalização [...]. É muito importante compreender bem o significado do conjunto desses sintomas, não apenas no plano médico, mas também relacional, social, psicológico e humano de maneira geral. No plano médico, toda e qualquer tentativa de propor estruturas ou ações de cuidado, como se faz para a população em geral, está destinada ao fracasso:

8 Excertos da tese de Judith Trinquart preenchem a rubrica "saúde" do site do MAPP.

> não se tendo mais plena posse de seu corpo, o próprio conceito de cuidado nada evoca no que tange a um objeto ou um instrumento; o cuidado se proporciona a um ser vivo. Se o conceito de corpo dinâmico e sujeito desaparece, os conceitos de cuidado e de saúde também desaparecem. O que não é mais simbolizado não é mais real.

Trinquart, que é também a redatora-chefe da revista *Mouvement du nid, prostitution et société* [*Movimento do ninho, prostituição e sociedade*], não mede mais o tamanho e a forma das orelhas das prostitutas, como os sexólogos/criminólogos do século XIX, mas, como eles, se dedica a produzir um desvio a ser corrigido ou sanado, e procede a um duplo apagamento: o da tomada da palavra política pelas prostitutas, tal como se manifestou no espaço público com a resistência contra as leis de Sarkozy, e tal como se produz quando se permite às prostitutas ser agentes de seu próprio discurso, de seu saber e de sua identidade, como nos lembra Claire Carthonnet em seu recente livro *J'ai des choses à vous dire, une prostituée témoigne*[9] [*Tenho coisas a lhes dizer, uma prostituta dá o seu testemunho*]. Os espaços de produção de saber comunitário também estão excluídos. Penso sobretudo em associações como a Cabiria ou a Les Putes, epistemopoliticamente situadas ao lado dos subalternos e bem mais legítimas que as instâncias de pesquisa lideradas pela prefeitura. Só que, no fim, é raro que elas sejam citadas explicitamente, já que não são pares, ou seja, "acadêmicas"...

Estima-se que, com todas essas precauções científicas, com o corpo da "vítima prostituída" recircunscrito, patologizado e submetido à retificação integracionista, será possível expulsá-lo da Cidade das mulheres. É que a "ameaça puta" – desde as políticas urbanistas e higienistas do século XIX, suspeita-se que a prostituta seja um poderoso vetor de contaminação – é temida pelos paritaristas abolicionistas, que, para defender sua concepção essencialista da mulher, trabalham sem trégua para manter a separação entre a mulher e a puta. Essa fronteira é completamente porosa, uma vez que a performance da

9 CARTHONNET, Claire. *J'ai des choses à vous dire, une prostituée témoigne*. Paris: Laffont, 2003.

feminilidade obrigatória e dominante está em continuidade direta com a performance da feminilidade puta/vadia. A cultura sexual favorecida pela política abolicionista da prefeitura de Paris é heterocentrada e, portanto, antiputa, na medida em que ela regula a produção da figura da prostituta e freia a emergência da subcultura e da política "*sex worker*".

A ereção faz o ladrão

Paritário ou não, o *homo republicanus* confunde igualdade aritmética com justiça. Os antiparitários têm razão em enfatizar os efeitos colaterais da paridade, mas nem sempre levam em conta o impulso masculinista, da reafirmação de uma certa masculinidade dominante e renaturalizante a que assistimos hoje em dia. Por trás da paridade, existe uma política da identidade: a da mulher heterocentrada. Por trás do cidadão, também existe uma política da identidade, a do sujeito republicano que não é o indivíduo abstrato do universalismo, mas o sujeito masculino branco heterossexual francês. A paridade incitada pelas feministas ou pelos gays da cidade de Paris é uma reafirmação do universalismo da diferença sexual e da heterossexualidade. E, ao mesmo tempo, ela constitui uma renaturalização dessas duas produções culturais e políticas. Razão pela qual não se poderia ver nisso um "comunitarismo", essa coisa anglo-saxônica.

Se o espectro dos Estados Unidos assombra as políticas sexuais francesas, a acusação comunitarista não deixa de ser digna de uma França pós-colonial, que coloca em equação/acusação o comunitarismo e o fundamentalismo muçulmano, e com muita frequência os franceses muçulmanos e os "árabes", pura e simplesmente. Ao termo "comunidade", causador de repulsa e de cegueira, deve-se substituir o termo identidade e ressituar todo o debate das políticas sexuais com relação às políticas da identidade em geral. A prefeitura de Paris cristaliza de maneira exemplar a situação político-sexual francesa: o que está em jogo é uma concorrência em termos de políticas da identidade, aí incluída a identidade republicana. O poder de recobrir e de intimidar do argumento paritário não deveria mascarar as lutas entre políticas *straight* e políticas queer, entre a defesa essencialista da "Mulher" e a predominância da identidade gay, em detrimento de outras identidades sexuais de gênero e/ou étnicas que se encontram às margens: as pessoas trans, os.as prostitutos.as, as pessoas com deficiência, alguns gays, as lésbicas, descendentes de imigrantes com ou sem véu.

A arrancada da Cidade das mulheres contra o CADHP pode ser lida como um índice não somente da crise de representatividade – que a posse de um prefeito gay não poderia deixar de provocar –, mas também como uma crise da heterossexualidade. No entanto, torna-se cada vez mais claro, e isso no próprio cerne de certas esferas da cultura heterossexual, que o modelo da diferença sexual é apenas um paradigma naturalizante e passível de desconstrução, e que foi amplamente demolido pela teorização e pela vivência das masculinidades e feminilidades como performances ou tecnologias. O sexo "biológico", que se separa tão facilmente do gênero, e com o qual se faz um substrato biológico inegável e fundador, também é uma produção discursiva e disciplinar. Os paritários e antiparitários se esquecem disso muito rapidamente, referindo-se a um resto de natureza irredutível (o sexo *versus* o gênero), a um duo primordial ou final, a uma ontologia do homem e da mulher. A atribuição de gênero registrada pelo estado civil é uma das mais flagrantes provas da força performativa que preside à "sexuação". As balizas de definição heterocêntricas da diferença sexual utilizadas por Mossuz-Lavau[10] demonstram isso:

> A resposta é que há homens e mulheres, que se nasce homem ou mulher e que, tão logo um nascimento é declarado numa prefeitura, faz-se menção ao sexo do recém-nascido, e que a famosa "humanidade comum" se traduz necessariamente por sua encarnação em homens e mulheres, visto que há poucas pessoas humanas (se deixarmos de lado o problema de transexuais) que não são homens nem mulheres.

10 MOSSUZ-LAVAU, Janine. *Femmes/Hommes, pour la parité*. Paris: Presses de Sciences Po, 1998.

E é a ereção que faz o ladrão:

> Uma outra diferença quase não aparece, ela também suscetível de se apagar no futuro: a que diz respeito à própria sexualidade dos homens e das mulheres. Para ter relações sexuais e assim provar sua virilidade – e no fim das contas, sua identidade –, o homem deve estar em condições de ter uma ereção. O que o leva a querer demonstrar, provar, trazer permanentemente as garantias de sua masculinidade, algo que não tem seu correspondente, seu traço simétrico, entre as mulheres.

Aqui, mais vale escutar De Lauretis e ver como ela aplica ao gênero o que Foucault havia escrito sobre o sexo: "O gênero não é a propriedade dos corpos ou algo de original nos seres humanos, mas 'o conjunto dos efeitos produzidos no corpo, nos comportamentos e nas relações sociais', a implementação de uma 'tecnologia política complexa', para retomar os termos de Foucault".

Bad Badinter

O binarismo naturalizante não é uma exclusividade dos paritários ou dos diferencialistas. Podemos encontrá-lo de maneira flutuante entre os universalistas franceses, sobre os quais nos perguntamos como puderam evitar a crítica ao universalismo e à sua ancoragem colonial. Mas nem a paridade nem a igualdade abstrata e binária poderão deter a derivabilidade dos gêneros e a proliferação das identidades sexuais, de classe e de raça, ainda mais tendo em vista que as minorias entraram em fase reflexiva, produtiva e política, já não é de hoje.

Ao lado da "direção errada" que Badinter acredita reconhecer, e do desvio necessário, segundo ela, pelos estereótipos da "virilidade" com o objetivo de preservar uma masculinidade represada, existe a implementação das masculinidades não *straight*. Há outros caminhos tortuosos. Há opções melhores do que o retorno do psicológico – tão ameaçador quanto o retorno do "biológico" – para compreender a construtibilidade e a política dos gêneros.

A concepção da sexualidade masculina como pulsão privada, independente e imprevisível, impede de pensar sua dimensão política, o fato de que ela é justamente uma produção discursiva, uma performance como outras, uma tecnologia de sexo e, portanto, algo modificável. Badinter, em *Rumo equivocado*, seu último livro antiparitário, pouco informado e conservador, propõe uma visão pré-foucaultiana e freudiana, pré-feminista e republicana, um tantinho masculinista da sexualidade:

> A sexualidade não obedece apenas à consciência, nem aos imperativos morais, tais como estes são definidos numa época ou noutra. Ela tampouco se confunde com a cidadania. A sexualidade pertence a um mundo todo outro, fantasmático, egoísta e inconsciente. Eis por que nos pegamos sonhando quando lemos que "é chegado o tempo em que os homens devem colocar em questão sua sexualidade" [...]. Como se a militância pudesse acertar o passo da pulsão masculina.

Para além do fato de que tamanho fervor em afirmar a impenetrabilidade e a imutabilidade do "continente negro"[11] masculino ignore a crítica da hipótese repressiva de Foucault e da noção de censura produtiva, ele entra em contradição com o temor manifestado por Badinter ao longo de todo o livro diante de uma possível alteração da masculinidade por meio de uma chocante "afeminização, que favoreceria a vitimização geral dos homens e mulheres, traduzida juridicamente pelo feminismo *à la* Estados Unidos". Isso a leva a se fixar numa concepção dualista e a prescrever uma doxa raquítica em matéria de masculinidade e de feminilidade:

> Impor às menininhas e aos menininhos os mesmos brinquedos, atividades e objetos de identificação é absurdo

11 [N.T.] No original, "*le continent noir*". A expressão tem sido empregada para se referir à sexualidade das mulheres pelo menos desde Freud, que empregou a expressão "*ein dark continent*" ["um continente negro"] em 1948. Também é usada em diversos discursos mais recentes, entre eles o hino do MLF – Movimento de Liberação das Mulheres, de 1971.

> e perigoso. O aprendizado da identidade sexual é vital e, mesmo que isso desagrade a alguns, ele é feito por oposições, caricaturas e estereótipos. [...] O menino não é um urso, e não se brinca com a aquisição da identidade sexual.

Longe das estradas que nos levarão, em círculos, à confusão ontológica final (o um e o outro, e em seguida o um é o outro), isto é, ao sujeito badinteriano universal, assexuado e degenerificado, há outros caminhos tortuosos: a bicha *bear* sabe aproveitar sua identificação com o urso, os *X-men* proliferam e a *butch*[12] (seja ela lésbica ou não) tira sarro dos espasmos de Sylviane Agacinski[13] diante de uma possível e culpada identificação masculina, assim como das prescrições de Antoinette Fouque em matéria de sensualidade feminina ou de papel maternal. O *sissy boy* (o rapaz "afeminado"), o drag king e a drag queen promovem a saída do armário da pseudonaturalidade do sistema sexo/gênero heterocentrado e dominante, que pressupõe uma continuidade sexo/gênero. Eles.as sabem que todo gênero é performance sem original, a começar pela feminilidade e pela masculinidade heterossexuais. A essa desconstrução, a essa multiplicação das masculinidades e das feminilidades, é preciso acrescentar as aquisições da *sex war* dos anos 1980 e 1990.[14] Esta, aliás, sempre contada pela metade em sua versão francesa, a começar por Badinter, que se contenta em citar as obras de MacKinnon ou de Dworkin e ignora explicitamente as diferenças entre feminismo radical, feminismo liberal, feminismo lésbico, feminismo culturalista e feminismo materialista... O retorno do "biológico", a renaturalização e o essencialismo foram

12 Sobre as culturas *butch*, ver: LEMOINE, Christine; RENARD, Ingrid. *Attirances*: Lesbiennes Fems/Lesbiennes Butchs. Paris: Éditions Gaies & Lesbiennes, 2001; e BOURCIER, Sam; ROBICHON, Suzette (orgs.). *Parce que les lesbiennes ne sont pas des femmes*. Autour de l'œuvre politique, théorique et littéraire de Monique Wittig. Paris: Éditions Gaies & Lesbiennes, 2002.

13 Como boa diferencialista essencialista, Agacinski se comove com a masculinização das mulheres em seu *Politiques des sexes* (Paris: Seuil, 1998) e em suas declarações ao *Le Monde* de 18 de junho de 1996.

14 O livro de Lisa Duggan e Nan D. Hunter, *Sex Wars*. Sexual Dissent and Political Culture (Nova Iorque; Londres: Routledge, 1995), faz um bom resumo do assunto e relata as ações e produções teóricas do FACT (*Feminist Anti-Censorship Taskforce*).

maciçamente combatidos pelos feminismos da "segunda onda", que não se resumem a MacKinnon ou Dworkin. O feminismo pós-marxista, o feminismo queer (Spivak, Fraser, Hartsock, Wittig, Butler, De Lauretis), o pós-feminismo pró-sexo, todos eles estão muito longe das lamentações de vitimização das mulheres e dos homens. Às numerosas estratégias de *empowerment*, as feministas construtivistas, as radicais do sexo (Rubin, Califia) e as feministas pós-coloniais acrescentaram níveis de reflexão que nos fazem falta na França: um novo questionamento do sujeito moderno universalista para com as políticas sexuais. Mas também uma politização da subjetividade e da identidade que permitiria deslocar o debate dos binarismos homem/mulher, universal/diferencialista, universal/comunitarista, a partir do momento em que o sujeito do feminismo é desconstruído.

É uma política das diferenças que deve animar as políticas sexuais da cidade de Paris. Em relação com os antigos e novos conflitos de identidade (que se escondem, que se visibilizam), com as políticas das identidades que já estão em ação – a começar pela política da identidade heterossexual –, e tirando partido dos saberes e das estratégias pós-identitárias que surgiram. Identidades que não tinham medo de se nomear como tais e que, por isso mesmo, puderam realizar sua crítica – gays, lésbicas, transexuais, prostitutos.as –, delineando exatamente o gesto queer por sua identificação a elas... Ou ainda nomear-se como bichas, sapatonas, putas, *sex workers* ou transgêneros.as, pois esse gesto é, antes de mais nada, uma relação hipercrítica com as identidades (sexuais). É preciso distinguir o diferencialismo essencialista (o feminismo da prefeitura de Paris que "incluiu" as lésbicas e excluiu as prostitutas) das políticas das diferenças fundamentalmente construtivistas. A política das identidades não se reduz à afirmação naturalizante de uma identidade que está em fase de hegemonização com relação a outras e que, por esse motivo, recorre à naturalização. É nesse exato momento que a política queer intervém: num esforço de desnaturalização, num movimento de afirmação pós-identitária dentro da produção de identidades e de novas culturas. É dessa maneira que evitamos as cristalizações naturalizantes e os efeitos opressivos das identidades hegemônicas.

Sex and the city, episódio 2
Crônica de uma promessa eleitoral: o Centro de Arquivo e de Documentação Homossexuais de Paris

> *"Será possível que o antônimo de 'esquecimento' seja não o 'ato de memória' mas a justiça. [...] Pois se é justo se lembrar do futuro e da injunção de se lembrar, isto é, a injunção arcôntica de proteger e recolher o arquivo, não é menos justo lembrar dos outros, os outros outros, e os outros em si."*[15]
>
> Jacques Derrida, *Mal de arquivo*

2001-2002. Males de arquivos: "dever de memória" ou exclusões?

Em março de 2001, o então candidato à prefeitura de Paris Bertrand Delanoë inclui no conjunto de suas promessas eleitorais a criação de um centro de arquivos dedicado ao "movimento homossexual francês".[16] Em setembro de 2002, o conselho de Paris concedeu uma subvenção de 100 mil euros a uma associação que prefigurava um centro de arquivos homossexuais de Paris (o CADHP). Problema: o projeto se dava ao luxo de ignorar a maior parte das minorias sexuais e de gênero. Sem falar das minorias visíveis. Não havia praticamente nenhuma referência lésbica, nem transexual ou transgênero na bibliografia do projeto. O orçamento publicitário foi somente para material gay, parisiense e regional. Os anexos do projeto tratavam exclusivamente da história da Paris gay. Homocentrado e homonormativo, o futuro centro passava ao largo de blocos inteiros da cultura gay: a pornografia e as culturas S/M. E como também era preciso excluir o coletivo Act-Up Paris, a questão da aids tampouco foi

15 [N.T.] DERRIDA, Jacques. *Mal de arquivo*: uma impressão freudiana. Trad. de Claudia de Moraes Rego. Rio de Janeiro: Relume Dará, 2001, p. 98-99.

16 "Para além da memória da deportação, o movimento homossexual francês tem sido, há cinquenta anos, frágil quando se trata de conservar e de transmitir sua história [...]. Eis porque a possibilidade de criar um local de documentação, de informação e de pesquisa em torno dessa memória reteve toda a minha atenção." Resposta por escrito de Bertrand Delanoë às questões colocadas aos candidatos à prefeitura de Paris pela associação Lesbian & Gay Pride-Île-de-France, 2 de março de 2001.

evocada. A história se repete. Em 1991, o Act-Up Paris já havia saído da Maison des Homosexualités [Casa das Homossexualidades] devido à exclusão das lésbicas e da aids, criticando assim a política de Jean Le Bitoux, um de seus cofundadores. Mas isso ainda não era tudo: numerosos arquivos foram listados pelo CADHP sem o conhecimento de seus detentores, que não foram sequer contatados. Circunscrito à cultura "homossexual", o centro também negligenciava a contribuição de experiências muito anteriores em matéria de arquivos, como o trabalho de Hoáng B. Phan e de Thomas Leduc, fundadores da Academia Gay & Lésbica,[17] além das realizações do Centro Europeu de Pesquisas, de Estudos e de Documentação sobre as Sexualidades Plurais e Interculturalidades, de Patrick Cardon, situado em Lille. Na qualidade de presidente do Memorial da Deportação Homossexual e da injunção ao direito de memória, Jean Le Bitoux sempre se mostrou insensível às críticas em matéria de representatividade. Desde o início, ele se opôs à presença de Marie-Jo Bonnet, militante lésbica e feminista, historiadora de referência na cultura lésbica francesa, cuja tese sobre as relações entre as mulheres, orientada por Michelle Perrot (*Les Relations amoureuses entre les femmes du XVIe au XXe siècle*, 1995, [*As relações amorosas entre as mulheres do século XVI ao século XX*]), se tornou um clássico.

Consideradas todas essas falhas e o fato de que tanto o iniciador do projeto, Jean Le Bitoux, como o presidente da associação à época, Christopher Miles, recusavam qualquer diálogo com as partes envolvidas mas esquecidas,[18] formaram-se em 2002 os coletivos Archilesb!, VigiTrans e LopattaQ, para que o projeto se tornasse mais representativo e para que seu conteúdo científico e político fosse revisto e enriquecido. Nós cobrávamos, principalmente, que lésbicas, transexuais e transgêneros.as fossem integrado.as à reflexão e aos circuitos de decisão desde a fase de prefiguração – em suma, que o futuro centro contasse não

17 A Academia Gay & Lésbica reuniu mais de 20 mil documentos. Ela coleta e arquiva desde 1975.

18 Em julho de 2001, Christopher Miles tinha pedido que eu fizesse parte do projeto. Após a leitura da primeira versão, deixei-o a par de minhas reservas – e a palavra é fraca. Ao ver que Jean Le Bitoux se recusava a reagir, decidi não fazer parte de um projeto discriminador e agir dentro do quadro do Archilesb!.

apenas com todas as minorias sexuais e de gênero, mas também étnicas. Em outubro de 2002, lançamos um abaixo-assinado, na França e no exterior, que obteve mais de mil assinaturas, reunindo ativistas, acadêmicos, pesquisadores independentes, figuras dos estudos LGBT, associações, pessoas transbichassapatonas ou não, desejosas de ver colocado em prática um dispositivo de recolha, construção e difusão de arquivos dedicados às minorias sexuais e de gênero, que não fosse nem excludente nem cientificamente arcaico. Entre os signatários, estavam Teresa De Lauretis, os Lesbian Archives de Nova Iorque, Virginie Despentes, Martha Gever, a Coordenação Lésbica da França, Stephen Whittle, Paul B. Preciado, Tom Reucher, Marie-Jo Bonnet e muitos outros. Um outro objetivo desses grupos de arquivamento era que fosse aberto um debate público sobre a questão dos arquivos LGBTQ e sobre as orientações do projeto.

2003. De volta à casa "prefiguração"

Sempre tão pouco aberta às proposições e às críticas, a associação de prefiguração do CADHP se contentou em operar, em maio de 2003, uma mudança em seu conselho de administração, em seu escritório, e encontrar um novo presidente: Stéphane Martinet, prefeito adjunto do 11º *arrondissement* de Paris, encarregado das relações com a prefeitura. Um espaço de 40 metros quadrados foi fornecido pelo município, na Rua Notre-Dame-de-Nazareth, no 3º *arrondissement*, mas estava bem claro que ele não poderia nem ser aberto ao público, nem receber arquivos! Sempre fechado, esse espaço não serviu para quase nada, exceto acolher duas ou três reuniões de pessoas encarregadas da prefiguração. Quanto ele teria custado? Terá sido uma simples caixa de correio, como indicava a placa gravada na entrada, sobre a qual podíamos ler "Associação de prefiguração do CADHP"? As prateleiras da Academia Gay & Lésbica estavam abarrotadas de documentos de todo tipo, ao passo que as da instituição da Rua Nazareth estavam vazias! Era aceitável que o presidente e cofundador da Academia Gay & Lésbica, Hoáng B. Phan, assim como seu vice-presidente, Thomas Leduc, fossem qualificados pejorativamente como "simples colecionadores", diante da excepcional ineficácia do CADHP? Sem falar nas afirmações racistas a respeito de Hoáng B. Phan que eu ouvi na prefeitura de Paris, onde um funcionário encarregado do dossiê me disse que, com seu "sotaque", ele faria melhor ocupando-se de uma associação de convívio asiático em vez de arquivos. Um jeito muito engraçado de agradecer ao *boat people* que chegou na França nos anos 1980, e que é um dos principais aglutinadores de arquivos gays de Paris e da região parisiense, a ponto de não ter mais espaço para colocar sua cama no pavilhão onde acumula os arquivos. A Academia Gay & Lésbica dá conta de um enorme trabalho, sem ajuda nem subvenção. Os loucos por arquivos, os colecionadores, são os primeiros atores dos centros de arquivos. Sem eles, sem as fundações contingentes que eles representam, os arquivos não são nada e muitos documentos se perderiam. Rejeitá-los é um desprezo bem francês e bem centralizador. Em seu cartão de visita, Gérard Koskovitch, dos arquivos de São Francisco, ostenta sua qualidade de "colecionador".

A associação de prefiguração do CADHP não encontrou solução melhor do que contratar um funcionário, que não era ninguém menos que Jean Le Bitoux, para revisar a cópia do projeto. Após uma série de artigos publicados na imprensa,[19] a prefeitura de Paris solicitou que ele não ignorasse as críticas do Archilesb! e do VigiTrans em matéria de representatividade da equipe encarregada do projeto. Infelizmente, o discurso paritário e biologizante de Anne Hidalgo tomou a frente das demandas de "paridade cultural" exigidas pelo Archilesb! e pelo VigiTrans. Às duas primeiras listas de participantes sucedeu então uma terceira, que tinha um "lado homem" e um "lado mulher"! O Archilesb! e o VigiTrans continuaram a declarar que a paridade "biológica" estava bastante aquém das exigências requisitadas para o funcionamento de um centro de arquivos e de documentação para e com as minorias sexuais, de gênero e étnicas. Pretendia-se criar um centro tão-somente articulado em torno da diferença e da orientação sexual, ou melhor, um centro capaz

19 Ver: MEDA, Maria Grazia. "Gay che non amano le donne". Suplemento da revista *La Reppublica*, 22 de fevereiro de 2003; e o dossiê "Paris brûle-t-il?", na revista suíça *LGBT 360°*, março-abril de 2003; assim como o artigo "Quand les lesbiennes demandent la 'parité' avec les gays", de Clarisse Fabre, publicado no *Le Monde* de 29-30 de junho de 2003.

de fazer viver em seus acervos e em suas atividades a memória das discriminações e das infradiscriminações? Enquanto isso, o futuro centro tinha conseguido arruinar a confiança dos futuros arquivados.[20]

20 Durante a apresentação do estado de "andamento" do projeto, no sábado, dia 24 de maio de 2003, ao longo da reunião do conselho do Interlgbt, várias associações presentes manifestaram suas inquietudes com relação ao projeto, apontando uma falta de transparência, uma tomada de posição científica sempre discutível e o fato de que a chamada fase de "prefiguração" tinha se limitado a um *lifting*. Diante da falta de credibilidade e de legitimidade do projeto, a Academia Gay & Lésbica e o Centro Gay e Lésbico, entre outros (Henri Maurel, presidente do FG, o Caritig, os detentores dos arquivos do Gai Pied), haviam reafirmado sua vontade de não confiar seus arquivos ao Centro nesse estado. Ao longo dessa mesma reunião, o Interlgbt – cujas ligações privilegiadas com o Partido Socialista devem ser lembradas – se recusou a levar a voto a renovação da confiança num projeto tão pouco avançado e impediu a criação de um arquivo, proibindo que o debate fosse filmado por um jornalista, mesmo a reunião sendo pública.

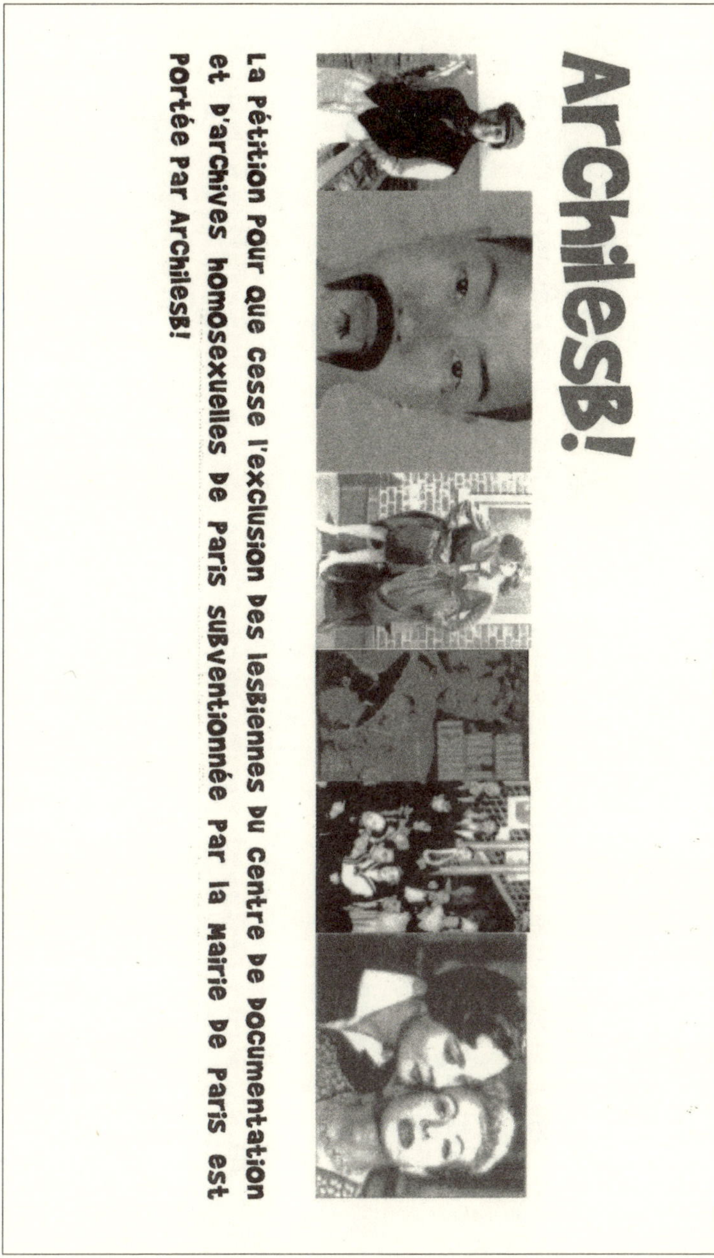

Cartaz em forma de cartões plastificados utilizados no Festival de Cineffable, Quand Les Lesbiennes se font du Cinéma, Le Trianon, Paris, 2002.

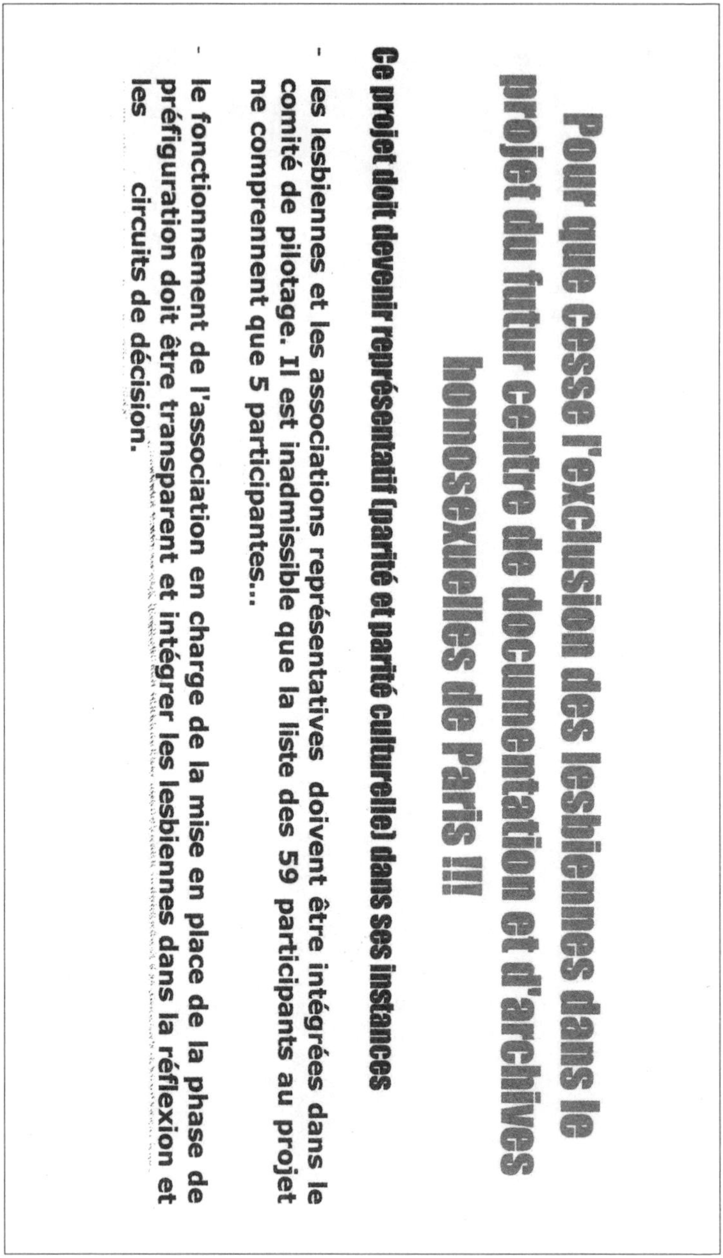

Pour que cesse l'exclusion des lesbiennes dans le projet du futur centre de documentation et d'archives homosexuelles de Paris !!!

Ce projet doit devenir représentatif (parité et parité culturelle) dans ses instances

- les lesbiennes et les associations représentatives doivent être intégrées dans le comité de pilotage. Il est inadmissible que la liste des 59 participants au projet ne comprennent que 5 participantes...
- le fonctionnement de l'association en charge de la mise en place de la phase de préfiguration doit être transparent et intégrer les lesbiennes dans la réflexion et les circuits de décision.

Cartaz em forma de cartões plastificados utilizados no Festival de Cineffable, Quand Les Lesbiennes se font du Cinéma, Le Trianon, Paris, 2002.

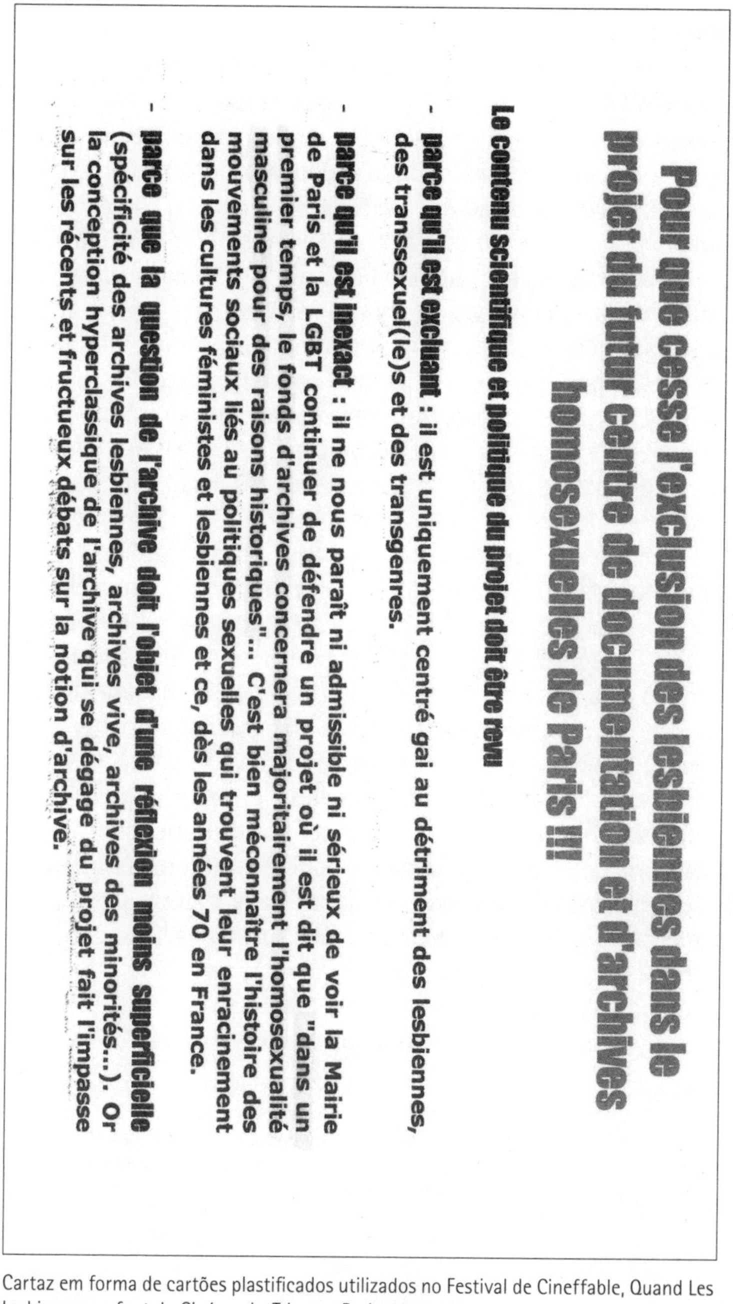

Pour que cesse l'exclusion des lesbiennes dans le projet du futur centre de documentation et d'archives homosexuelles de Paris !!!

Le contenu scientifique et politique du projet doit être revu

- **parce qu'il est excluant** : il est uniquement centré gai au détriment des lesbiennes, des transsexuel(le)s et des transgenres.

- **parce qu'il est inexact** : il ne nous paraît ni admissible ni sérieux de voir la Mairie de Paris et la LGBT continuer de défendre un projet où il est dit que "dans un premier temps, le fonds d'archives concernera majoritairement l'homosexualité masculine pour des raisons historiques"... C'est bien méconnaître l'histoire des mouvements sociaux liés au politiques sexuelles qui trouvent leur enracinement dans les cultures féministes et lesbiennes et ce, dès les années 70 en France.

- **parce que la question de l'archive doit l'objet d'une réflexion moins superficielle** (spécificité des archives lesbiennes, archives vive, archives des minorités...). Or la conception hyperclassique de l'archive qui se dégage du projet fait l'impasse sur les récents et fructueux débats sur la notion d'archive.

Cartaz em forma de cartões plastificados utilizados no Festival de Cineffable, Quand Les Lesbiennes se font du Cinéma, Le Trianon, Paris, 2002.

2004. Fechamos!

Março de 2004 deveria ser a data de abertura do Centro, mas chegava o fim do mês e "nada ainda". Volte à casa um. Dois anos perdidos. Em vez de assistir à abertura do Centro, podíamos esperar a reabertura do moribundo site da associação de prefiguração. A lista de discussão tinha sido fechada em 2003, quando surgiram as críticas na imprensa. O site poderia ter mediado os debates públicos, poderia ter permitido manter o contato com os futuros arquivados, mas esse nunca foi o caso. Em janeiro de 2004, um artigo na publicação gay gratuita *Illico* – que tinha se notabilizado por uma cobertura muito amável do caso CADHP – anunciou que o centro preparava uma enésima reestruturação de seus comitês e só abriria em 2005. Será que as críticas epistemológicas formuladas pelo Archilesb! e pelo VigiTrans tinham sido ouvidas?[21] Esperávamos que os nomes dos novos participantes correspondessem minimamente à realidade: na apresentação do projeto, assinada por Christopher Miles, no primeiro número da revista *Triangulère*, em 2003, vereadoras de Paris, advogados, escritores, pesquisadoras e militantes homens e mulheres figuravam na lista sem ter ciência disso. Será que havia finalmente desaparecido o tropismo moderno que marcava o Centro desde o início e que o tinha levado a defender uma visão novecentista do arquivo? A dúvida é legítima quando se lê, na *Illico*, que o objetivo do Centro, a partir de então, seria a reconstituição da "história de uma emancipação".[22] Com efeito, o projeto do CADHP reformulado se propõe a restituir "uma história global de emancipação social e psicológica (?) face à condenação moral e normalizante, ao poder das leis e à obsessão dos médicos". Ao agir dessa maneira, a associação de prefiguração do CADHP se debruça novamente sobre os arquivos dos séculos XIX e XX.

21 Desde janeiro de 2003, o Archilesb! e o VigiTrans cobraram a revisão da estrutura dos comitês e subcomitês. Em sua estrutura, os subcomitês (médicos, juristas, sexólogos...) adotavam a forma de produção da homossexualidade no século XIX. Sem contar que a maior parte deles era composta de especialistas fantasmas, listados sem seu conhecimento ou que tinham assinado as petições do Archilesb! e do VigiTrans. Ver o comunicado de imprensa do Archilesb! e do VigiTrans n. 5, de 9 de janeiro de 2003.

22 "Centre d'archives: ouverture en 2005", por Jean-François Laforgerie. *Illico*, op. cit., na rubrica "Archives gay", é claro.

Paris, mas não Lutécia! O homossexual, mas não o sodomita ou a sáfica?! Não apenas a narrativa de emancipação do "homossexual" não pode prevalecer sobre o conjunto da "história" das minorias sexuais, de gênero e étnicas, mas semelhante orientação só pode levar a um mascaramento de zonas de sombra: infradiscriminações, cultura helênico-pederástica. O futuro centro vai escrever a lenda cor-de-rosa dos gays? Todos os centros LGBT política e culturalmente sérios buscaram evitar uma concepção ideológica, angelical ou vitimizante da história. O paradigma da emancipação como fio condutor é tão pouco tranquilizador quanto a prioridade concedida, até outro dia, à "homossexualidade masculina". Mas nada foi refeito: no projeto que vai figurar no novo pedido de subvenção à prefeitura de Paris e ao conselho regional da Île-de-France, a vocação do centro torna-se novamente bastante homossexual: "Investido assim de uma verdadeira legitimidade científica, cultural e cidadã, o futuro centro deve reunir um amplo apoio de pesquisadores, assim como de toda a comunidade homossexual". Lembremos que os centros de arquivos LGBT existentes decidiram justamente não priorizar os arquivos da homossexualidade dita masculina, devido à sua abundância com relação às fontes e acervos disponíveis sobre outras minorias sexuais, de gênero e de raça. Essa é sobretudo a opção escolhida pelos arquivos de São Francisco.

2005?

Se as ideias e sugestões propostas pelo Archilesb! e o VigiTrans parecem ter sido retomadas no papel pelo futuro CADHP – o que é uma pena, pois não lhes dá o crédito por isso –, é porque elas continham evidências que os idealizadores do centro deveriam ter compartilhado desde o início. Dentre elas, o fato de associar todas as minorias sexuais e de gênero ao projeto, assim como de atingir uma forma de representatividade subcultural. Não é integrando "uma trans aqui" e "uma lésbica acolá" que essa representatividade vai ser atingida. Ainda é preciso que os integrantes recém-chegados tenham poder de decisão e estejam em contato com suas culturas. Recrutando republicanistas entrincheirados no Partido Socialista vamos nos distanciar a passos larguíssimos das preocupações específicas dos.as arquivados.as. Dá um certo arrepio ler que o Centro, sozinho, "imagina um centro ideal". O CADHP foi obrigado a compreender que era preciso romper com um homocentrismo patente e arrogante. O que os novos responsáveis nunca conseguiram incorporar é que é igualmente obsceno fazer uma pose compassiva diante das outras minorias. Não se trata de não esquecer ninguém, mas de trabalhar com todo mundo. Não se trata de acrescentar o T de trans, o L de lésbica ou mesmo o P de puta[23] ao dossiê, mas de levar adiante esse projeto de arquivos e de produção de uma linha com os.as primeiros.as interessados.as.

E as coisas não vão progredir demitindo Jean Le Bitoux[24] (o idealizador do projeto e único funcionário assalariado da instituição durante dois anos, quando finalmente se deram conta de que ele não era competente) e contratando um arquivista profissional "misterioso", cujo nome não foi revelado. Por que contrataram um arquivista quando não se tem arquivos? Por que não contrataram um arquivista gay ou da cultura LGBT? Anne Singé – militante de longa data e coordenadora do festival de filmes VIH [HIV] em 1994, ao lado de Gilles Châtelet e de Franck Arnal – teve a desagradável surpresa de ver chegar em sua casa o arquivista misterioso que lhe disse claramente que não era gay e que não conhecia nada da cultura gay. Por outro lado, ele lhe explicou detidamente como indexar seu acervo de fitas cassete (mais de 650). Para quem vocês acham que Anne Singé acabou vendendo seu banco de dados e seus filmes? Para a Academia Gay & Lésbica. São numerosos aqueles e aquelas que não querem doar seus arquivos para um tal centro.

Podemos nos questionar sobre as reais motivações da equipe atual. É válido colocar a questão da independência do Centro. Por que ele é presidido por um membro do Partido Socialista que

23 Desde 2003, o Archilesb! e o VigiTrans cobraram que fosse colocada a questão dos arquivos dos.as trabalhadores do sexo, que existem em grande número na capital. Até o fim do inverno de 2005, nenhuma associação de trabalhadoras do sexo ou representante do movimento das prostitutas havia sido contatada.

24 Jean Le Bitoux foi obrigado a se demitir no último outono: "O único assalariado, Jean Le Bitoux, figura da comunidade homossexual, acaba de ser definitivamente afastado. E ainda se ignora o estágio atual de andamento do projeto". BIECQ, Luc. "Centre d'Archives Homo, l'erreur de casting". *Têtu*, n. 93, 2004.

também é secretário adjunto do subprefeito do 11º *arrondissement* de Paris? E o que dizer da forte presença de membros ou pessoas próximas do Partido Socialista no projeto? A nomeação de um adjunto ao subprefeito para presidir o Centro não vai de encontro à evolução da jurisprudência em matéria de financiamento de instituições? Não podemos mais esperar que saia um enésimo organograma aprovado por um conselho de administração. Era preciso repensar o funcionamento dos comitês por meio de uma reunião de alinhamento com os diferentes interlocutores e atores voluntários, conforme combinado com Christophe Girard, em fevereiro de 2003.[25] Christophe Girard tinha se comprometido, junto ao Archilesb!, ao VigiTrans e ao coletivo LopattaQ, em organizar o mais rápido possível uma reunião de trabalho com todas as partes envolvidas. Clémentine Autain e Nicole Azarro estavam de acordo em assistir os trabalhos dessa reunião de alinhamento enquanto consultoras da prefeitura de Paris. Para isso, era preciso que o senhor Martinet (PS) e o Interlgbt (PS) não impedissem a realização dessa reunião.

Atualmente, deveríamos estar na fase de testar usos, estruturas e modos de organização, com base em estudos e simulações com os futuros usuários – à semelhança da fase de configuração da Inathèque, que foi necessário colocar de pé após a generalização obrigatória do depósito legal de arquivos audiovisuais, em 1997. É urgente desenvolver um programa específico, que reúna os projetos de arquivo vivo, popular, oral e minoritário, tal como o Archilesb! e o VigiTrans exigem desde 2002, para contrabalancear uma visão arqueológica e historicizante da política arquivística, assim como um discurso em conformidade acerca da "memória", que é fonte de erros e de exclusões. É urgente evitar a monoarquivagem renaturalizante, que levaria a pensar que homossexuais são ancestrais de todas as minorias sexuais e de gênero. É urgente reintroduzir, e não somente colocar no papel, as temáticas invisibilizadas: a aids, a cultura S/M, a pornografia, o trabalho sexual, as minorias étnicas e sexuais, para antecipar os "apagões de memória". É ainda crucial adotar uma visão construtivista do arquivo (sempre o resultado de um processo, da

25 Ver o comunicado de imprensa Archilesb! VigiTrans nº 6, de 1º de março de 2003.

invenção), e não reservar sua construção às elites e à Academia, o que implica tomar consciência do caráter construído, e mesmo ficcional, do arquivo, algo que não é necessariamente assumido pelos próprios historiadores. É importante contar com todos os atores do arquivo, e não simplesmente com doadores. A doação não é a origem do arquivo. Os responsáveis pelo CADHP deveriam parar de considerar os poucos interlocutores consultados como doadores obrigatórios, informantes sobre culturas que não conhecem, ou como simples responsáveis de associações cujos arquivos poderão ser fotocopiados. Isso quando se dão ao trabalho de contatá-los.

Este ano, os arquivos de São Francisco comemoram seu vigésimo aniversário. Foi em 1985 que a GLBT Historical Society lançou essa aventura, junto de cerca de cinquenta pessoas que se encontravam numa reunião pública organizada por iniciativa de colecionadores independentes. Para arquivar com idoneidade, está mais do que na hora de realizar consultas públicas, englobando todos aqueles e aquelas que queiram participar da elaboração desse centro. O CADHP deve romper com os métodos que suscitaram essa polêmica, visto que são opacos e não consultivos. E, *last but not least*, a prefeitura de Paris deve assumir suas responsabilidades.[26] Alertado diversas vezes, Delanoë não se mexeu. Christophe Girard é medroso, e todo mundo joga a batata quente para Odette Christienne, encarregada da memória e dos antigos combatentes, e que não entende nada em matéria de arquivos de minorias e que, se pudesse, certamente se livraria de bom grado do dossiê. O duplo discurso precisa acabar: a prefeitura de Paris não pode mais continuar dizendo que não interfere na associação, sendo que o dossiê científico mais que defeituoso foi validado por seus serviços em 2001 e que ela é responsável

26 No fracasso infindável desse projeto de centro, a pseudocomunidade LGBT francesa também tem suas responsabilidades. Vários bloqueios persistem sempre que se faz uma crítica. Ameaças de processo, processos por tabela, injúrias misóginas, invisibilização na imprensa comunitária, anti-intelectualismo: essas são em geral as respostas que recolhemos sobre esse assunto tão crucial. O processo movido contra mim pela *Têtu*, em março de 2003, foi teleguiado por um responsável gay da prefeitura de Paris.

pela prestação de contas do dinheiro público confiado ao CADHP. O problema é que ficou evidente que se trata de realizar uma promessa eleitoral a qualquer preço.

Sex and the city, episódio 3
A febre dos arquivos: as proposições do ArchiQ[27]

> *"Não se deve fazer divisão binária entre o que se diz e o que não se diz; é preciso tentar determinar as diferentes maneiras de não dizer, como são distribuídos os que podem e os que não podem falar, que tipo de discurso é autorizado ou que forma de discrição é exigida a uns e outros. Não existe um só, mas muitos silêncios e são parte integrante das estratégias que apoiam e atravessam os discursos."*
> Michel Foucault, *A vontade de saber*[28]

Tendo em vista o desenvolvimento dos estudos LGBT desde os anos 1980 e a aparição de centros de arquivos e de documentação LGBT pelo mundo, a noção de "visibilidade" - que surgiu e foi promovida como técnica militante e identitária nos anos 1970-1990, e da qual as gay *prides* e as diferentes passeatas de orgulho são as manifestações exemplares - deve ser confrontada de agora em diante com a noção de "legibilidade". Já é hora de levar em conta todos os processos seletivos de interpretação, de

27 Enquanto o CADHP prefigurava e reprefigurava, o Archilesb! e o VigiTrans investiram no ArchiQ, um grupo de reflexão sobre os arquivos e sobre a noção de arquivo vivo. Obrigada a todas aquelas e aqueles que participaram dele, de longe ou de perto: a Academia Gay & Lésbica, a ASB (Associação da síndrome de Benjamin), o Caritig (Centro de auxílio, pesquisa e informação sobre a transexualidade e identidade de gênero), o PASTT (Prevenção ação saúde trabalho para transgêneres), Malika Annouche (do Mulheres Públicas), Camille Cabral (presidente do PASTT), Sylvia Casalino (Archilesb!), Claire Carthonnet (antiga porta-voz do Cabiria, ex-presidente do Mulheres Públicas), Marco Dell Omodarme (LopattaQ), Sabrina Garnier (responsável pelos arquivos no Act-Up Paris), Armand Hotimsky (presidente do Caritig), Pascale Ourbib (PASTT), Dominique Place (ex-vice-presidente do Caritig), Lalla Kowska Régnier (LopattaQ), Tom Reucher (VigiTrans, ex-presidente do ASB e cofundador da marcha do Existrans).

28 [N.T.] Trecho citado conforme a tradução brasileira, de Maria Thereza da Costa Albuquerque e J. A. Guilhon Albuquerque. Rio de Janeiro: Graal, 1988, p. 30.

tradução cultural e de autoridade hermenêutica que presidem ao recorte de um arquivo dedicado às minorias sexuais e de gênero. No campo aberto pelos estudos pós-coloniais, e dada a história colonial da França, essa noção de legibilidade também deve abarcar as minorias visíveis. É difratando a noção de "visibilidade", quase sempre circunscrita ao feudo da "imagem", à "homossexualidade" ou à cultura dita "gay e lésbica", que podemos ter em conta todos os níveis de opressão imbricados: a sexualidade e o gênero, as identidades sexuais, mas também as construções racistas.

Certas abordagens filosóficas e historiográficas (especializadas ou não nos estudos LGBT), os estudos culturais, a teoria pós-colonial e os *subaltern studies* – Foucault, Derrida, Arlette Farge, Philippe Artières, Jonathan Katz, Susan Stryker, Tom Vaugh, Douglas Crimp, Alexandra Juhaz, Gayatri Chakravorty Spivak – contribuem para recolocar em questão a concepção clássica de arquivo. Essas abordagens têm também o grande mérito de levar em conta o ponto de vista dos.as "arquivados.as". Elas podem ajudar em uma reelaboração das noções de "visibilidade", de "legibilidade", de "silêncio(s)" e de "invisibilização(ões)", que estão no centro das culturas minoritárias e que são determinantes para a forma de presença das minorias nos campos social, político e do saber (dimensão epistemopolítica ressaltada por Foucault e enriquecida por Eve K. Sedgwick). Os problemas trazidos à tona pelo CADHP a partir de seus lançamentos sucessivos e fracassados devem-se em grande parte à concepção republicanista que subjaz ao projeto, assim como a uma concepção conservadora do arquivo.

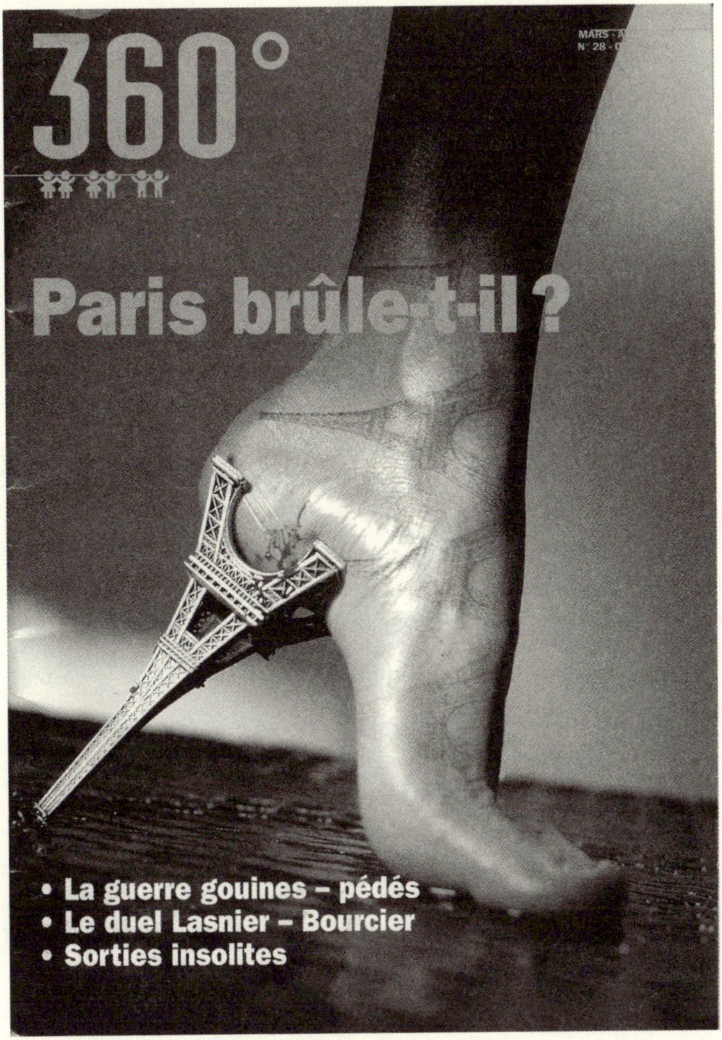

Capa da revista *360°*, n. 28, março-abril de 2003.

Contra "o arquivo dos arcontes"

"As raízes dos Arquivos estão nas vozes reduzidas ao silêncio, nas cartas de amor destruídas, nos pronomes mudados, nos diários íntimos caprichosamente revisados e corrigidos, nas fotos que nunca foram tiradas..."[29]

Joan Nestle, 1989

No "começo" era "a violência arquival e epistêmica". Esse é o primeiro paradoxo do arquivamento: embora apresentado e reivindicado como um gesto pela memória, ou até mesmo pelo "dever de memória", para lutar contra o apagamento das minorias na história e em outros domínios, o que se conclui a partir da reflexão de um Derrida ou dos historiógrafos dos *subaltern studies* é que o próprio gesto de arquivar e sua entronização institucional são geradores de exclusões e de violência. "Violência arquival" para Derrida, "violência epistêmica" para Spivak. Derrida critica as duas ordens, "sequencial e jússica", que vêm regular a aparição do arquivo: a ilusão de um começo encontrado e a chegada do comando. Pois o arquivo é decidido conforme é desenhado: "*arkhè*, lembremos, designa ao mesmo tempo o começo e o comando". Derrida identifica sem piedade as operações de arquivamento: o estabelecimento de uma autoridade hermenêutica que não se limita ao poder de interpretar, de um lugar, de uma atribuição perene, assim como de princípios de classificação, de identificação, de unificação e de hierarquização. É o que ele chama de "o arquivo dos arcontes": "o sentido de 'arquivo', seu único sentido, vem para ele do *arkheîon* grego: inicialmente uma casa, um domicílio, um endereço, a residência dos magistrados superiores, os *arcontes*, aqueles que comandavam".[30] Foucault chama a atenção para um outro paradoxo: "como arquivar os silêncios e suas decorrências?", e a isso acrescenta a questão do arquivo das minorias e das pessoas sem-voz. Como todos sabem, e para ficar apenas nesse exemplo, haveria

29 NESTLE, Joan. "The will to remember". *The Lesbian Herstory Archives of New York*, julho de 1989.

30 [N.T.] DERRIDA, Jacques. *Mal de arquivo*. Op. cit., p. 11-12.

muito o que fazer com os documentos oficiais da administração colonial francesa para reconstruir, transversalmente, os arquivos das minorias de sexo, de gênero e de cor.

É necessário, portanto, recolocar a questão do que faz e de quem faz o arquivo. Na perspectiva de um centro de arquivos e/ou de documentação sobre as minorias sexuais e de gênero, não seria preciso afrouxar o laço das fontes médicas, policiais e judiciárias, ou pelo menos não dar a elas, novamente, todo o espaço? E quanto aos *flyers* de eventos noturnos e às embalagens de preservativos? E os objetos que vão além dos suportes nobres e habituais (impressos, filmes que datam de um certo tempo)? Qual o lugar da autobiografia dos anônimos, da autoficção? E a época pré-homossexual, de antes da época de ouro da classificação, no final do século XIX? A simples identificação do arquivo inevitavelmente constitui um fora do arquivo, que é sustentado por toda uma série de oposições estruturantes e até mesmo normativas (importante/secundário, antigo/recente, elite/popular, impresso/oral, exposição/exclusão, monumento/documento, fato/testemunho...). É disso que precisamos, de dispositivos de produção do arquivo que permitam a visibilização dos foras do Arquivo.

Paradoxos do arquivamento: os três modelos

> *"Não mais poder colocar a questão do conceito, da história do conceito e especialmente do conceito de arquivo, [...] segundo uma modalidade temporal ou histórica dominada pelo presente ou pelo passado."*
>
> Jacques Derrida, *Mal de arquivo*[31]

Tirando os modelos puramente organizacionais, delineiam-se três grandes tipos de filosofia arquivística: o modelo arqueológico e biologizante, o modelo administrativo e o modelo performativo. O primeiro se apoia numa visão temporal clássica. O tempo é sequenciado de maneira linear: distinção baseada no "bom senso" entre passado, presente e futuro. O arquivo representa um acesso ao passado e se conjuga a uma exigência de verdade:

31 [N.T.] Ibid., p. 47.

identificar os atos, o factual. Nesse modelo, em geral é a estrutura temporal da existência (vida/morte) que torna possível ou legitima o arquivamento. Coloca-se a questão dos arquivos *post mortem*, e as interrogações dizem respeito sobretudo às rupturas de transmissão dos arquivos: a família que destrói ou mascara os feitos de um de seus membros, em razão de sua orientação sexual ou de seu gênero. Essa concepção tem fortes laços com a morte e valoriza, legitima essencialmente o passado, e só mais raramente o "tempo presente" ou os suportes contemporâneos. Escavações, sedimentação, genealogia, Pompeia, história, memória: essas são as palavras-obsessões de tal concepção, que mantém uma proximidade com as ordens sequencial e jússica (jurídica) do arquivo. Ela tem seus adeptos porque permite a ilusão de se encontrar o começo, ao mesmo tempo que mascara a chegada do comando. É mais fácil lidar com os mortos.

O modelo administrativo, muito ligado ao anterior em sua valorização do passado (lógica patrimonial) – mas também na maneira de gerir os.as arquivados.as, vistos como doadores.as (seja durante a vida, seja *post mortem*) –, regula as operações de doação e de coleta de acervos. Sua inscrição institucional incentiva a legitimidade vinda de cima: justificação pela pesquisa, direcionamento de públicos particulares – pesquisadores, especialistas –, que se encontram, em geral, nas instâncias de aquisição dos arquivos. Esse modelo tem o inconveniente de colocar a doação como obrigação, de favorecer a doação/delegação e, por fim, uma despossessão dos.as arquivados.as. A autoridade hermenêutica será a dos "arcontes" e dos especialistas oficiais. Contrato de depósito, sanidade corporal e mental para assinar uma doação, falecimento, avaliação, privado/público, problemas jurídicos: essas são as palavras-chave dos administradores do arquivo. A proximidade do modelo administrativo com as ordens sequencial e jússica do arquivo são ainda mais fortes do que no caso do modelo arqueológico biologizante.

O modelo performativo é aquele que corresponde, em parte, ao que o ArchiQ (o grupo de reflexão sobre os arquivos oriundo do Archilesb! e do VigiTrans) chama de "arquivo vivo" ou "produtivo". Paradoxo: subentende-se que o arquivo, longe de ser derivado apenas do passado, do tempo presente ou da "história imediata", pertence ao futuro. Ele é a promessa de intervir no próprio recorte do arquivo no presente. Nesse sentido, ele se afasta das normas clássicas do saber arquivístico e historiográfico. Em outras palavras, o arquivo está sempre incompleto. E essa "incompletude" deve ser trabalhada. Parte inerente do processo arquivístico, a incompletude é frequentemente negada, em proveito de uma concepção tradicional e factual da verdade. A implementação de uma perspectiva performativa obriga a operações às quais todo arquivo precisa ser submetido para existir, e que já fazem parte de seu futuro, mesmo quando essas operações são mascaradas e confiscadas por especialistas renomados. É nesse espaço já investido, nessa incompletude, que é preciso intervir, envolvendo nisso atores diferentes dos "arcontes do arquivo". Palavras-chave: porvir, virtual, promessa, arquivo vivo, minorias, invenção, criatividade. A proximidade do arquivo performativo com as ordens sequencial e jússica do arquivo é propositalmente fraca.

ArquivAÇÕES[32]

Arquivo vivo. Tornar o arquivo vivo e produtivo seria, paradoxalmente, diminuir nossa resistência ao arquivo virtual, ao arquivo por vir, aquele que ainda falta construir, autorizando a investir na própria incompletude do arquivo. Isso supõe aproximar-se de corpos vivos e falantes, e não apenas fazê-los assinar autorizações de depósito. Isso supõe dar início a arquivos escritos, visuais, sonoros, filmados ou gravados *a priori*. Não apenas para fazer história oral, mas porque esse é o preço de se reduzirem as zonas de silêncio previsíveis. É desde já que podemos afrouxar o laço da historiografia clássica e de seu "fetichismo" do arquivo, e nos separarmos de toda corrente histórica excessivamente preocupada com o estabelecimento da "verdade histórica", e até mesmo da história das mentalidades.

É esse tipo de orientação que prevaleceu no projeto dos arquivos lésbicos de Nova Iorque, assim como em muitos centros

32 [N.T.] No original, "*archivACTIONS*", jogo de palavras que inclui "*actions*" ("ações") dentro do termo que designa o processo de arquivar, "*archivation*". Este tem sido traduzido como "arquivamentos", por soar mais natural em português.

LGBTs existentes, que priorizavam a recolha de experiências e de existências célebres, mas também das anônimas.[33] Foi esse o método empregado por Elisabeth Lapovsky e Madeline D. Davis[34] em suas pesquisas sobre as comunidades *butch/femme* da cidade de Buffalo dos anos 1930 aos anos 1950. Esse tipo de produção de arquivo talvez não resulte num tipo esperado de verdade, e demanda métodos, práticas ou compromissos com que historiadores, filósofos, acadêmicos ou pesquisadores profissionais têm dificuldade, pois tal concepção remete a seu próprio efeito de invenção e de construção arquivísticas. Ela ressalta a dimensão política e epistemopolítica do arquivo, podendo fazer do doador ou do público atores de sua própria história, da "pequena história" das culturas populares, das microculturas, das zonas marginalizadas da história e da cultura. E isso se aplica particularmente às sexualidades, identidades de gênero e identidades pós-coloniais.

O arquivo como prótese, o corpo e os objetos. O modelo do arquivo performativo nos lembra, de modo oportuno, o nexo que existe não só entre o modelo de arquivamento, o tempo e a morte, mas também a técnica. Todas as reflexões sobre o arquivo e a memória se dão em função de um modelo, de uma prótese técnica: o livro, o impresso, mas também o bloco mágico de Freud, que quase não percebemos mais como tais, para dar conta da anamnese ou do trabalho de memória ou da censura. Os arquivos são protéticos e, portanto, suspeitos, pois a presença de uma prótese, vista como uma muleta ou um apoio, pode minar a "pureza do arquivo" ou expor sua construção. Resta reconhecer a existência dessas próteses, e para isso seria preciso contar com todas as "tecnologias" de produção do arquivo, os "discursos" (inclusive no sentido foucaultiano do termo), e, em seguida, fazer um esforço para não os apartar do corpo. Isso é diferente de Freud em busca de Gradiva, dividido entre o modelo arqueológico da memória – que o faz viajar até Nápoles no encalço de Jensen

33 Lesbian Herstory Archives. Informativo n. 18, outono de 2001.

34 KENNEDY, Elisabeth Lapovsky; DAVIS, Madeline D. *Boots of Leather, Slippers of Gold.* The History of a Lesbian Community. Londres; Nova Iorque: Routledge, 1993.

– e o "bloco mágico" – que traz em mãos –, mantido fora de seu corpo e, no entanto, a ele incorporado. A cultura francesa levou um certo tempo para atribuir o estatuto de arquivo aos suportes não impressos, sobretudo se estes veiculam uma cultura popular (haja vista a aventura do arquivo televisual e da Inathèque). No espaço de incompletude gerado pelo arquivo, com frequência fingimos esquecer que ele poderia ser habitado pelas câmeras e pelos gravadores: e há jeito melhor de afastar a voz e o corpo da esfera do arquivo? Outro grande excluído é o objeto, como se ele tivesse saído do museu ou ainda não tivesse sido suficientemente codificado e identificado: que tipo de objeto pode entrar na categoria de arquivo? Como arquivar os objetos? Onde colocar os dildos?

Arquivos e disciplinas: não confiar o arquivo apenas aos historiadores? Não se deve deixar o arquivo apenas aos historiadores e a certas correntes historiográficas. É preciso associar outras vozes a ele: sociológicas, antropológicas, pós-disciplinares, políticas e militantes. O meio universitário francês – reticente ao desenvolvimento dos estudos gays, lésbicos, bis, transexuais, transgênero e queer, dos estudos feministas, dos estudos sobre os gêneros e dos estudos pós-coloniais – favorece o reconhecimento de uma disciplina oficial, como a história, para "limpar" os arquivos. A tal ponto que só permite o surgimento de métodos reconectados com os antigos trabalhos patologizantes sobre a homossexualidade, a transexualidade e o hermafroditismo do final do século XIX. É preciso contrabalancear o peso de uma tradição histórica clássica, tributária do modelo genealógico, e tomar distância de uma temporalidade que valoriza o arquivo passado e os corpos trespassados. Essa é, aliás, a riqueza das abordagens desenvolvidas por agrupamentos de militantes e de pesquisadores independentes e universitários, o que permite evitar a tentação hegemônica da disciplina histórica. É importante e fecundo deixar emergir a diversidade dos pontos de vista e dos métodos oriundos das subculturas e das minorias, a fim de se beneficiar dos questionamentos disciplinares que eles provocaram.

A universidade contribuiu e ainda contribui para a ilegitimidade das pesquisas e do ensino LGBTQ. Na França, ela simplesmente os ignora. Como apontou o historiador Jonathan Ned Katz durante a conferência anual do CLAGS (Centro de Estudos Lésbicos e Gays) em 2003, essa situação e sua obsessão pelo arquivo lhe permitiram reduzir a partilha instituída entre história e ficção, além de inventar ou talvez apenas atribuir outros papéis ao arquivista: detetive, voyeur, colecionador. Ele também buscou dirigir o arquivo a outros públicos, para além dos acadêmicos: "Desde o início, minha pulsão pela pesquisa de documentos foi motivada pelo desejo de fazê-los renascer para um público amplo e popular. O público que eu imaginava para a história gay e lésbica não era exclusivamente acadêmico". Daí sua ideia, em 1971, de escrever uma peça de teatro a partir dos arquivos que ele estava começando a descobrir. Daí a ideia de que os arquivos dos.as pervertidos.as teriam a ganhar se fossem reunidos por verdadeiros pervertidos, que saberiam pôr em ação novos papéis arquivísticos, menos convencionais – e mais políticos, mais criativos e mais justos.

DOMINATOR CONTRA MADONNA (NOVAS QUESTÕES PÓS-MULHER)

O "fim da dominação (masculina)": gêneros, performances e pós-feminismo queer

Falar em um "fim da dominação masculina" é dizer que é possível romper com a descrição reificante dessa dominação e sua instrumentalização, tanto a de um Bourdieu como a de certas feministas francesas materialistas (Christine Delphy e Nicole-Claude Mathieu) e essencialistas (Hélène Cixous e Antoinette Fouque, o que recebeu o péssimo nome de *french feminism* fora da Europa). É afirmar que esses procedimentos são dependentes demais de uma concepção dualista dos gêneros, que leva geralmente a um enfraquecimento do poder dos gêneros, visto que, nesses autores, a determinação dos sujeitos e dos corpos pelo gênero é descrita como sendo fatal, para prejuízo das mulheres, é claro. Essa visão redutora do poder dos gêneros – que frequentemente vai de par com uma renaturalização dos gêneros masculino e feminino – cria entraves para o tipo de política sexual que define os feminismos.

Para confrontar Bourdieu e as feministas renaturalizantes e reificantes com as críticas e conceitualizações do feminismo e da teoria queer, comecemos pela releitura de *A dominação masculina* (1998)[1] e por aquilo que seu autor diz sobre a maneira como a hierarquia dos gêneros se impõe, sobre o funcionamento da "força simbólica" na "incorporação da dominação masculina", para retomar seus termos. Bourdieu logo se verá diante da resposta de Judith Butler para a mesma questão, em seu bem nomeado e influente *Problemas de gênero*, e até mesmo em *Corpos que importam*. E isso não apenas pelo papel de Butler na

1 [N.T.] BOURDIEU, Pierre. *A dominação masculina*. Trad. de Maria Helena Kühner. Rio de Janeiro: Bertrand Brasil, 2002.

teoria queer e pós-feminista, mas também porque elu redefiniu os gêneros como performance e performatividade, e, a despeito do que diz, Bourdieu também flerta com a força performativa dos gêneros. Exceto pelo fato de que, onde Butler vê um transtorno produtivo, Bourdieu desenvolve um questionamento sobre como limitar e controlar essa força, guiá-la, o que não deixa de constituir, em segundo grau, uma torção simbólica que assegura a/sua dominação masculina.

Homo bourdicus ou *genderfucking*? O poder dos gêneros segundo Bourdieu e Butler

Quando perguntado sobre como se instalam as normas de gênero que são fonte de opressão por instaurar uma relação hierárquica entre masculino e feminino, Dominator responde, como todo bom construtivista, que são os gêneros que produzem o sexo. Isso especialmente na Cabília, onde a percepção visual dos sexos – entenda-se, das "partes genitais" – é dada pelos mitos cosmogônicos. Dominator evidentemente se engana ao pensar ser o primeiro a ver a relação sexo/gênero por esse ângulo, sem falar que ele tem menos mérito por concebê-la dessa maneira, haja vista a espessura mitológica que produz o recorte corporal e os sexos na Cabília. Sem dúvida, é mais difícil não sucumbir à tentação de articular sexo/gênero, fazendo do segundo o construto social e cultural, e do primeiro um resíduo "biológico" – a famosa diferença sexual – em culturas como a nossa. Nem sempre fica claro o potencial político e mitológico tanto das técnicas de visualização pré-natal como das teorias científicas da sexuação, mais particularmente as "biológicas" e binárias.

Eis, portanto, todo o mérito de epistemólogas como Evelyn Fox Keller[2] ou de historiadoras como Anne Fausto-Sterling,[3] ao tornar porosa a fronteira entre sexo e gênero, chegando a apagá-la. A maior parte das feministas construtivistas – Delphy,

2 KELLER, Evelyn Fox. *Reflections on Gender and Science*. New Haven: Yale University Press, 1985.

3 FAUSTO-STERLING, Anne. *Sexing the Body*. Gender Politics and the Construction of Sexuality. Nova Iorque: Basic Books, 2000.

para ficar apenas com esse exemplo francês – está de acordo sobre não ser o sexo que causa o gênero, como se um curioso determinismo natural criasse uma correspondência entre o sexo definido como genital feminino e o gênero feminino, e entre o sexo definido como genital masculino e o gênero masculino. Onde Dominator se vangloria de ter procedido a uma inversão da relação causal sexo/gênero, outras construtivistas mais radicais respondem que o gênero não só não causa o sexo, como também não o exprime. Na realidade, sexos e gêneros são produzidos culturalmente.

A segunda questão concerne à persistência desse sistema binário e hierárquico dos gêneros: como ela se efetua? Dominator invoca a "magia" da "força simbólica" que permite "a incorporação da dominação masculina". As condições de eficácia da "força simbólica" em questão residiriam em sua anterioridade, sob a forma de "disposições" gravadas nos corpos. Haveria uma espécie de predisposição ao gênero conforme se é exigido. A potência dessa violência simbólica é tamanha, ainda segundo Dominator, que ela provoca a "submissão encantada", isto é, não se sabe bem se ela torna impossível a tomada de consciência ou se a conduz ao fracasso. De toda forma, o que podemos entender como uma tomada de conhecimento será apenas um reconhecimento, cúmplice da "força simbólica" que o produz. Não seria possível opor coisa alguma à "constância do *habitus*" das dominadas.

Essa imagem exacerbada e grosseira do funcionamento da dominação masculina, paradigmática e catártica, fornecida pelos cabilas, permitiria trazer de volta à memória a dominação masculina: uma forma de "anamnese" para os amnésicos da dominação masculina que "somos nós". Lembremos, de passagem, que Bourdieu se deu ao luxo de falar da dominação masculina ("a nossa") apoiando-se numa de suas análises etnológicas dos berberes dessa Cabília a um só tempo "exótica e íntima, estrangeira e familiar": um operador heurístico, "um analisador etnográfico" que mereceria ser fulminado pela crítica pós-colonial. E, se era possível perceber um tom ligeiramente foucaultiano na reivindicação de uma teoria disposicional das práticas como a melhor maneira de agir para apreender não tanto a dominação (o que competiria aos dominados), mas a impossível tomada de consciência das dominadas (o que competiria ao teórico e ao intelectual esclarecido), o recurso à anamnese permite impor um tipo de estruturalismo que capitaliza os efeitos do inconsciente "androcêntrico". Eis o que permite endurecer a dominação, a partir do momento em que, para além das mudanças superficiais perceptíveis na "condição das mulheres", é preciso continuar tendo em vista "a força da estrutura, dessa vez", a permanência na mudança. A lei estrutural, como de costume, nos distancia da história, para não falar da política: de fato, como enfrentar a "constância trans-histórica da relação de dominação masculina"?

Quanto aos fatores não superficiais de mudança, eles não são nem as mulheres, nem as feministas, nem os movimentos político-sociais. Uma pena, porque, ainda assim, as feministas foram as primeiras a deixar de simplesmente descrever os efeitos de construção dos gêneros e a mostrar que a relação sexo/gênero, tal como foi e é imposta e regulada, é um jogo de poder. Mas não, o fator de mudança é o próprio Dominator e a teoria que, segundo ele, falta, e que as feministas se mostraram incapazes de pensar: justamente a das disposições.

Nota-se bem como se organiza a progressão no horror da dominação, mas sobretudo como Dominator se apropria da "questão da dominação", terminando por despolitizá-la e por reduzir a pó os diversos atores dos movimentos político-sociais. Ao mesmo tempo, reina uma verdadeira imprecisão quanto ao funcionamento dessa "força simbólica", que permite, inevitavelmente, a "incorporação da dominação masculina". O que é incorporado? Gestos, atitudes, prescrições – algumas delas silenciosas – dirigidos às mulheres cabilas? Sob vários aspectos, podemos nos perguntar se não se trata de uma demonstração de força... justamente performativa, e daí viria todo aquele estranho vocabulário utilizado por Dominator para descrever os efeitos imediatos da violência simbólica. "A magia, o encantamento, o feitiço no sentido forte do termo" nos aproximam inegavelmente dessas palavras, dessas falas, desse tipo de ato de fala que são os feitiços.

Mas, curiosamente, enquanto Dominator descreve com admiração (!) a implacável magia da "força simbólica" imposta às mulheres dominadas, encenando diante de nós a grandeza de sua teoria das disposições por vir, ele toma bastante cuidado para se diferenciar muito claramente das feministas, que em sua opinião se contentariam com a invocação da magia "performativa". A palavra é atirada; talvez contra Butler, uma vez que se trata das drag queens. É difícil saber, a referência a *Corpos que importam*, em nota, é falsa. Em todo caso, Dominator estigmatiza:

> a vaidade dos apelos ostentatórios dos filósofos pós-modernos quanto à superação dos dualismos; estes profundamente enraizados nas coisas (as estruturas) e nos corpos, eles não nasceram de um simples efeito de nomeação verbal e não podem ser abolidos por um ato de magia performativa, pois os gêneros, longe de ser simples "papéis" com os quais poderíamos jogar à vontade (à maneira das drag queens), estão inscritos nos corpos e num universo de onde eles tiram sua força. É a ordem dos gêneros que funda a eficácia performativa das palavras – e muito especialmente dos insultos –, e é ela também que resiste às redefinições enganosamente revolucionárias do voluntarismo subversivo.

Seria necessário parar e voltar a esse modo de restringir a força performativa, submetendo-a à ordem superior, inconsciente (?), que é a "ordem dos gêneros". De que ela é feita? Entretanto, no que concerne às diferenças de apreciação da força performativa entre Dominator e Butler, é preciso trazer à baila a feliz expressão performativa citada em *A dominação masculina*: trata-se do poder performativo de Mr. Ramsay de *Rumo ao farol*, de Virginia Woolf. Em matéria de dominação masculina, um dos recursos de Mr. Ramsay consiste justamente em tornar as coisas verdadeiras pelo simples fato de tê-las dito. Assim, quando ele decreta para toda sua família que quer ir passear no farol e que o tempo não vai abrir, suas previsões têm o poder de validação por si mesmas, no sentido forte, isto é, de se tornarem verdadeiras: "elas agem como ordens, bênçãos ou maldições que magicamente fazem acontecer o que enunciam", diz-nos Dominator, que descreve Mr. Ramsay como "o rei arcaico" evocado "pelo Benveniste do vocabulário das instituições europeias", cujas palavras são veredictos.

O poder dos gêneros, da determinação masculina pelo gênero, não deixa, portanto, de estar relacionado com a força performativa, com a força da autoridade, que é a da voz do pai, evidentemente. Toda essa obstinação para provar e descrever, não sem complacência, até que ponto a dominação masculina não só funciona, mas está muito bem aparafusada, coloca Bourdieu ao lado de uma enunciação cúmplice masculinista.

Os homens, as mulheres e... o resto do mundo

Com Butler, as coisas são diferentes e menos controláveis. Ao se questionar sobre a produção e a reprodução regulada de um sistema sexo/gênero a um só tempo normativo restrito e binário – como todo bom construtivista com toques de Foucault, mas também de Wittig –, Butler não hesita em estabelecer uma ligação com essa outra construção recente das identidades sexuais que é a heterossexualidade. Butler retoma a crítica do dualismo sexo/gênero com um raciocínio foucaultiano: da mesma forma que o sexo e a sexualidade não são a expressão de um "eu" ou de uma identidade (uma vez que, em Foucault, o sexo é um efeito do discurso sobre o sexo, de um dispositivo disciplinar), o gênero não é a expressão do sexo. Mas a inovação de Butler (e que Dominator dificilmente poderia ignorar, se de fato pretende fazer referência ao exemplo da drag queen e já que cita *Corpos que importam*) consiste em passar da crítica do modelo de expressão (sistema causal sexo/gênero) ao modelo da performance/performatividade, para dar conta da produção regulada dos gêneros e das identidades de gênero.

Segundo Butler, a produção dos gêneros é de ordem performativa. No sentido teatral e sociológico do termo, o que Dominator evoca para explicar a implantação da feminilidade e da masculinidade são os gestos e os códigos da incorporação. Butler efetivamente toma o exemplo da drag queen, mas também o da cultura *butch/femme*, coisa que Dominator deixa de lado. O que a drag queen prova não é que é que é possível trocar de papel de gênero como se troca de camisa. Ela é um exemplo paradigmático de algo que não interessa a Dominator, a saber, a falibilidade intrínseca do sistema sexo/gênero dominante heterocentrado, que precisa incessantemente se reafirmar para continuar existindo, e não apenas nas profundezas do inconsciente androcêntrico protofeminista. E há algo melhor para existir e se impor como norma do que parecer natural?

É essa pseudonaturalidade do alinhamento sexo/gênero que a drag queen revela e expõe ao máximo, o que também pode-se dizer do drag king. Com efeito, se a feminilidade não precisa ser natural e necessariamente a construção cultural de um corpo feminino (exemplo da drag queen), e se a masculinidade não precisa ser natural e necessariamente a construção cultural de um corpo masculino (as *female masculinities*,[4] os drag kings, as *butches*, os.as transgêneros.as...); se a masculinidade não está atrelada aos homens, se ela não é privilégio dos homens biologicamente definidos, é porque o sexo não se limita ao gênero, e porque o gênero pode exceder os limites do binarismo sexo feminino/sexo masculino.

Longe de se limitar a uma imitação pálida ou extravagante da mulher verdadeira ou da feminilidade verdadeira, a drag queen revela o modo de produção do gênero a que a feminilidade heterossexual também corresponde. Todo gênero, aí incluída a masculinidade heterossexual, é uma performance de gênero, isto é, uma paródia sem original. E é geralmente aí que a coisa emperra. Isso se nota muito bem na tradução dos psicanalistas lacanianos de um texto de Butler chamado "Imitation and Gender Insubordination" ["Imitação e insubordinação de gênero"],[5] em que a noção de performance se reconecta a diversas "reviravoltas teatrais" e "números de travesti". Aliás, a tradução está cheia de *lapsus traductae* – por exemplo, "*homophobic quarters*" ["bairros homofóbicos"] foi traduzido como "*quartiers généraux hétérosexuels*" ["bairros em geral heterossexuais"] – que visam proteger os gêneros e a heterossexualidade da contaminação pela performance. Além

4 HALBERSTAM, Jack. *Female masculinity*. Durham: Duke University Press, 1998.

5 BUTLER, Judith. "Imitation et insubordination du genre", *Marché au sexe*, Paris, EPEL, 2001. Vale mais a pena ler a versão original em DIANA, Fuss. (org.). *Inside/Out*. Nova Iorque; Londres: Routledge, 1991. Para uma lista extensiva das pérolas de "contraduções" lacanianas desse texto, ver: BOURCIER, Marie-Hélène. "Trafic queer". *Queer:* Repenser les identités, *Revue du Collège international de philosophie*, n. 40, Paris, Puf, 2003.

disso, não se pode explicar a implicância dos lacanianos da EPEL (Escola Lacaniana de Psicanálise) – que há anos se digladiam com o pensamento e os textos queer – a não ser pelo objetivo de salvar Lacan, tentando transformá-lo em *queer avant la lettre*, e de se afastar do *sex panic* que os atinge quando se trata de questionar o radicalmente impensável de sua própria heterossexualidade. É preciso ver a versão mallarmeana e despolitizada dada por Jean Allouch, diretor da escola lacaniana em questão. De "bicha", "teoria e políticas tiradas do cu" para traduzir "queer" (tradução nossa), passa-se a um "inominável" poético, lacano-sintático e jacquoto-linguístico:

> Uma recepção "verdadeira" e, pior ainda, "durável" já seria perder aquilo que o significante queer carrega (significante no sentido de Lacan: com um sentido pontual, eventual e, por fim, sem sentido). "Tiremos, diz o poeta, do 'verdadeiro' seu insuportável ver-." Ponge comete aí um gesto queer [?!] [...] No lugar da paulítica [sic!] dominante, a grande arma retórica queer será a metonímia.

É bom ver que a teoria queer dá um pau nele... Mesmo assim, é como se fossem veados heterossexuais que deixam os lacanianos urrando e de pau duro. Por vias distintas, Dominator e esses psicanalistas buscam estar prontos para um nível de desnaturalização que afetaria a/sua norma heterossexual.

Em última análise, os gêneros podem ser definidos como um processo de repetição regulada de tipo performativo. É a repetição de algumas fórmulas, até mesmo aquelas como "é uma menina"/ "é um menino", que permite a atribuição de gênero. De fato, é preciso sempre relembrar, encarnar as normas dos gêneros para que elas funcionem. Essas normas não são fundadas biologicamente, mas estética e culturalmente. A maior prova disso é o caso das crianças intersexo e o regime de atribuição de gênero hiperviolento ao qual elas são submetidas.[6] Não é a ordem dos gêneros que funda a eficácia performativa das palavras: a ordem

6 KESSLER, Suzanne. *Lessons from the intersexed.* New Brunswick: Rutgers University Press, 1998.

dos gêneros não preexiste a nada, e menos ainda aos discursos que fazem com que ela exista.

Com essa análise do funcionamento da matriz heterossexual a partir de "desviantes" de gênero, de dissonâncias em relação ao sistema sexo/gênero dominante heteronormativo, podemos redefinir, para a decepção de Dominator, o funcionamento do que ele chama de "força simbólica". O drag king, a drag queen, a *butch*, a *femme*, as pessoas transgênero, as pessoas intersexo... esses.as "fracassados.as" exemplares se valem da performatividade queer. Se a força da performatividade que preside os gêneros é derivável, se os gêneros são ressignificáveis e além disso não limitáveis a dois, então o feitiço da força performativa não é aquele da força simbólica implacável e engessada descrito por Dominator. E pode-se interpretar toda a ambivalência de Dominator em relação à "magia" performativa como uma tentativa, fadada ao fracasso, de impor limites à força performativa. A única magia performativa que funciona para ele é a de Mr. Ramsay. A magia que ele diz não funcionar é a das mulheres cabilas: as estratégias simbólicas das mulheres são nulas e inexistentes, elas são "insuficientes para realmente subverter a relação de dominação". O que sobra para as mulheres dominadas, situadas em seus corpos e em nenhum outro lugar, é a força das "paixões", das emoções corporais. E, dentre elas, nenhuma é potente: a vergonha, mas sem cólera, nenhum orgulho perverso ou estigmatofilia eficiente. Isso traz de volta a separação corpo/mente – a mente para Mr. Ramsey, a "perspicácia absolutamente feminina" para Mrs. Ramsay –, separação essa que Dominator nos oferece por meio do talento literário de Virginia Woolf.

É um pouco o contrário disso o que ocorre com todos aqueles e aquelas que se inspiram, teoricamente ou não, nessa ideia de que, se é verdade que a força performativa é reversível, ela pode suscitar uma infinidade de lugares de resistência e de apropriação/derivação da construção das identidades. Lugares de resistência, e não uma plataforma para um improvável horizonte revolucionário impulsionado por uma dialética forjada por uma abolição dos gêneros (a utopia feminista radical e/ou materialista de Delphy ou Wittig).

Queerizar os feminismos

A exclusão dos outros gêneros, que leva a uma visão restritiva e dualista, sedimentada justamente por fórmulas como "a opressão das mulheres" ou "a dominação masculina", não é exclusividade de Bourdieu, embora seja sempre necessário ter em mente que a teoria feminista não constitui, nem de longe, um lugar de saber-poder equivalente àquele de que dispõe Bourdieu. A exclusão pode ser encontrada nos feminismos fundacionalistas heterocentrados tão criticados nos dois primeiros capítulos de *Problemas de gênero*, de Butler, e em *Technologies of Gender* [*Tecnologias de gênero*], de De Lauretis. Fundacionalista, porque se trata de um feminismo que coloca o "nós" das mulheres como sujeito e objeto do feminismo. Isso pode parecer óbvio, mas não é necessário, e até mesmo deve ser evitado numa perspectiva feminista queer. Com efeito, essa posição se traduz numa valorização monogênero do sujeito mulher (em detrimento do sujeito homem, é claro, e de outros tantos: transexuais, por exemplo), que vem acompanhada de uma certa renaturalização da mulher (sobretudo nos feminismos antipatriarcais). A localização da dominação nos homens tem como contrapartida a emergência do sujeito feminista puro. Esse é outro efeito de reificação do par homem/mulher que, no caso, se traduz sobretudo por uma celebração das qualidades ditas femininas.

Esse confisco da enunciação sobre a dominação pelo feminismo foi muito criticado, e é verdade que ele foi e permanece sendo fonte de empobrecimento, como também uma fonte de exclusões em vários níveis. Conduzida pela teoria queer, essa crítica resultou no abandono da denominação e da conceitualização das opressões de gênero em termos de "dominação masculina", e de dominação em geral, para privilegiar estratégias de resistência mais modestas, porém mais transversais.

Política da identidade mulher e pós-feminismo queer

Quais são as principais críticas que o pós-feminismo queer dirige à política da identidade mulher? Ele ressalta os prejuízos de uma abordagem heterocentrada ou mesmo eurocentrada, isto é, totalizante e analógica quanto à "dominação"; de uma abordagem em geral renaturalizante em seu fim (mesmo com premissas a princípio construtivistas); e de uma visão restritiva e binária dos gêneros. Certos elementos dessa crítica podem ser encontrados no "Manifesto ciborgue" de Donna Haraway, que é também uma crítica do feminismo materialista. Haraway relembra as duas soluções que as feministas materialistas encontraram, em seu desejo de impor ao marxismo a consideração da opressão sexual, pela qual este não se interessava. A primeira consistia em manter a entrada pela classe, definindo a classe das mulheres como aquela na qual a alienação está ligada ao trabalho da reprodução. Ou então, como segunda solução, optar por uma entrada pelo gênero, a mulher sendo nesse caso aquela que é objetificada por intermédio da apropriação sexual. O problema é que, muitas vezes, essa definição da opressão sexista acabou fazendo da mulher um não-sujeito ou, em todo caso, um sujeito principalmente definido pela forma paradigmática da apropriação pelo estupro. Se havia nisso alguma tomada de consciência, ela o era, antes de mais nada, pelo fato de não ser. Uma ontologia da falta, que funcionava ainda melhor quando nutrida pelo discurso lacaniano: para Lacan, a mulher não existe, a mulher é a falta. Um discurso que atravessou várias camadas do feminismo: uma boa parte da crítica fílmica feminista, por exemplo, interpretará a ausência, a invisibilidade, a invisibilização da protagonista de *Rebecca, a mulher inesquecível*, de Hitchcock, como a própria figuração dessa alienação que é a condenação à ausência.

Como bem coloca Haraway, o que se pôde assistir no feminismo radical de uma Catherine MacKinnon, em guerra contra a dominação masculina assimilada ao estupro e à pornografia, foi precisamente um apagamento total do sujeito mulher: "Assim, as mulheres não são simplesmente alienadas do produto de seu trabalho; na medida em que elas existem como 'mulheres', ou seja, objetos sexuais, elas não são nem mesmo potencialmente sujeitos históricos".[7]

7 HARAWAY, Donna. *Símios, ciborgues e mulheres*: a reinvenção da natureza. Op. cit., p. 246.

Além do mais, por uma perspectiva queer, essa descrição da dominação pressupõe a existência DA mulher, do mesmo modo que DA dominação. Isso apaga toda diferença entre as mulheres, uma vez que faz da inexistência da mulher uma característica essencial, para não dizer universal. Ora, para retomar a análise do filme de Hitchcock, ninguém diz que a ausente do buquê não é lésbica, o que explicaria o constrangimento de Lord Manderley, que indica claramente que Rebecca era bizarra: "*she was queer*". E, se é verdade, para retomar a análise de Wittig, que as lésbicas não são mulheres, na medida em que escapam às restrições desse regime político e econômico que é a heterossexualidade (leitura materialista de Wittig), ou que elas se difratam em variadas identidades com as *butches*, *femmes*, *zamis*[8] e outras sapatonas por vir, fica de fato evidente que o que está em jogo na categoria mulher é uma homogeneização abusiva. De fato, tanto no mundo anglo-saxão quanto na França, as feministas identificadas como mulher excluíram as lésbicas e seus respectivos gêneros de seus projetos políticos, para não contrariar a renaturalização e a pureza do sujeito mulher. Era difícil aceitar formas de masculinidades femininas, como as *butches*, por exemplo, que se vestiam com a "indumentária do inimigo principal".

Os raciocínios totalizantes e analógicos passaram a andar de mãos dadas a partir do momento em que essa visão completamente externalizada e simplificada da "dominação masculina" foi fixada, através de uma série de incorporações de outras formas de dominação. Assim, para falar da prostituição, sobretudo na corrente feminista materialista francesa, passou-se da dominação sexista à escravidão, sem questionar os pressupostos coloniais de um tal deslizamento, e o fato de que este é traduzido por um apagamento da questão do racismo entre as feministas e por um total apagamento das feministas pretas nos postos teóricos. O "benefício" dessa visão monolítica do poder e da dominação foi

8 Zami é uma palavra caribenha que designa a um só tempo as mulheres que trabalham juntas e as que estão juntas. É esse o termo escolhido por Audre Lorde, ativista feminista negra, em sua "biomitografia", para designar sua concepção do lesbianismo não eurocentrado. LORDE, Audre. *Zami*. A New Spelling for my Name. Berkeley: The Crossing Press, 1983. No Brasil: *Zami*: uma nova grafia do meu nome. Uma biomitografia. Trad. de Lubi Prates. São Paulo: Elefante, 2021.

mascarar fenômenos de dominação cruzados: os efeitos de classe entre mulheres, o fato de se dizer que o feminismo tenha sido e ainda seja exclusivo às feministas brancas.

Essas compactações sucessivas da questão das opressões sob a égide da "dominação masculina" não vêm do simples esquecimento. Nelas é possível identificar táticas de apropriação abusivas modernas, visto que derivam de uma visão do sujeito e da política (sexual) em que o sujeito preexiste à lei. Estamos diante dos antípodas das políticas de tipo "coalizão queer", e que não se fundam numa ideia renaturalizante, essencializante e ontologizante do que "é uma mulher".

A Mulher está morta, e antes ser um ciborgue ou Malinche do que ser uma deusa

O pós-feminismo queer propôs muitas estratégias para combater esse confisco renaturalizante da "dominação masculina". Nem revolucionárias, nem abolicionistas, nem dialéticas, elas vêm de micropolíticas modestas, porém múltiplas. Para desestabilizar o feminismo reificante e renaturalizante – o que continua a reservar a tecnologia aos homens, e esquece que a masculinidade também é construída e, portanto, passível de desconstrução –, Donna Haraway lança mão, por um lado, da técnica da desidentificação para com a mulher e, por outro, da identificação queer marginal com o monstro ou o ciborgue. "Antes ser um ciborgue do que uma deusa": esse é o mote do manifesto ciborgue para dizer que A mulher, tal como Deus, está bem morta. Trata-se, na realidade, de se opor ao sujeito mulher que se apropria da dominação masculina ao engessá-la, e que silencia outras formas de opressão. Trata-se de propor uma renovação das formas de subjetivação e de consciência. Estas se opõem às tentações retroutópicas de uma Mary Daly, bem como às soluções separatistas e puristas que visam criar lugares que escapam à dominação patriarcal. Aliás, esses grupos logo se viram prejudicados pela persistência de formas de violência internas "entre mulheres", ainda mais potentes por serem inconfessáveis.

O ciborgue de Haraway não é essa figura meio robótica, puramente tecnicista ou futurista, conforme a imagem popular do ciborgue. Pela definição dada por Haraway, e que a autora gostaria de ver substituir a definição de mulher, o ciborgue é aquele que está numa posição liminar, abrangendo as fronteiras e binarismos do pensamento *straight*, heterossexual (do qual faz parte o par homem/mulher, mas também animal/máquina, natureza/técnica e tantos outros). Ele corresponde a uma subjetividade sempre bastarda, que resulta de uma fusão não estabilizada de outros níveis de identidade. Exemplos de subjetivação ciborgue dados por Haraway: as mulheres e as lésbicas pretas, e os monstros retratados na ficção científica feminista. À sororidade essencializante que marcou por tanto tempo o feminismo, tanto como utopia quanto como pressuposto (com a ideia de um *continuum* entre mulheres a um só tempo universal e trans-histórico), Haraway opõe a *sister outsider* de Audre Lorde, ou mesmo a *conciencia de la mestiza*[9] das lésbicas chicanas de Gloria Anzaldúa e Cherríe Moraga,[10] que primam pela capacidade de viver no interfronteiras sem se retirar numa pureza sonhada. Gloria Anzaldúa define a *conciencia de la mestiza* como um dos métodos do feminismo do terceiro mundo norte-americano. Viver enquanto chicana nos Estados Unidos – na encruzilhada das raças, das nações, das linguagens, dos gêneros e das sexualidades – favorece o desenvolvimento de uma subjetividade que se apropria da transformação e da relocalização como armas estratégicas. Desde os anos 1980, com Angela Davis, Patricia Hill-Collins e as teóricas chicanas, as feministas pretas norte-americanas cumpriram um trabalho político e teórico considerável sobre a questão das diferenças, da fronteira e da nação, da reapropriação da obrigação à mobilidade geográfica e identitária. É claro que nada dessa reflexão em que se entrecruzam o pós-feminismo e o pós-colonialismo chegou para nós na França. A resistência aos efeitos de opressão conjugada (gênero, mas também classe e raça) passa mais por efeitos de derivação, de produção ilegítima, de uma reviravolta das armas da opressão

9 Ou consciência daqueles de sangue misturado em *Borderlands*. The New Mestiza. São Francisco: Aunt Lute, 1987.

10 ANZALDÚA, Gloria. *This Bridge Called my Back*. Writings by Radical Women of Colour. Nova Iorque: Kitchen Table; Women of Colour Press, 1981.

do que por uma ambição revolucionária de erradicação. Daí a valorização do "*taking up the tool*" como estratégia encontrada em *Problemas de gênero*. Daí o destaque dado a Malinche, a mulher asteca de Cortez, que aprendeu a língua do colonizador para melhor sobreviver a ele e traí-lo, e que não tem nada a ver com a visão colonial dos.as dominados.as, ou com a construção da mulher cabila por Bourdieu.

O objetivo é opor-se a toda e qualquer ideia de superioridade moral feminina, de inocência e de maior proximidade com a natureza; é não enraizar as políticas numa posição privilegiada de oprimida que incorpora as outras opressões; é não impor um imperativo revolucionário que repousa sobre uma hierarquização das opressões e se fixa em uma invisibilização dos sujeitos mais aptos a falar do assunto. Notam-se bem os impasses e desigualdades a que se conduz uma agenda puramente legislativa em termos de discriminações. Com o projeto de lei contra a homofobia discutido em 2004, as injúrias contra as bichas passam a ser mais punidas do que as injúrias sexistas. Esse foco na homofobia impede uma entrada mais transversal, que é a dos gêneros, e leva logicamente a uma exclusão da lesbofobia e da transfobia do debate. Bela hierarquização das opressões, que prejudica ainda mais as minorias, já que o Estado francês deu margem à criação de uma alta instância contra as discriminações (a Halde), a fim de divergir dessa reviravolta legislativa. Uma das soluções queer contra os efeitos de totalização e de unificação universalizante é a proliferação das identidades, dentre elas as identidades de gênero não naturalizadas, de forma a tornar o par homem/mulher, senhor e senhora Ramsay, problemáticos o suficiente para criar um entrave nos modos de reprodução da identidade ocidental. Isso também pressupõe abandonar uma concepção do poder ligada às concepções unívocas e fixistas da dominação: concepção de um poder soberano exercido num único lugar. É precisamente essa visão do poder que, por mais reconfortante ou intimidadora que seja, impede o pensamento sobre a interconexão das formas de opressão e de resistências.

Material girls em guerra contra Madonna e "o queer": o *woman-identified* lesbianismo radical na França de 2002 a 1980

Madonna does it better... than Butler

O "retorno" à França, em 1996, de um Foucault repolitizado de um ponto de vista pós-feminista ou gay pelas várias correntes da teoria queer norte-americana – Butler (para as redefinições dos gêneros como "performance e performatividade"), De Lauretis (para as "tecnologias de gênero"), Rubin e Sedgwick (para a reintrodução das sexualidades, das práticas e das culturas sexuais alternativas) – desencadeou críticas violentas entre as lésbicas radicais francesas e francófonas. Rastros disso podem ser encontrados em panfletos como os que foram distribuídos em 1996 e 1997 no festival de filmes lésbicos não misto organizado pela associação Cineffable desde 1989, bem como em várias falas: no colóquio Wittig em 2001, realizado na Columbia University em Paris,[1] e em aulas dos seminários Q da organização queer Le Zoo – uma delas, inclusive, em presença de Nicole-Claude Mathieu, em 1999, foi ministrada por Paul B. Preciado, que se dedicou a uma apresentação comparada da heterossexualidade segundo Butler e Wittig. Desde 1995, a Le Zoo consagrou seus primeiros seminários ao livro *Saint Foucault*, de David Halperin,

1 O colóquio consagrado à obra política, teórica e literária de Monique Wittig aconteceu em presença da própria, no Reid Hall, em Paris, no bairro de Montparnasse. As atas desse colóquio (*Parce que les lesbiennes ne sont pas des femmes.* Autour de l'oeuvre politique, théorique et littéraire de Monique Wittig) foram publicadas pela Éditions Gaies et Lesbiennes.

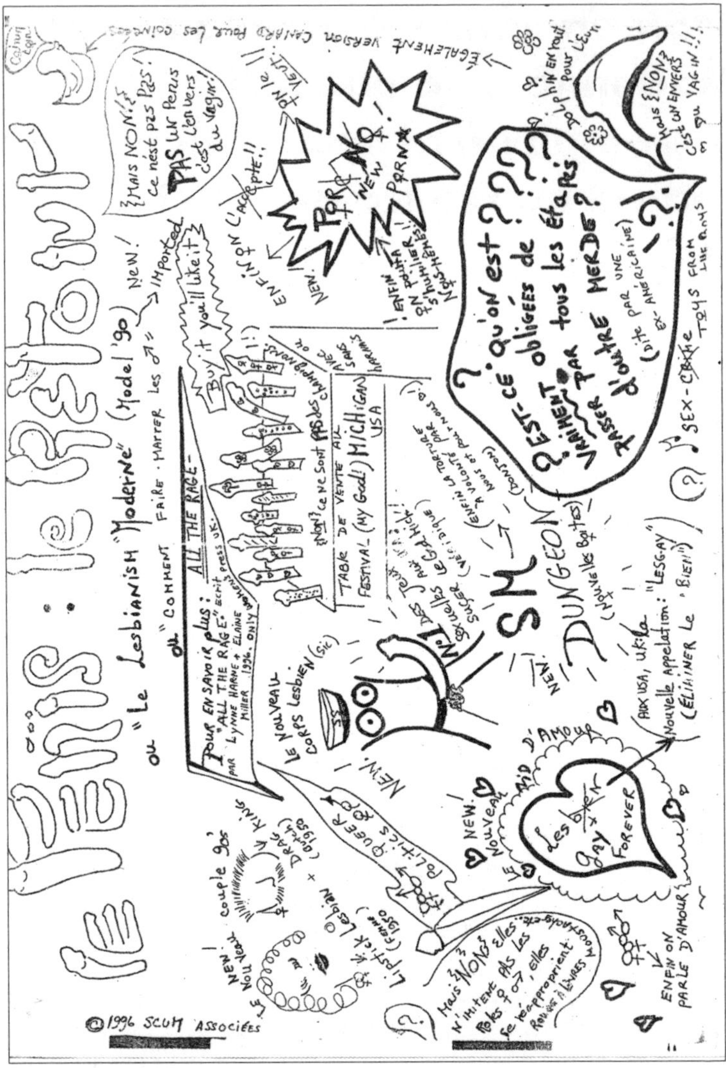

"O pênis, o retorno", *flyer* antiqueer e anti-S/M assinado pela Scum Associées, distribuído no festival Cineffable em 1996. Anverso.

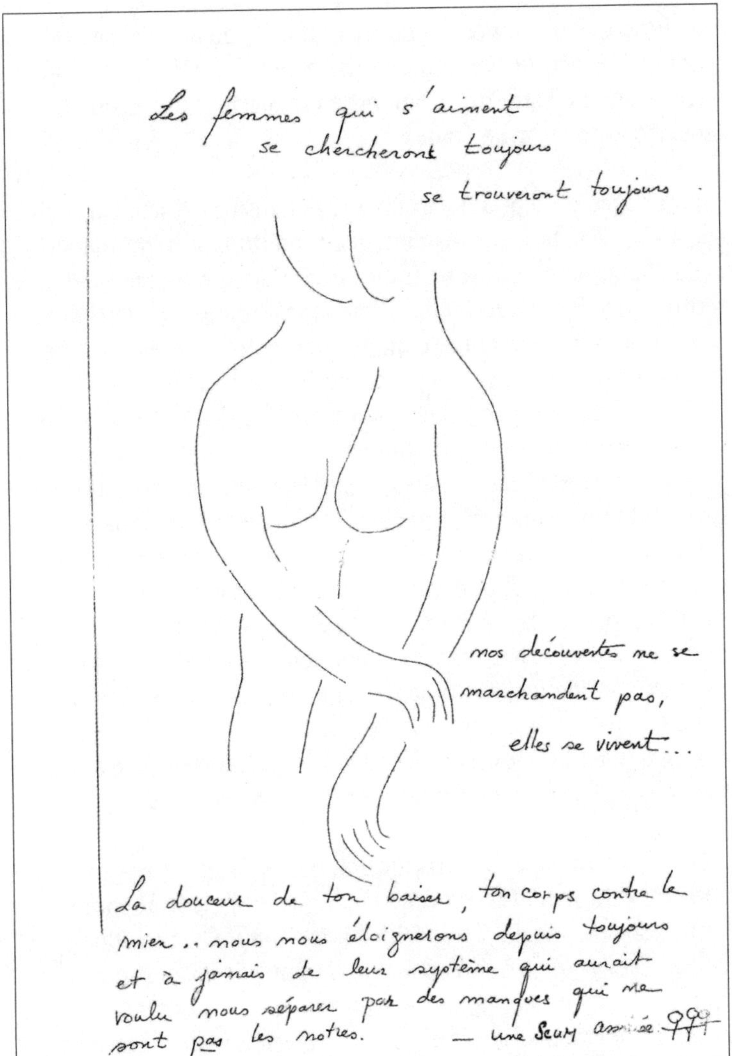

"O pênis, o retorno", *flyer* antiqueer e anti-S/M assinado pela Scum Associées, distribuído no festival Cineffable em 1996. Verso.

e aos fundamentos da teoria queer (Butler, Sedgwick, Rubin, De Lauretis). Eles aconteciam no Centro gay e lésbico de Paris e na Universidade de Paris 1 - Sorbonne, e em diversas universidades e associações do resto da França.

A apropriação da teoria queer pelos coletivos franceses tem suas especificidades: tendência anarcoqueer muito representativa no sul da França, com o fanzine franco-suíço *Bang Bang*; posicionamentos epistemopolíticos em relação a instituições universitárias e ligadas ao saber em geral; e questionamento do universalismo francês, assim como de uma política e uma cultura elitistas e asfixiantes.[2] Essas especificidades quase não são perceptíveis nas críticas, que diferem estruturalmente pouco de uma primeira ofensiva antiqueer contra as encarnações norte-americanas do movimento queer, ou seja, seu substituto. Assim, Madonna rouba a cena de Judith Butler, numa série de artigos organizados em uma obra intitulada *Madonna*: érotisme et pouvoir [*Madonna:* erotismo e poder], lançada em 1994 pela Kimé, uma respeitável editora de filosofia. Nesse livro, Baudrillard está junto de Nicole-Claude Mathieu, cujos trabalhos em antropologia social[3] são uma das referências centrais do feminismo materialista francês, com Christine Delphy, Colette Guillaumin e Danielle Charest, ativista canadense lésbica radical que vive na França há muitos anos.[4]

Então, o que Madonna cristalizaria da teoria queer e – *a contrario* – do feminismo revolucionário que alimentou o movimento lésbico radical na França dos anos 1980? Qual o lugar da lésbica nessa configuração? O artigo de Danielle Charest quase nos leva a reformular a questão, fazendo-nos perguntar: qual é a cena reservada às lésbicas, uma vez reescrita a performance

2 Um dos cavalos de batalha do *Zoo*. Ver *Q comme Queer*. Lille: Gai Kitsch Camp, 1998.

3 MATHIEU, Nicole-Claude. *L'Anatomie politique*. Catégorisations et idéologies du sexe. Paris: Côté Femmes, 1991.

4 Os artigos de Nicole-Claude Mathieu ("Dérive du genre/stabilité des sexes") e de Danielle Charest ("Madonna ou les boucles") foram retomados em seguida no número 24 da revista lésbica radical canadense *Amazones d'hier, lesbiennes d'aujourd'hui*, de outubro de 1996. A eles veio se juntar um outro artigo antiqueer assinado por Louise Turcotte ("Théorie queer: transgression ou régression").

de Madonna no "Girlie Tour" de 1993, que ela critica tão severamente? O show começa com um striptease seguido pela aparição de Madonna num top S/M. A segunda parte é uma retomada da cena disco gay dos anos 1970, encerrada com uma canção contra a aids. É na terceira parte que Madonna vira Marlene Dietrich, drag king, a *lady* de *My Fair Lady*, com a retomada dos figurinos desenhados por Cecil Beaton para o filme. Por que seria preferível, como propõe Charest, substituir os "três casais de mulheres formados por três mulheres vestidas com figurino de três peças e cartola, dentre as quais Madonna, que afrontam três mulheres seminuas com maiô de bustiê" por "seis atrizes" que diriam "*yes, we women fuck women, yes we love women*" no lugar de "*we fuck women*"? Em que medida seria desejável a utopia do neutro, a que fazem referência o roteiro separatista e o roteiro abolicionista de supressão total dos gêneros, e em que medida ela permitiria encontros (e não puramente sexuais) entre mulheres que com certeza se amam?

> Então, imaginemos que, tendo os homens saído de cena, Madonna cante com as outras atrizes (agora) recobertas de roupas neutras. *Come on girls we don't need them, we don't need them anymore. Don't you see they make us believe we need them and when we doubt they rape us?*[5]

Se insisto nessa reescrita do "Girlie Show" é porque ela mostra alguns dos principais marcadores queer nos quais esbarra o feminismo das lésbicas radicais – que, aliás, não é necessariamente o das jovens lésbicas francesas politizadas nos anos 1990 –: o excesso de sexo e a leveza política que estaria em função do entusiasmo pela teoria da performance, isto é, das definições do gênero como performance e performatividade de Judith Butler. O texto de Nicole-Claude Mathieu contém ainda um pastiche, à maneira do feminismo pós-moderno, que visa diretamente a autora de *Problemas de gênero*.

5 [N.T.] Em português: "Venham, garotas, nós não precisamos deles, não precisamos mais. Vocês não veem que eles nos fazem acreditar que precisamos deles e, quando ficamos em dúvida, eles nos estupram?".

Justify my drag

Antes de se deter no componente antissexo e antiqueer desses artigos, vale a pena voltar à rejeição conjunta que eles perpetram contra Madonna e Butler, favorecida por uma interpretação restritiva da performance/performatividade aplicada à noção de gênero. Essa rejeição possui um papel importante na crítica de fundo materialista marxista "do queer".

Antes de mais nada, a performance/performatividade é descrita nesses artigos como uma operação puramente de linguagem, desconsiderando-se a dimensão pragmática da performatividade e, portanto, a questão dos atos de fala – o que obrigaria a abandonar as esferas da linguística estrutural pura ou simplesmente saussuriana, complicando sensivelmente a relação com a realidade e sua produção. O pastiche de Nicole-Claude Mathieu, que toma significativamente a forma de uma conferência, dota a performatividade de uma dimensão oral apenas para melhor zombar dela:

> Vou tentar ir o mais rápido possível direto ao ponto, a fim de deixar um espaço para a infinita diversidade das diferenças, sempre diferindo (sempre diferAntes), que não deixarão aqui, espero, de ser colocadas em atos discursivos e práticas significantes, na requintada performatividade daquilo que, na pré-história, era chamado de discussão. Obrigada por ainda não terem ido embora.

Mais do que à pré-história, voltar à época moderna permite situar novamente a concepção da linguagem que atravessa o feminismo e o lesbianismo radicais franceses: trata-se de uma concepção clássica, em que o sujeito e a realidade preexistem à linguagem, a realidade sendo passível de desmonte por esse instrumento imperfeito que deveria representá-la. Isso está relacionado a uma visão instrumental da linguagem, que aponta para um modelo decididamente pré-estrutural. Exceto em Wittig. Essa concepção estimula uma análise das lacunas mantidas entre a realidade e a linguagem, sem considerar o conluio entre fala e realidade suposto pelas teorias políticas da performatividade (com o *coming out* ou a inversão do xingamento, para ficar apenas com esses exemplos).

É inclusive significativo que a crítica de Nicole-Claude Mathieu se apoie na metáfora como tropo da retórica clássica para consolidar a diferença entre a realidade, o imaginário e os símbolos, além de servir de referência para nomear e desmobilizar as operações de performance e/ou performatividade:

> Madonna, pelo menos em seus últimos espetáculos, está na junção entre a teoria queer norte-americana de origem homossexual e o feminismo pós-moderno, na pretensão comum a ambos de subverter as categorias fixas do sistema heterossexual e racista (homo/hétero, homem/mulher, branco/negro/amarelo etc.). Ela seria uma "metáfora intergênero" e, ao sobressignificar o gênero, deslocaria seus significantes. Veremos que a questão está em saber se os significados (as categorias sociais de sexo) são de fato modificados, o que equivale a se questionar sobre os limites que as condições sociais objetivas impõem a uma metáfora e, de modo correlato, sobre a influência possível de uma metáfora na realidade.

Essa assimilação da performance ao registro "puramente" metafórico permite redesenhar uma oposição binária favorável à abordagem marxista/materialista. De um lado, a realidade, a materialidade e a opressão concreta, as relações sociais de sexo com as quais se preocupa o feminismo materialista, e do outro, o imaginário/o simbólico, as representações, o "*gender*", o abstrato, o impreciso cujo caldo seria engrossado pelo "queer":

> Assim, só interessa o *gender*, ao qual é dado um conteúdo unicamente simbólico, representacional, e o corpo individual, que é representado como puro dado anatômico [...]. Isso me dá a impressão de uma fruta cuja parte visível é apenas a superfície, a casca de um lado e, do outro, o caroço. A casca: os aspectos simbólicos/imaginários da oposição de gênero masculino/feminino, de onde emana o interesse pelo espetáculo da diferenciação indumentária e, portanto, pelo travestimento [...]. O que se esquece nisso tudo é a carne da fruta, o centro, o que faz da fruta uma fruta e a torna comestível – e, nesse caso, não comestível em sua forma

> atual –, a realidade das relações cotidianas entre homens e mulheres. O que se esquece é o sexo, não só no sentido de sexualidade, mas no sentido de categorização biológica que continua a funcionar socialmente – o sexo social.

É evidente que a escolha de se traduzir "*drag*" por "travestimento" contribui para esvaziar do paradigma da performance seu potencial crítico. Nos vemos enquadrados por denominações tiradas da taxonomia médica das perversões do século XIX. O termo "travesti" possui o inconveniente de acentuar o "fetichismo da vestimenta", o que tende a assimilar a performance de gênero a uma operação de troca-troca indumentária. Sobretudo, ele acena para o ato de disfarce (superficial) e reforça a ideia de que existe um original (profundo), mesmo que mascarado. Aliás, o paradigma do "travestimento" em sua conotação negativa é também aquele da crítica marxista da ideologia, e que se propõe a destroçar as ilusões. Sob a casca cintilante, um caroço podre.

O próprio fato de se ter escolhido falar de um espetáculo de Madonna reduz a noção de performance a uma recriação teatral efêmera. Eis o que faz com que se esqueça do ponto central da argumentação de Butler, a saber, que a performance de gênero não é o assunto de Madonna nem da drag queen nem do drag king, mas que todo gênero é performance.[6] A drag queen de Butler e as performances de gênero de Madonna são apenas demonstrações hiperbólicas do caráter construído da feminilidade, e seria possível dizer o mesmo da masculinidade. Ao definir a identidade sexual e o gênero como performativos, isto é, como resultantes de um efeito de repetição dos códigos de performances de gênero, Butler diz claramente que a heterossexualidade, como todo gênero, é uma paródia, ou seja, uma imitação sem original do gênero masculino ou feminino.[7]

6 Que não se limita aos gêneros. A ideia de "raça" como performance é um paradigma utilizado na *critical race theory*, na crítica pós-colonial e nos *performance studies*.

7 "Ao imitar o gênero, a *drag* revela implicitamente a estrutura imitativa do próprio gênero – assim como sua contingência". BUTLER, Judith. *Problemas de gênero*. Trad. de Renato Aguiar. Rio de Janeiro: Civilização Brasileira, 2018.

Esse impasse em relação à dimensão performativa do regime sexo/gênero dominante que é a heterossexualidade[8] e a análise do travestimento auxiliada pelo conceito de inversão em sua acepção antropológica ancoram-nos, portanto, no pensamento *straight*. E, de quebra, não há um questionamento quanto aos vínculos que a antropologia mantém com as fórmulas patologizantes dos sexólogos, que se deram ao trabalho de identificar e explicar os comportamentos homossexuais cada vez mais visíveis nos espaços urbanos do final do século XIX. Como sabemos, essa patologização das invertidas e dos invertidos em Krafft-Ebing e Havelock Ellis repousa sobre uma hierarquização, por grau, das transgressões de gênero. A retomada desse tipo de categoria no discurso antropológico e etnológico em geral, e em particular na análise de Nicole-Claude Mathieu, começa por meio de referências a travestis e a transexuais para inquirir sobre as inversões de gênero nos inuítes e nos berdaches,[9] sem nunca demonstrar interesse pelas identidades de gênero oriundas da cultura gay ou lésbica (*butch/femme*, por exemplo). Com os berdaches, Nicole-Claude Mathieu cai na armadilha de usar como moeda corrente uma denominação que é puro produto da imaginação taxonômica dos antropólogos ocidentais, que agruparam sob esse termo de origem francesa diversas orientações sexuais e de gêneros (bem mais que duas) características das culturas dos *native Americans*.

O prisma heterocêntrico conduz ao questionamento da "inversão de gênero" no espetáculo de Madonna como uma combinação puramente binária: uma mulher que se fantasia de homem ou que oscilaria entre um sexo e outro. Isso reifica o par sacrossanto da diferença sexual, binária e limitativa, e subentende que Madonna é, de modo referencial, uma mulher que se fantasia de homem, quando na verdade a maior parte de seus espetáculos realiza a performance de feminilidades e

8 Essa vontade de "minimizar o estrago" da performance de gênero salvando a heterossexualidade de seus efeitos também é muito sensível entre os psicanalistas pseudoqueer da EPEL.

9 BOLIN, Ann; WESLEY, Thomas; JACOBS, Sue-Ellen. "'And we are still here': from Berdache to Two-spirit people". *American Indian Culture and Research Journal*, v. 23, n. 2, 1999.

masculinidades variadas e complexas: da bicha louca ao machão, passando pela drag queen e Marlene Dietrich... No "Girlie Show", em particular, a cena em que Madonna está "vestida de homem" é precedida pela *impersonation* de um ícone lésbico: Marlene Dietrich em *Marrocos*. As garotas "fantasiadas de homem" podem ser lidas como drag kings que ridicularizam a masculinidade pegando no saco. Dentre as outras performances drag king/drag queen de Madonna, podem-se citar James Dean (um ícone lésbico) fotografado por Bruce Weber para a *Life*, em 1986; Madonna vestida de marinheiro para ir negociar com a Warner seu contrato para o filme *Quem é essa garota?*; e as aparições *à la* Marilyn Monroe da turnê "Blond Ambition". Essas tantas feminilidades e masculinidades são a ressignificação e a descontextualização da masculinidade e da feminilidade dominante heterocentrada. Dizer, como Charest, que "ela [Madonna] não faz referência a nada além da heterossexualidade" é errar de show. A própria Madonna escolhe se identificar como rapaz gay, e não como mulher: "*Don't they know that I am a gay man trapped in a woman's body?*"

Na realidade, a leitura materialista em si costuma colocar a carga política nas mulheres, que seriam a classe, o grupo oprimido por excelência segundo o feminismo radical e revolucionário francês. Raciocinar por meio da inversão (da diferença sexual) fornece a possibilidade de reafirmar o sexo social, isto é, a opressão material das mulheres em termos marxistas materialistas, algo que Madonna e "as pessoas queer" negligenciariam. Para as *material girls* em guerra contra Madonna, colocar o sexo – social – contra o *gender*, a opressão material "real" contra o desmantelamento do sistema binário sexo/gênero *straight* passa, então, por uma fidelidade à diferença sexual, índice biológico da opressão, que permite limitá-la às mulheres, mas que leva a uma singular restrição do horizonte político lésbico.

Like a virgin machine

Esse fechamento heterocêntrico em pleno coração do lesbianismo radical explica, em parte, uma outra rejeição: a da sexualidade. Pecado individualista que tira o foco da opressão, o sexo é também pensado como uma atividade ou uma preocupação "essencialmente" masculina. Para Nicole-Claude Mathieu, a suposta propaganda de Madonna a favor de um "comunismo sexual" é uma fantasia de homem. Segundo Charest, o sexo seria a obsessão dessa categoria de homens dominantes que são os homossexuais, dos quais é preciso se livrar, assim como das estratégias de coalizão queer que reúnem gays e lésbicas:

> O inconveniente (e o perigo) da teoria queer é que o único denominador comum (a prática da sexualidade) é na realidade imposto pelos homossexuais (mais uma vez homens), porque suas preocupações se resumem a transar, e carrega uma grande quantidade de lésbicas e feministas para um modo de pensamento individualista, psicologizante e reformista.

Essa vontade de se desfazer dos homens e dos gays faz lamentar que as garotas do "Girlie Show" não aliem amor à sexualidade, reconduzindo por meio disso a uma visão extremamente conveniente da "mulher", não exatamente sexual, e sim mais sensível, homossensual. A essa visão da sexualidade determinada pelo gênero vem se juntar uma utilização sistemática, quase mackinnoniana,[10] por parte de Nicole-Claude Mathieu, do topos do estupro heterossexual, que parece barrar qualquer outra evocação da sexualidade:

> Com as falas "*love your brother, love your sister*", o grupo de bailarinos e bailarinas imita cenas de amor coletivas, homens e mulheres, homens e homens, mulheres e mulheres. Nota-se que os gemidos apaixonados provêm unicamente da voz de mulheres – o que reproduz uma característica do estado atual das relações heterossexuais (em geral é impossível

10 MacKinnon é uma das principais figuras norte-americanas do feminismo antipornô. O estupro é o paradigma central e muito extenso de sua análise da opressão das mulheres. Com Andrea Dworkin, ela está na origem da tentativa de legislação antipornográfica, que assimila a pornografia a uma discriminação sexista.

distinguir se sua vizinha grita de prazer ou de sofrimento, o que torna ainda mais impressionante o silêncio do homem; ainda mais quando se sabe que, para a maior parte dos homens, forçar uma mulher é algo erótico).

Ainda mais que, aqui também, como é o caso drag, o desenvolvimento das culturas sexuais oriundas da cultura gay e lésbica nunca é evocado, ou é totalmente eclipsado pela perspectiva *straight* que, mais uma vez, orienta totalmente a reflexão. As práticas S/M[11] são estigmatizadas de um modo que denota um singular desconhecimento sobre o S/M, tal como ele se desenvolveu nos anos 1970 na cultura gay e lésbica, ou na cultura sexual radical[12] dos anos 1980-90, na França e nos Estados Unidos. Se é verdade que uma parte da cena do couro gay é uma forma de separatismo masculinista que só reúne gays e/ou heterossexuais, essa cena também é a que foi capaz de reunir lésbicas e gays nos jogos sexuais em que, precisamente, não são mais os gêneros que regulam as práticas sexuais. Esse mesmo tipo de apresentação caricata do S/M pode ser encontrado num dos panfletos distribuídos no festival Cineffable de 1996,[13] que representava uma moça vestida em couro com uma suástica na coxa, assimilando claramente a cultura S/M ao nazismo.

O Maudites Femelles [Malditas fêmeas], único grupo de garotas S/M que surgiu em Paris em 1996, e que contava com um certo número de lésbicas, nasceu justamente de uma vontade de reagir à dessexualização do movimento de liberação das mulheres, tanto no movimento feminista como no lesbianismo radical. A ideia era manter distância de uma sexualização centrada na doçura em oposição ao sexo, o afeto *versus* sexo. O S/M pôde

11 "Diversas formas de homossexualidade ou homossocialidade [...] são a expressão de uma fraternidade viril contra as mulheres, que exprime e reforça a hierarquia dos gêneros (ver os bares em couro dos homossexuais, as equipes masculinas nos esportes, para não falar da ideologia nazista)". MATHIEU, Nicole-Claude. "Dérive du genre/stabilité des sexes". Op. cit., p. 91. A aproximação entre S/M e nazismo também está presente em seu *Anatomie politique*. Op. cit., p. 251.

12 Nos Estados Unidos, a cultura do sexo radical reúne aqueles e aquelas que se reconhecem em práticas sexuais e de gênero ditas desviantes, não heteronormativas e tudo menos "*vanilla sex*" (sexo bonzinho, erótico e molenga).

13 O panfleto também reagia à presença de filmes S/M na programação do festival.

equivaler a "sexo" para as lésbicas, porque os acessórios e a sexualidade em público ou em grupo visibilizavam e desprivatizavam a sexualidade dita feminina. Ele correspondia a uma vontade de tirar a sexualidade da esfera privada, do quarto de dormir e da vida conjugal. A demonização das práticas S/M, expressa na fala de algumas lésbicas radicais dos anos 1990, mostra seu desinteresse pelo desenvolvimento das culturas gays e lésbicas, assim como das culturas sexuais diferentes.

Deeper and deeper

O entusiasmo da ontologia negativa que atravessa a crítica materialista antiqueer – ontologia negativa porque esculpida pela falta, com o auxílio de operações como sequestrar, retirar, neutralizar, erradicar, que seriam constitutivas da mulher, da lésbica? – não estaria completo sem o questionamento sobre o dildo ou os gestos "patriarco-penetrativos". E nem Madonna escapa à regra, já que Charest a repreende por imitar "o próprio ato sexual, que [ela] só consegue imaginar como sendo conduzido pelo falo". Dentre os panfletos antiqueer e antidildo distribuídos no festival Cineffable, podia-se ler: "O dildo é queer: o que é o movimento queer?", para argumentar em favor da naturalidade da sexualidade e da tecnofobia que convém às "mulheres": "Ser queer é não saber gozar com o próprio corpo e o do.a amante sem um acessório". O panfleto anti-S/M que exibia a *wonder woman* sadomasoquista já visava associar "o queer" à "América" capitalista, ponto nobre do tráfico de brinquedos sexuais. Cabia aos outros panfletos insistir na dimensão imperialista do dildo e se esforçar para convencer de que o pênis é necessariamente o modelo para o dildo e que ele separa as mulheres. Ao menos aquelas "que se deixaram convencer de que é muito excitante ter um pedaço de *plastic* [sic] entre elas". Na realidade, a história do dildo tende a provar que ele se vale mais da "imitação" da mão e da reapropriação das técnicas vibratórias utilizadas pelos médicos no século XIX para produzir a crise histérica – o orgasmo –, por meio do estímulo do clitóris, do que da "imitação" do pênis. As lésbicas que estavam na casa dos trinta anos na década de 1980 às vezes trazem à tona o tabu do dildo, evocando o papel que ele teve ou ainda tem em suas vidas sexuais, o que complexifica sensivelmente a equação dildo = arma patriarcal.

Finalizemos aqui o périplo antiqueer que nos conduziu da crítica do drag à do dildo, passando pelo S/M – essas tantas estações percorridas, por assim dizer, na mesma ordem, no filme *Virgin Machine*, de Monika Treut, que nos relata a trajetória iniciática de Dorothée em busca do amor romântico, partindo da Alemanha para São Francisco, onde ela vai encontrar a um só tempo o sexo e a cultura lésbicas, além de aprender performances da feminilidade e da masculinidade. A revisitação da crítica à Madonna como artista queer pelos escritos recentes das lésbicas radicais é reveladora no que diz respeito aos pontos de atrito entre a teoria queer e o feminismo materialista. Mas, de uma certa maneira, ela nos informa também sobre a genealogia da identidade lésbica na França depois de Stonewall e do feminismo: uma identidade paradoxal, proibida ou esquecida na teoria feminista que alimentou o lesbianismo radical; uma identidade desejada, mas no fim das contas muito contrariada em sua produção, em especial numa de suas emanações conhecida como FLR, o efêmero Frente Lésbica Radical, fundado em 1980.

What it feels like for a girl?

No final dos anos 1990, a afirmação da existência de uma cultura e de uma identidade lésbicas específicas num espaço como o Centro Gay e Lésbico de Paris deixava a maior parte das lésbicas e dos gays satisfeitos. Parte do interesse que as iniciativas queer despertaram na França pode ser, sem dúvida, explicada pelo fato de que elas conferem sobretudo às lésbicas uma cultura, uma diversidade, um lugar que nunca pôde ser central nem no feminismo materialista radical ou revolucionário, nem no movimento lésbico radical. Esse lugar é impensável na cultura política francesa universalista e republicana. Por ser um paradoxo em relação à postura queer anglo-saxã branca, fundamentalmente anti-identitária, a tensão produzida pelo queer na França favoreceu, indissociavelmente, uma produção de identidades e uma crítica pós-identitária. E isso também porque o lesbianismo radical teórico quase não deixava espaço para a lésbica.

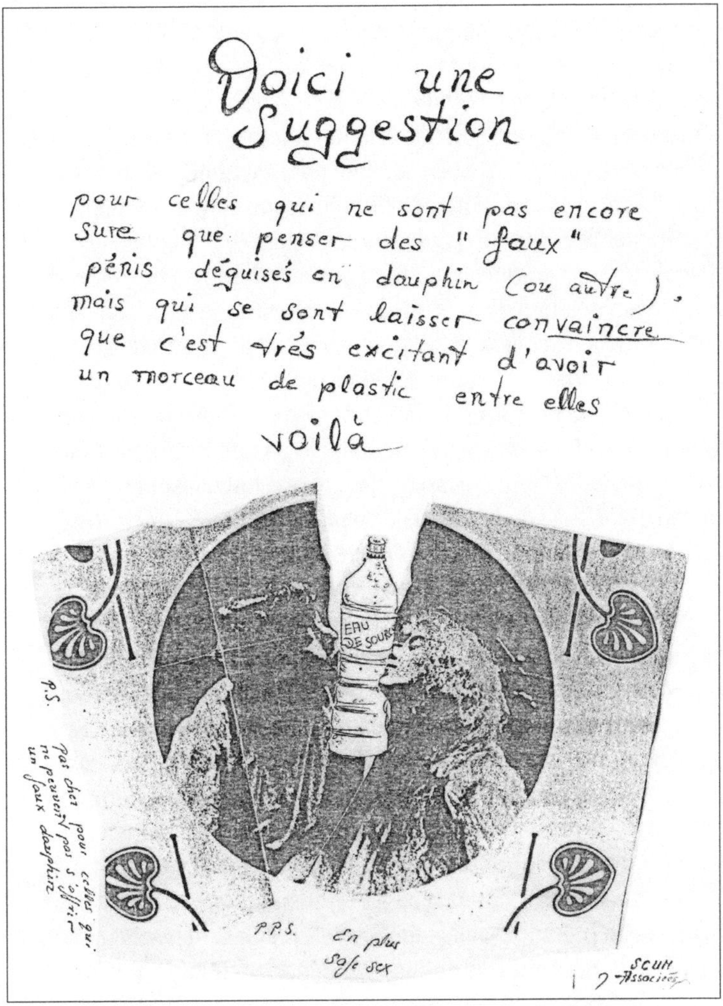

Voici une Suggestion

pour celles qui ne sont pas encore sure que penser des "faux" pénis déguisés en dauphin (ou autre), mais qui se sont laisser convaincre que c'est trés excitant d'avoir un morceau de plastic entre elles

voilà

EAU DE SOUR

P.S. pas cher pour celles qui ne peuvent pas s'offrir un faux dauphin

P.P.S. En plus safe sex

SCUM Associées

Flyer antiqueer assinado pela Scum Associées, distribuído no festival Cineffable em 1999.

O que propõe o tipo de política lésbica radical materialista promovido pelo grupo Amazones d'Hier, Lesbiennes d'Aujourd'hui [Amazonas de Ontem e Lésbicas de Hoje]? A visão política é totalizante: "A heterossexualidade: um regime político no qual nenhuma relação sexual pode ser livre para as mulheres", brada Louise Turcotte. O paradigma de referência, no caso, é a mulher, evidentemente enquanto categoria social, porém reconhecível "biologicamente" *in fine*. A mulher continua sendo a um só tempo o sujeito e o objetivo da política, e há uma estratégia de inspiração revolucionária e abolicionista: "A causa social da heterossexualidade é continuar se apropriando das mulheres por meio da chantagem e do estupro [...]. Não se pode querer relações sociais igualitárias enquanto esse regime político da heterossexualidade não for abolido". Como é possível que, para o lesbianismo radical francês, a principal questão seja a alienação da mulher heterossexual? Por que a declaração decisiva de Monique Wittig, segundo a qual as lésbicas não são mulheres,[14] não conseguiu desembocar numa descentralização em relação a um feminismo fundacionalista feito por mulheres e para mulheres? Uma das razões que explica a marginalização dos recursos do pensamento de Monique Wittig, bem como o lado *straight* da política e da teoria lésbicas, é que as principais figuras lésbicas do feminismo radical francês optaram por uma estratégia política e teórica "dentro do armário". Desse ponto de vista, o episódio do processo empreendido pelas antigas lésbicas políticas da revista *Questions féministes* contra a *Nouvelles questions féministes*[15] é exemplar quanto ao registro de identificação preferencial das teóricas do feminismo materialista na França. Para as lésbicas políticas reunidas em torno do texto de

14 Em 1980, Monique Wittig faz uma conferência nos Estados Unidos intitulada "O pensamento hétero", concluída com uma frase que se tornou célebre e programática: "As lésbicas não são mulheres". O texto é publicado no mesmo ano na revista *Questions féministes*, depois na *Feminist Issues*, clone norte-americano da *Questions féministes*, organizada nos Estados Unidos após a exclusão das lésbicas da redação francesa. Para a tradução do texto em francês, ver *La Pensée straight*, publicado pela Balland, em 2001. A famosa frase foi um dos *leitmotivs* das intervenções por ocasião do colóquio dedicado a Monique Wittig, em junho de 2001.

15 O debate acerca da questão da análise da heterossexualidade tem início no sétimo número da revista *Questions féministes*.

Monique Wittig, *O pensamento hétero*,[16] a heterossexualidade não seria uma prática sexual, e sim um sistema social, pedra angular da apropriação das mulheres. Tinha-se decidido de comum acordo que o oitavo número da *Questions féministes* seria o último. A publicação do primeiro número da *Nouvelles questions féministes*, uma cópia escarrada da *Questions féministes*, é considerada como uma traição dos compromissos firmados – ainda mais porque quem estava na origem dessa publicação, que excluiu as lésbicas políticas, era Christine Delphy, uma lésbica, fundadora da *Questions féministes*. O processo das ex-lésbicas da *Questions féministes* contra a *Nouvelles questions féministes* marca o apogeu do traumatismo, principalmente quando Christine Delphy apresenta ao tribunal uma carta de Simone de Beauvoir, rejeitando a ideia de uma linha editorial lésbica. De modo significativo, a sentença judicial figura *in extenso* no primeiro número do *Espaces*, boletim que depois se tornou a revista das lésbicas radicais, cuja publicação tem início em janeiro de 1982. Assim, Christine Delphy, diretora da revista, havia optado por um jogo de identificação cruzada: com Simone de Beauvoir mais do que com as lésbicas, com o paradigma da mulher em luta contra sua opressão mais do que contra a opressão da lésbica. Ela se opôs ao desenvolvimento de uma política lésbica, preconizada por Monique Wittig e outras nos anos 1980: um MLF2, um movimento de liberação das lésbicas. Pelo menos, a reivindicação de Wittig tinha o mérito de fracionar a indissociável opressão das mulheres e tornar possível um sujeito da política não identificado como mulher: estratégia de desidentificação, que, aliás, seria retomada nos anos 1990 por um feminismo crítico dos efeitos excludentes do feminismo unificado dos anos 1980.[17]

Desperately looking for the lesbian

Essa estratégia de manter-se no armário deixou marcas na memória lésbica. Ela contribuiu e ainda contribui, atualmente,

16 [N.T.] No Brasil, *O pensamento hétero e outros ensaios*. Trad. de Maíra Mendes Galvão. Belo Horizonte: Autêntica, 2022.

17 Teresa De Lauretis com seu "Eccentric Subjects: Feminist Theory and Historical Consciousness". *Feminist Studies*, v. 16, n. 1, 1990.

para dificultar a produção de uma identidade e uma cultura lésbicas reconhecidas e reivindicadas como tais. Ao longo de minha pesquisa sobre o lesbianismo na França,[18] uma das entrevistadas me disse, não sem ressentimento:

> Mas onde é que está a lésbica nos textos de Mathieu ou Guillaumin? E por que elas nunca relacionaram o trabalho de reflexão à experiência delas enquanto lésbicas? Por que elas nunca conectam as discriminações, a raça e a orientação sexual, por exemplo [...]? E, além do mais, eu já não aguento mais escutar ela (Colette Guillaumin) falando dos feminismos e do racismo... e como é que fica o racismo das lésbicas!

É verdade que essas invisibilizações sucessivas, em diferentes níveis – o fato de não se identificar como lésbica ou de não reivindicar um ponto de vista lésbico enquanto teórica, ou, ainda, não evocar as práticas lésbicas –, contribuíram para que perdurasse um feminismo materialista radical e, no fim das contas, pouco reflexivo,[19] e que sempre se apoia em premissas denunciadas em 1999 por um coletivo de lésbicas oriundo da imigração (o Grupo do 6 de novembro), que criticava o racismo "integrado" das lésbicas.[20]

O caráter universal, abusivo, global e colonial da luta contra o patriarcado não foi criticado pelo feminismo francês branco, destinado às lésbicas que continuam a se basear na mulher e suas alienações como invariante cultural e geográfico. Prova disso é a utilização, no feminismo materialista, da noção de escravidão por mulheres brancas e da classe das mulheres, sobre as quais o mínimo que se pode dizer é que reduzem a opressão

18 Iniciei, no ano 2000, uma série de entrevistas com figuras do movimento lésbico radical e com lésbicas, políticas ou não, no âmbito de um trabalho sobre o lesbianismo radical francês.

19 Em parte, devido à falta de institucionalização dos estudos feministas na França.

20 O grupo, nascido em 6 de novembro de 1999, se define como uma "reunião de lésbicas oriundas das migrações forçadas, das colonizações presentes ou passadas, descendentes da escravidão, da Argélia, de Lyon, da Alemanha, de Toulouse, da Île-de-France, de Marselha e de outros lugares" (*flyer* de apresentação).

de raça ao esquema marxista de classe, enquanto esse tipo de apropriação política foi objeto de uma constante crítica por parte de feministas e lésbicas negras, de Angela Davis a Audre Lorde, passando por coletivos como o Combahee River Collective.

Ao compactar a classe e a categoria de sexo (social) como único vetor de opressão das mulheres, o feminismo radical impôs um feminismo monogênero (excluindo a política lésbica conduzida pelas *butches*) e contribuiu para que se acreditasse que a opressão de gênero é sinônimo de opressão da mulher, e que os estudos sobre os gêneros seriam sinônimos de estudos sobre as mulheres ou sobre o gênero feminino. Essa dependência fortíssima em relação à temática da opressão das mulheres, que não coincide com a opressão das lésbicas, levou à utilização da categoria "mulher" de maneira biologizante e naturalizante, e a se jogar no esquecimento o fato de que a posição "mulher" pode ser ocupada de outras formas por transexuais, até mesmo homens, em suma, por outros oprimidos. E que muitas mulheres podem ocupar o lugar do opressor.

Nicole-Claude Mathieu rejeita "o queer" e o pós-modernismo, acusando-os de cometer "relativismo cultural"[21] e diluição excessiva, pois implicam um total questionamento da reificação da categoria "mulher", da dimensão imperialista branca do feminismo e do procedimento comparativo generalizado – uma especialidade da antropologia por ela praticada. O inventário das culturas e as listas de diferentes povos nos levam à retórica da tabela de presença e ausência que o Rousseau do *Discurso sobre as ciências e as artes* tão "admiravelmente" maneja. Para demonstrar que as ciências e as artes sempre corromperam os povos, Rousseau se dedica, no primeiro *Discurso*, a uma

21 "'Realidade', palavra particularmente detestada pelo pós-moderno, o que me parece ser um novo obscurantismo, e particularmente perigoso sob a forma que ele toma nos *women's studies* norte-americanos, não somente na crítica literária (o cúmulo da sofisticação retórica sendo alcançado nas obras de Judith Butler) e na história, mas também na etnologia. Ele vem acompanhado de um relativismo extremo, que tende a proibir qualquer generalização transcultural ou transclasse sobre as relações entre os sexos, em nome das infinitas diferenças culturais ou subculturais entre as mulheres [...]. Os *cultural studies* fazem muito sucesso nos Estados Unidos, mas onde estão as sociedades? Onde está a vida das mulheres, daquelas que denunciaram, arriscando a vida, como Taslima Nasrin e tantas outras?"

investigação-prova, que interpreta e ilustra os hábitos corrompidos do Egito, da Grécia, da Roma imperial, de Constantinopla e da China contemporânea (tabela de presença) como opostos aos dos persas, dos citas, dos germânicos, da Roma republicana e da Suíça de sua época (tabela de ausência). Alguns viram em Rousseau um dos pioneiros da antropologia,[22] mas se trata de uma antropologia política, fundada numa travessia livresca das culturas. Isso deve nos lembrar da ancoragem de certos métodos e disciplinas no pensamento humanista das Luzes, eurocêntrico e progressista, nem sempre com as melhores intenções. Que o "turismo" antropológico clássico tenha na sequência se enriquecido com o campo etnológico exótico, até hoje praticado na antropologia francesa, não muda muito o cenário. É o eurocentrismo que se diz interessado pelos "Outros" distantes quem os constrói, e alinha a história à caminhada da Razão. É ele quem impregna as ciências e as artes, as narrativas de conquistas, a linearização da história em blocos (da Grécia clássica e democrática à *pax romana*, passando pelos imperialismos civilizatórios) e a fabricação do Ocidente. É um falso policentrismo.[23]

Essa forma de exotizar para falar das sexualidades e dos gêneros diferentes (os berdaches e os inuítes servindo há um tempão para evocar o dito "terceiro gênero") é uma maneira de dar as costas para as subculturas menos distantes ou mesmo completamente contemporâneas e próximas. Essas últimas não são consideradas nem por Nicole-Claude Mathieu, nem por Danielle Charest. É como se sua diversidade ou sua mera existência não pudesse aparecer, a partir do momento em que tudo sempre gira em torno da pedra angular da heterossexualidade – da "diferença sexual investida pelo patriarcado universal", na linguagem materialista.

Essa desconsideração das subculturas próximas está ligada a uma concepção da cultura e de seu estudo, que ainda se funda na objetividade do intelectual, observador não implicado. Ao se

22 GOLDSCHMIDT, Victor. *Anthropologie et politique*. Les principes du système de Rousseau. Paris: Vrin, 1983.

23 Sobre a deseurocentrização, ver: SHOHAT, Ella; STAM, Robert. *Unthinking Eurocentrism*. Londres; Nova Iorque: Routledge, 1994.

estudarem os nambikwaras, preocupa-se muito pouco com a recepção dessas teorias. As coisas ficam cada vez menos simples com o estudo das minorias e das culturas "subalternas", que, dos *disabilities studies* aos *gay and lesbian studies*, desembocaram numa contestação das análises objetificantes ou apolíticas. Passou-se, ao menos fora da França, de uma sociologia que se sobrepõe às minorias e às culturas subalternas a uma tematização dos estudos segundo as minorias e as subculturas em questão. Essa passagem só foi possível através da valorização de pontos de vista próximos das subculturas – sobretudo quando o observador faz parte delas –, não mais negligenciando a cultura popular e concebendo as culturas como lugares de renegociação e apropriação.

Secret

Para continuar a explorar os bastidores do show de Madonna, a cortina sobe e aparece uma outra cena teórica, a que opõe uma grande parte das ciências humanas francesas lideradas pela sociologia, e seguidas de perto pela antropologia, a métodos culturalistas que questionam a constituição dos objetos e dos campos, à apreciação da politização da cultura e de seu funcionamento segundo os receptores/atores, sem falar do sujeito da investigação. É aqui que cabe também identificar a fixação em explicar a opressão, cujos mais belos exemplos foram fornecidos pela sociologia bourdieuzante, sempre a postos para medir o grau de assujeitamento – para não dizer abestalhamento – das massas, sobretudo pelas mídias[24] ou por Madonna. O que impulsiona o sociólogo encantatório à moda de Bourdieu a rejeitar os estudos culturalistas "específicos" é um excesso de politização e de atividade, pouco comum nos habituais "objetos" da investigação sociológica. Normal... Eles fragmentam seu campo e seu saber-poder, e ameaçam o nacionalismo disciplinar francês.

É preciso conectar essa maneira de não ver ao contexto político francês universalista e republicano. É esse contexto científico e

24 O suprassumo tendo sido alcançado em "Sur la télévision" e "L'emprise du journalisme", retomado em: BOURDIEU, Pierre. *Sur la télévision*. Paris: Le Seuil/Liber-Raisons d'agir, 1996.

político *straight* que não autoriza a pensar que a identidade e a cultura possam ser objetos de uma instrumentalizacão pelas minorias, e que demoniza Madonna por não conseguir controlá-la, pois seu show é um texto aberto a múltiplas leituras, apropriações e ressignificações. Criticar Madonna pela ambiguidade de sua mensagem expõe uma desconfiança teórica e política quanto às mídias e à política da representação – um dos grandes recursos de que o feminismo francês se privou e continua a se privar. Essa visão a um só tempo simplista e vertical do funcionamento das mídias não leva em conta a dimensão da recepção e das negociações/perversões das mensagens emitidas, sem contar o fato de que invisibiliza a "tradição" de releitura e apropriação das mensagens (filmes, ícones, textos), uma característica da cultura lésbica.

Ao se focar no paradigma da mulher e de sua opressão, e ficar preso a um quadro *straight* – seja no plano político-sexual ou epistemológico – que afeta tanto a apreensão das identidades sexuais quanto das mídias, resta então pouco espaço em relação às problemáticas heterossexuais, além de pouco interesse manifesto e/ou teórico pela cultura lésbica e seus recursos. É de se perguntar se as lésbicas radicais antiqueer não duvidam de sua própria existência, ou ao menos de sua possibilidade e eficácia política. Torna-se também muito difícil se afastar de uma visão, por assim dizer, substancial das relações de poder, assombrada por entidades monolíticas – "os homens", "as mídias", "a heterossexualidade" – , ainda mais porque ela endossa uma visão restritiva e purificada da violência: o sujeito político lésbico radical é sempre inocente quando se engaja na luta contra a opressão, isto é, quando luta contra o inimigo macho estuprador.

"Becoming visible"[25]

A agenda política do lesbianismo do fim dos anos 1990 lembra, sob muitos aspectos, a dos grupos de lésbicas radicais que surgiram na Europa durante os anos 1980, especialmente na Bélgica,

25 Slogan reproduzido em inglês na *Espaces* n. 12, março de 1983. Esse também é o título de uma exposição sobre a cultura gay e lésbica após Stonewall, organizada em 1994 na New York Public Library.

na Itália e na Holanda: "As lésbicas guerrilheiras [sic] contra a classe dos homens", essa foi a palavra de ordem de inspiração materialista da primeira manifestação lésbica organizada na França, nos dias 21 e 22 de junho de 1980, pelo grupo das "lésbicas de Jussieu". O nascimento dessa corrente política visava finalmente criar um espaço para as lésbicas, que, como se sabe, sofriam uma violenta invisibilização por parte das mais variadas tendências do movimento feminista francês. No dia 8 de março de 1981, a ruptura com o feminismo estava oficialmente consumada, como nos lembram Artémise e Cunégonde em seu relato sobre a Frente Lésbica Radical, e essa ruptura foi rapidamente seguida por uma separação do movimento gay.[26] O nascimento do movimento lésbico autônomo coincidiu com a constituição da Frente das Lésbicas Radicais, em 6 de abril, e reuniu cerca de sessenta lésbicas, que em vão tentariam se estruturar para favorecer sua expansão. Um ano após sua criação, a Frente não tinha conseguido novas participantes e foi minguando. O encontro nacional dos dias 26 e 27 de junho atraiu somente duas pessoas. Esse fracasso veio coroar um ano de reuniões tensas, que não desembocaram num consenso e testaram psicológica e moralmente as participantes. Para um relato detalhado, vale conferir a reconstituição humorística feita por Cunégonde e Artémise no decorrer dos números da *Espaces*.

Nas duas principais revistas surgidas de coletivos lésbicos radicais, *Chroniques aiguës et graves*[27] e *Espaces*,[28] as prioridades políticas continuaram sendo a luta contra o estupro e contra a heterossexualidade, muitas vezes colocados como equivalentes.[29]

26 "Em março de 1981, e após um ano de rebuliço, as lésbicas radicais tomavam enfim publicamente a decisão de romper com o feminismo e de constituir uma frente de lésbicas radicais independente dos movimentos gays". *Espaces*, n. 4, 19 de abril de 1982.

27 A publicação da *Chroniques aiguës et graves* durou dois anos (1983-1984).

28 O primeiro número da *Espaces*, "le bulletin de liaison et d'information entre lesbiennes radicales", é lançado no dia 15 de janeiro de 1982. A publicação mensal se torna, na sequência, uma revista de reflexão muito densa, que será publicada até 1983.

29 Conferir a discussão teórica sobre estupro e heterossexualidade (*Espaces*, n. 1, 15 de janeiro de 1982 e *Espaces*, n. 2, 16 de fevereiro de 1982) e o acompanhamento de vários processos de estupro nas duas revistas.

Em 1982 – quando já fazia um ano que o grupo de lésbicas radicais do FLR de Paris penava para chegar a um acordo sobre a plataforma de reivindicações –, se, por um lado, o desejo de autonomia em relação a todo e qualquer feminismo é claramente reafirmado, por outro, o principal objetivo político continua sendo "a liberação de todas as mulheres através da destruição do sistema de poder da classe dos homens e a destruição das classes de sexo".[30]

A raquete e o armário, antes Navrátilová do que Yourcenar

No entanto, o que distingue as lésbicas radicais daquela época do discurso radical antiqueer dos anos 1990 – mas também das teóricas lésbicas não declaradas da época, que recusariam o apoio explícito ao FLR[31] – é a importância da visibilidade e da identidade lésbicas; em poucas palavras, a saída do armário. A reivindicação de autonomia do FLR não está em contradição com uma vontade de investimento do espaço público enquanto lésbica, muito pelo contrário, e diante das dificuldades encontradas e da falta de apoio das "intelectuais", surgem figuras de referência norte-americanas que fazem parte da cultura popular, como Martina Navrátilová, a "queridinha das *Chroniques aiguës et graves*",[32] a quem se prefere em detrimento de Marguerite Yourcenar:

> Às vezes nos pegamos preferindo Martina no lugar de Marguerite. Ou, se quiserem, uma heroína da raquete, que ousa dizer seu nome, em vez de uma literatura que se esconde no armário [...] Uma garota que não tem medo de se dizer lésbica, que não esconde o nome das namoradas, que tem um corpo musculoso a ponto de nenhum comentador poder dizer que ela é feminina.

30 Ver o "Projet de plate-forme pour un front de lesbiennes radicales" na *Espaces* n. 5.

31 Uma lembrança ruim frequentemente evocada, na época, pelas entrevistadas politizadas, que hoje estão na casa dos cinquenta anos.

32 "Martina Navrátilová é a queridinha das Diabol'amantes"; e "Coup de coeur pour une grande". *Chroniques aiguës et graves*, n. 3. A proposta é ilustrada com uma fotocópia de uma fotografia de Martina Navrátilová abrindo os braços para sua adversária.

E, em certa medida, talvez até se prefira Martina a Monique Wittig,[33] por esta ser pouquíssimo solidária com as lésbicas radicais que buscavam nela uma filiação concreta, além de dependente demais da alta cultura universalizante:

> Eu discordo totalmente da M. W. quando ela se dirige às lésbicas, quando ela dirige a nós um verdadeiro alerta. Cuidado, diz ela, para não jogar Djuna Barnes na nossa "minoria", pois isso poderia fazê-la correr o risco de ser "destituída", seu trabalho literário seria "banido", "objeto de desconsideração", cessaria de operar em nível literário, o texto sairia DA literatura, interessaria "apenas aos homossexuais", perderia "sua polissemia", se tornaria "unívoco". "Adotado por um grupo político", viraria "um símbolo, um manifesto". Não seria nada além de um slogan em nossas mãos, uma coisa murcha, guetificada? [...] O gueto literário não é fabricado pela avaliação das lésbicas sobre um livro: são os "leitores dentro da norma" que o criam, por meio de uma leitura feita por suas lentes *straight*.

Essa desconfiança explícita com relação aos protagonistas da alta cultura elitista é bem trabalhada nas duas revistas.

As lésbicas radicais não são mulheres, e o sapato faz a sapatona

Se as coisas são fáceis para Martina Navrátilová nos Estados Unidos e nas quadras de Roland-Garros ou de Wimbledon, elas são muito mais difíceis para a lésbica política francesa que deseja afirmar sua identidade. É um pouco como se assistíssemos a um *coming out* inverso, tamanha a predominância do processo de desidentificação:

33 Um artigo da *Chroniques aiguës et graves* (n. 2, abril de 1983), intitulado "Devant le bois de la nuit, les vampires du ghetto rodent", faz uma crítica à nota de abertura de Monique Wittig a sua tradução de *La Passion*, de Djuna Barnes, que acabava de ser publicada pela Flammarion e na qual ela optou pelo ponto de vista universal do escritor contra o ponto de vista minoritário. Segundo certos testemunhos, Monique Wittig parece ter recusado dar apoio às lésbicas do FLR que foram visitá-la nos Estados Unidos, para onde ela havia se mudado.

desidentificação em relação ao heterofeminismo,[34] mas também em relação aos homens, às lésbicas não políticas, aos gays:[35] "o que temos que enfrentar é a construção de um ser novo que não é mais uma 'mulher'... mas que nem por isso é um homem ou uma bicha!".[36]

Na realidade, a máxima de Wittig não encontrou sua declinação: "as lésbicas (radicais) não são mulheres". Como pormenoriza um artigo da *Chroniques aiguës et graves*, o gênero político "lésbica radical" predomina sobre o "SDAM: Ser designado 'anatomicamente como menina'" ["*EDAF: Être désigné 'anatomiquement fille*'"].[37] Mas o questionamento sobre a identidade permanece muitas vezes dominado pela vulgata psicanalítica ou pela psicologia (que enfatiza a relação mãe/filha para "explicar a homossexualidade e o amor pelo mesmo"), ou ainda por uma busca pela definição da lésbica no passado (daí a criação em cadeia de centros de arquivos para reconstituir a memória lésbica perdida). Assiste-se, nos anos 1980, a um florescimento de centros de documentação e de arquivos em toda a Europa, inspirados mais ou menos diretamente pelo Lesbian Herstory Archives, projeto iniciado em Nova Iorque por Joan Nestle, em 1976. Os Arquivos Lésbicos de Paris se constituem em 1983.

34 O heterofeminismo do *Psych & Po* e das "traidoras" feministas radicais revolucionárias, mas também das lésbicas feministas engajadas em grupos mistos, como o Miel: "do *Psyképo* que se desmantela para que seu MLF se passe por único, verdadeiro e exclusivo no feminismo radical, a quem faltam raízes, por meio da Coordenação de grupos de mulheres em busca de sua luta específica e pelo Miel, delicadamente melado de feminismo e de cuardismo". *Espaces*, n. 3, 23 de março de 1982. "Cuardismo" é um neologismo criado a partir da sigla do CUARH (Comitê de Urgência Antirrepressão Homossexual).

35 Tanto na *Espaces* como na *Chroniques aiguës et graves*, encontram-se artigos que estigmatizam o recurso aos gays como se fossem pais de substituição ou mesmo a identificação gay das lésbicas: "Na base de nossa maneira de entrar em relação com o mundo que nos rodeia, de nossas escolhas, a identidade. Edifício frágil para todas as lésbicas que, em busca de uma estruturação mais sólida, por vezes se encontram numa identificação cúmplice com a homossexualidade dos homens. Cumplicidade que, para existir, deve ter seu contrário: olhar as outras lésbicas como 'mulheres', afirmando-se (pelas costas) como alguém que escapa a isso de 'Mulher'" (*Chroniques aiguës et graves*, n. 2).

36 *Chroniques aiguës et graves*, n. 3, julho de 1983.

37 Ver o artigo de Monique Wittig: "Identité EDAF, Genre politique: lesbienne radicale". *Chroniques aiguës et graves*, n. 3, julho de 1983.

A dificuldade é que os registros de identificação masculina e feminina são ambos suspeitos. É preciso se desfazer da construção da feminilidade heterossexual (da oprimida), mas é proibido se parecer com o inimigo, que dela se vale (opressor):

> É sem dúvida porque as "masculinas" e as "femininas", impostas por uma sociedade que repousa sobre essas divisões, são sempre muito presentes entre as lésbicas militantes, pois que a roupa continua sendo um problema particularmente espinhoso. Quantas liberais não se queixaram do escandaloso sectarismo daquelas que rejeitam as lésbicas de saia... e quantas outras (porque não se pode esquecer da outra face) não se sentiram agredidas pela hiperfeminilidade de certas lésbicas. Isso tudo não vem de problemas ou conflitos pessoais, mas pura e simplesmente da significação social da nossa maneira de nos vestir. Vestir-se com terno, gravata e chapéu, inclusive às vezes chegando a se barbear, significa claramente que o intuito é dar a si a aparência social de um homem. E um homem é um opressor [...]. Do mesmo modo, não é nos nossos genes que estão inscritos os caracteres: cabelos longos, rímel, salto agulha... Não se é "naturalmente feminina", não se nasce assim, e dar a si mesma a aparência social de uma mulher é se conformar com a imagem de um ser humano oprimido.[38]

A "verdadeira lésbica", por ser reconhecível e correr riscos, ainda assim é a sapatona masculina:

> Dessas que muitas vezes usam roupas do setor masculino, das sapatonas pode-se dizer que elas recusam qualquer semelhança com as mulheres oprimidas. E se às vezes são confundidas com homens, o que não agrada, *o desprezo não dura muito*, trata-se de uma lésbica. Em aparência quase oposta, tem-se a lésbica feminina: já que amamos mulheres e não homens, está fora de questão se parecer com eles; quanto mais feminina, melhor é. Pena que dê para confundi-las com héteros e que elas de alguma forma contribuam

38 "L'habit ne fait pas la gouine... mais on ne s'y trompe guère". *Espaces*, n. 12, março de 1983.

> para a ignorância imposta pela sociedade quanto à existência das lésbicas; e é pena que elas não saiam do esquema feminino/masculino.[39]

Em compensação, nenhum aceno para "a questão" S/M, que surge nas duas revistas por meio de apresentações a um só tempo documentadas e circunstanciadas, que cedem a palavra às teóricas lésbicas do movimento. Para abrir o debate,[40] são traduzidos textos do grupo S/M Samois,[41] de São Francisco, e textos de grupos holandeses. Mas nem por isso o S/M lésbico sai ileso de suspeitas patriarcais. A *Chroniques aiguës et graves* se pronuncia claramente contra isso[42] e publica o *mea culpa* de uma sapatona S/M, Della Disgrace[43] (mais conhecido hoje sob o nome Del LaGrace Volcano), seguido de um texto de Dolorès, a tradutora, que termina com: "Sim, às vezes sonho com uma sociedade S/M, uma sociedade Sem Malícia".[44] E, para suavizar os costumes lésbicos, a página seguinte ao dossiê bombástico é uma "página carinhosa", ilustrada com imagens de gatos e trechos de Patricia Highsmith e Colette sobre o melhor amigo de quatro patas da lésbica.[45]

À rejeição às novas identidades lésbicas que emergem nos anos 1980, e que possuem a desvantagem de ser anglo-saxãs, é preciso acrescentar uma resistência à reivindicação identitária

39 *Espaces*, n. 12, março de 1983, dossiê "Allure de gouine".
40 Ver o dossiê "Le S/M lesbien". *Espaces*, n. 16-17, julho-agosto de 1983.
41 "Samois" é a sigla da associação S/M criada por Pat Califia e outras. Lésbica feminista fundadora da Samois nos anos 1980, no começo dos anos 2000 Pat se tornou Patrick, *transboy* e pai de uma criança que ele teve com Matt, igualmente transgênero *female to male*. Figura importante da teoria do sexo radical (*Public Sex:* The Culture of Radical Sex, Coming to Power), Califia é também um prolífico escritor de ficção pornô (*Macho Sluts, Diesel Fuel*). Seu manual de sexo lésbico S/M (*The Lesbian S/M Safety Manual*) causou escândalo na época de sua publicação, em 1988, e o colocou sob os holofotes da "*sex war*" face às feministas antipornografia.
42 Ver o n. 3 da *Chroniques aiguës et graves*, bem como o artigo intitulado "Les sept péchés capitaux, ou ne vous retournez pas, l'avenir est gris", publicado na *Chroniques aiguës et graves*, n. 4, janeiro de 1984.
43 "Coming Out contre le SM". *Chroniques aiguës et graves*, n. 3, julho de 1983.
44 "La Griffe Sympa". *Chroniques aiguës et graves*, n. 3, julho de 1983.
45 *Chroniques aiguës et graves*, n. 3, julho de 1983.

da diferença produzida dentro da França, e que pode parecer contraditória à igualdade entre indivíduos. E, como uma coisa talvez explique a outra, o questionamento a respeito da identidade lésbica só empolga uma ínfima minoria de lésbicas francesas: em setembro de 1982, a frente das lésbicas radicais se dissolve, e, se as revistas continuam, seus desenhos ou quadrinhos ironizam a solidão e o *spleen*... da lésbica militante em busca de identidade.

HÁ VIDA APÓS A EJACULAÇÃO FACIAL: DA HISTÉRICA À PUTA PÓS-MODERNA

Sexorcismos: *Baise-moi*, Charcot, *O exorcista* e as *porn stars*

Para Jean-Marie

O que seria um sexorcismo? Como já diz o nome, um sexorcismo bem-sucedido deve conseguir quebrar o encanto da velha pornografia moderna. Ao pé da letra e da imagem, trata-se de mostrar como o transbordamento do regime pornográfico moderno traz à tona a dimensão performativa da representação do "sexo não simulado". Um sexorcismo é, portanto, uma maneira de desnaturalizar, de desconstruir a pornografia moderna e de tocar um pouco naquilo que eu chamo de pós-pornografia, que é uma crítica desta. De fato, começamos a nos dar conta de que a pornografia tal como a conhecemos, em sua acessibilidade, seus modos de difusão e suas representações, não chega até nós por meio dos muros de Pompeia, mas por meio da modernidade, que forjou uma certa vontade de saber, sobretudo sobre os mistérios da feminilidade. A pornografia moderna pode ser definida como um regime de produção da verdade do sexo, inventada nos séculos XVIII e XIX, e que coincide com as Luzes e se nutre de seu prolongamento positivista.

Duplo P

A pornografia é, antes de mais nada, uma categoria regulatória que se manifesta por meio da emergência de toda uma série de ordenações. Para começar, o estabelecimento das listas para os *secret museums*[1] (os "infernos" das várias bibliotecas europeias), onde as obras são classificadas pelo "duplo P", e não pelo X. E, se rastreamos

1 KENDRICK, Walter. *The Secret Museum*. Pornography in Modern Culture. Berkeley; Los Angeles; Londres: University of California Press, 1996.

a um só tempo Pornô e Prostituição, é para responder a uma democratização ameaçadora desses dois Ps, já que o museu secreto serve para afastar as mulheres e as "classes baixas" da pornografia.

Um outro gesto classificatório importante é o grande empreendimento de catalogação sexológica característico do século XIX, que produz as identidades sexuais e as perversões que ainda estruturam a pornografia contemporânea: basta ver o modo como são ordenadas as seções de uma locadora de filmes ou de um *sex shop*, e o modo como a pornografia nomeia suas próprias margens para se convencer de si própria. O discurso pornográfico reproduz uma separação entre a normalidade pornográfica e suas "perversões", herdada diretamente de Krafft-Ebing. Os segmentos "fetichismo", "escatologia", "exibicionismo", "sadomasoquismo", "transexualismo", "zoofilia" e "gay" continuam a estruturar a produção pornô. As margens do pornô moderno correspondem ao catálogo empobrecido das perversões "identificadas" pelos sexólogos do século XIX. A distribuição popular da pornografia na França, assumida por editoras como La Musardine, reforça essas classificações, onde perversões, minorias étnicas, minorias sexuais e de gênero convergem. As fitas de vídeo pervertidas seriam aquelas importadas do Leste Europeu. Nelas, a pornografia homossexual é descrita como um gueto inclinado ao fetichismo (do uniforme) e à masturbação solitária, portanto triste. Quanto ao pornô X das minorias pervertidas, são só tapas na bunda, flagelação, travestis, transexuais, *hard crade* S/M sob anestesia! A ponto de os honoráveis produtores de pornô jurarem por tudo que é mais sagrado que eles não produzem esses "pornôs extremos", que merecem ser criminalizados por serem patológicos (na realidade, é mais porque eles geram restrições na distribuição do pornô): "precisamos colocar o ultrapornô num gueto. São essas produções, repugnantes aos reles mortais, que provocam o abuso policial e dão um pretexto para as leis restritivas gerais",[2] pode-se ler em *Introduction à la pornographie* [*Introdução à pornografia*], publicado pela La Musardine.

2 "No pornô destinado às minorias sexuais muito numerosas, a sacanagem gay masculina é um caso à parte. Um gueto". BERTRAND, Claude-Jean; BARON-CARVAIS, Annie. *Introduction à la pornographie*. Paris: La Musardine, 2001.

Não menos importante, a última característica desse regime pornográfico é sua determinação pelo gênero: a pornografia moderna é feita por homens e para homens, e foca na exploração da "natureza sexual" das mulheres, na demonstração da acessibilidade, da circulação de seus corpos. Em resumo, o continente negro.[3] Tirando um ou outro detalhe, ainda estamos nesse ponto. Um sexorcismo bem-sucedido deve, portanto, forçar a entrada nesse regime pornomoderno, identificando os momentos em que a pornografia entra numa fase a um só tempo reflexiva e de ressignificação: inversão do xingamento (a vadia, a puta, a cadela no cio, a ninfomaníaca), desestabilização dos gêneros e das formas, evidenciação dos gêneros e da sexualidade como performances.

Fuck me, fuck me!

O primeiro sexorcismo de que participei caiu no meu colo por acaso. Tudo começou com a ideia de rever *O exorcista*, filme de Friedkin, despertada por uma reflexão de Virginie Despentes na sequência de uma projeção de *Baise-moi*, que aconteceu em junho de 2001 no Boobsbourg, um bar lésbico do Marais. Tentando levar as reflexões para um lado literário, a organizadora do debate pede que Virginie Despentes confirme uma referência a Louise Labé, que ela pensava ter identificado no título do livro, mas essa referência acaba se mostrando ser não ao "*baise-moi*" lírico, arcaico e feminino da poeta do século XVI, e sim ao "*fuck me!*" de Meg Regan, a menininha possuída do filme de Friedkin. Ao assistir ao filme, me dei conta de que era perfeitamente possível reler *O exorcista* e *Baise-moi* com o intuito de fazer um sexorcismo, isto é, uma desnaturalização da produção da mulher histérica hipersexual e grande masturbadora, que é o paradigma de referência da puta e da vadia do pornô moderno.

Numa famosa cena de *O exorcista*, Regan, a menininha possuída interpretada por Linda Blair, lança ao doutor Klein, que acabara de a examinar em seu quarto, o famoso "*baise-moi*" ["me fode"]. Seu corpo arqueia, realizando múltiplas curvaturas

3 [N.T.] Cf. nota 11 do capítulo "Sex and the city".

"histéricas", sua língua incha e pende como a de Augustine, a histérica emblemática das pranchas de iconografia do hospital da Salpêtrière. Regan é a um só tempo uma vadia hipersexual e a histérica, mas também uma Augustine recalcitrante. Ela é retratada como "possuída" pelo sexo/por seu sexo (feminino), mas exibe ao mesmo tempo veleidades de ser o sujeito de sua sexualidade, como mostram as cenas de masturbação, especialmente aquela célebre, em que ela utiliza um crucifixo para se penetrar. Todas essas cenas realizam a união dos tipos hipersexual e grande masturbadora, codificados no século XIX, mas também nos mostram uma menininha que recusa diversas vezes o controle pelo saber médico: "*I don't want it*", diz Regan para o médico chamado por sua mãe, preocupada, enquanto ele tenta examiná-la. Numa cena que foi cortada da versão de 1973, um outro médico relata à mãe de Regan que a menina lhe mandara "afastar os dedos de sua xana satânica". Em outro momento do filme, Regan agarra e torce os testículos de Arthur Storch, o psiquiatra hipnotizador. Regan resiste, então, à produção do corpo feminino histérico e sexual, à escavação de seu corpo, à produção de um saber-poder que está ao lado de um empreendimento de visibilização máxima do corpo da mulher pelo discurso médico masculino, tendo em conta que essa encenação/demonstração seria evidentemente apresentada como resultado das tendências exibicionistas da mulher.

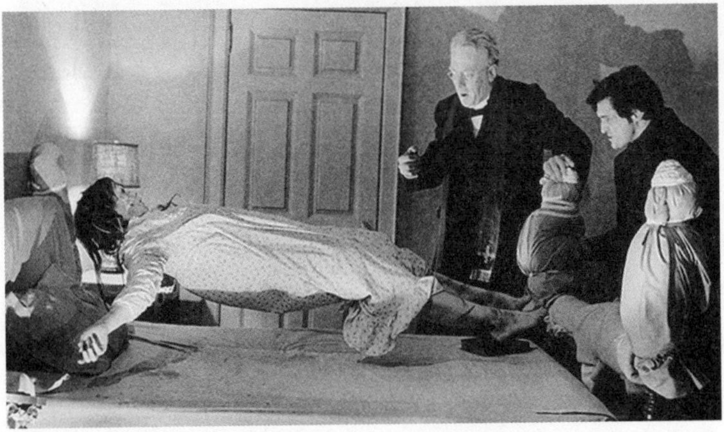

O exorcista, William Friedkin, 1973.

Megan torce os testículos de Arthur Storch, psiquiatra hipnotizador em *O exorcista*, de William Friedkin, 1973.

"*The frenzy of the visible*": do cavalo ao cachorrinho hardcore

Ao fazermos o retorno genealógico até as tecnologias de produção de visibilidade, que datam do fim do século XIX – e que consistem no início da fotografia e do cinema de fundo *scientia sexualis* até chegar ao cinema pornô atual –, percebemos que o surgimento da fotografia, seguido da imagem animada, contribuiu consideravelmente para a produção/visibilização do corpo feminino como misterioso e histérico e, ao mesmo tempo, autorizou uma nova onda de democratização daquilo que pode ser identificado como obsceno. É o que Linda Williams chama de "*frenzy of the visible*", e que ela magnificamente analisou numa obra que não se sabe por que ainda não foi traduzida na França: *Hardcore, Power, Pleasure and the Frenzy of the Visible* [*Hardcore, poder, prazer e o frenesi do visível*]. Nela, Williams retraça o vínculo entre a vontade de saber científica – maximizada pelo surgimento de novas "tecnologias do visível": a fotografia e, mais especificamente, a fotografia do movimento – e os primeiros filmes pornô.

Em 1887, é publicado *Animal Locomotion* [*Locomoção animal*], um dos inúmeros volumes de chapas fotográficas que Muybridge consagra à captação do movimento humano e animal. Para provar que existe um momento invisível a olho nu, em que as quatro ferraduras de um cavalo a galope não tocam o chão, será necessária a referência ao cronofotógrafo inglês, uma espécie de especialista em prótese do olho. Na realidade, seu zoopraxiscópio produz a (nova) verdade do movimento do corpo de um cavalo. O mesmo volume contém, além disso, homens e mulheres nus em movimento livre, cumprindo seus afazeres: os homens correm, mostram seu vigor físico; as mulheres são mais estáticas, ou seja, tomadas por tarefas domésticas. Diferentemente dos homens, as mulheres fazem poses "naturais" e sedutoras: muitas vezes levam a mão à boca, esboçam sorrisos, mandam beijos. Elas prefiguram, sem a menor dúvida, a pinup exibida e provocadora que posa próximo a um objeto. Nuas ou bem pouco vestidas, colocadas ao lado de um balde de água suja, no caso de Muybridge, ou com um telefone ou uma sombrinha nas ilustrações de Gil Elvgren ou Alberto Vargas. Enquanto os homens são e fazem, elas aparecem, convidam, desejam, como nos filmes pornô. As mulheres nuas de Muybridge ativam o roteiro científico-pornô e, se seguirmos Foucault, conforme nos convida Williams:

> Começamos a entender o modo como a invenção da fotografia em movimento é bem mais do que uma simples tecnologia de gravação: ela é parte integrante da vontade

> de saber/poder da *scientia sexualis* [...]. Pois mesmo que o cinema hardcore se apresente como aquele que dá a ver a ação sexual sem fingimentos e sem encenação, a representação desse movimento é formada por técnicas de confissão que são aplicadas primeiro, e quase unicamente, aos corpos femininos.

Exatamente como a encenação da convulsão histérica involuntária de Charcot, os lapsos involuntários e as associações verbais de Freud, e o modo como se desenrolam os ataques histéricos em Muybridge. Pois:

> [o] hardcore quer ter certeza de que ele é testemunha, não da performance voluntária do prazer feminino, mas de sua confissão involuntária. A capacidade que a mulher tem de fingir o orgasmo, o que o homem jamais poderia fazer – ao menos segundo certos critérios, em matéria de prova –, parece estar na base de tentativas do gênero de solicitar aquilo de que ele jamais poderá ter certeza: a confissão incontrolada do prazer, um frenesi do hardcore visível [...]. Não é então de se surpreender que tantas fantasias hardcore dos primórdios apontem para situações nas quais o prazer sexual da mulher é obtido involuntariamente, e em geral contra sua vontade, em contextos de estupro e rapto.

Verdade do sexo, *poppers* e garganta profunda

Logo, não é nada chocante que Charcot tenha retomado as técnicas de Muybridge[4] para registrar a confissão das "histéricas" que ele pretendia curar. O que se opera no pornô é um dispositivo confessional característico do regime pornográfico moderno, presente tanto em *O exorcista* como na Salpêtrière. Na Salpêtrière, o clique histérico e fotográfico é sabiamente produzido, como lembra o célebre quadro de Brouillet representando as lições clínicas de Charcot às terças-feiras, onde o

4 Ele próprio tão influenciado pela iconografia da Salpêtrière, que chegou a incluir, em *Animal Locomotion*, um grupo de mulheres tomadas por "convulsões histéricas" interpretadas por artistas.

vemos exibir uma bela convulsão histérica diante de uns trinta médicos. É preciso dizer que o serviço havia se tornado um imenso aparelho de observação, com seus exames, interrogatórios e experiências. Charcot tinha mandado construir um ateliê de fotografia, um laboratório de oftalmologia e um museu de moldagens para o rosto, multiplicando as tecnologias de inscrição que as tecnologias do visível também não deixam de ser.[5] Com suas apresentações públicas, seu teatro, a Salpêtrière havia se tornado uma verdadeira máquina em matéria de protocolos clínicos. Charcot provocava a crise e fazia com que ela durasse... A "espontaneidade", a "instantaneidade" dos ataques histéricos necessitava, é claro, de um tempo de exposição particularmente longo, tendo em conta as técnicas fotográficas da época. Como se não bastasse, Charcot provocava contrações histéricas com um masturbador apontado para os ovários da paciente, e com o auxílio de algumas inalações de *poppers*.

Com a ajuda de Muybridge, Charcot inventou uma forma de visibilidade regulada, saturada de sexualidade, entre erotomania e onanismo. As famosas atitudes passionais, devidamente classificadas como espontâneas, participam desse grande maquinário do visível que se tornara a medicina a partir do século XIX. Os médicos da Salpêtrière desenvolvem uma tecnologia de produção da identidade que faz deles os primeiros policiais científicos. Fotografia judiciária e psiquiátrica trocam procedimentos entre si: Bertillon afina sua "antropometria sinalética", um protocolo de fotografia que será adotado por todas as polícias a partir de 1888. Uma vez mais, não é que a medicina utilize a técnica da fotografia para representar seus resultados, é a medicina que produz visualmente e discursivamente uma nova forma de saber/revelação do corpo feminino e de seus mistérios. O que está em questão aqui é um "tratamento" para estabelecer a "verdade do sexo", para o qual não se encontra um equivalente para os homens, visto que uma das características da pornografia

5 Ver o mapa da Salpêtrière anotado por Charcot e o mapa do serviço fotográfico em: DIDI-HUBERMAN, Georges. *Invention de l'hystérie*. Charcot et l'iconographie photographique de la Salpêtrière. Paris: Macula, 1982. No Brasil: *Invenção da histeria*. Charcot e a iconografia fotográfica da Salpêtrière. Trad. de Vera Ribeiro. Rio de Janeiro: Contraponto, 2015.

moderna é que os homens são, a um só tempo, seus produtores e seus consumidores. E por ora é isso.

Os exames bizarros pelos quais a pequena Regan é obrigada a passar diversas vezes, como a arteriografia, são uma manifestação dessa vontade de saber médico-pornô, ginecológica no sentido forte do termo, para não dizer xanatológica, que pode ser encontrada na maior parte dos pornôs contemporâneos. Com planos que focam nas ditas "partes genitais", sondando o interior do sexo feminino ultradilatado, com o surgimento dos subgêneros ditos "ginecológicos" ou "extremo gineco". Com Harry Reems no papel do médico em *Garganta profunda* (1972), de Damiano, que, após ter examinado com um telescópio uma Linda Lovelace "muito ignorante", revela-lhe que ela possui um clitóris na garganta que a predispõe a "mamadas". De fato, a cena pornô moderna não estaria completa sem o surgimento de um novo agente do sexo: o ginecologista que sucede ao obstetra e se apossa do corpo feminino, da mesma maneira que o psiquiatra e o juiz. O dever do obstetra é assistir partos, já os ginecologistas (Barnes Fils & Pères na Inglaterra, Pozzi na França) vão se ater a uma outra empreitada, que vai mobilizar um arcabouço de tecnologias de inscrição praticamente ilimitado para a imortalização fotográfica das partes genitais. O ginecologista é incumbido de uma nova preocupação, e não das menores: reduzir a ambiguidade quanto à atribuição do sexo (do "gênero", como se diria no início do século XX). Para isso, ele dispõe de duas novas armas. A primeira é performativa: fim do pudor e do silêncio do discurso médico sobre a anatomia sexual. Ela é criada por meio da nomeação das "partes", e o primeiro a fazer isso, segundo Foucault, é Duval, em seu exame do.a "hermafrodita de Rouen". A segunda é uma prática da prova por meio da penetração, que carrega a ideia de que, se investigarmos bem a fundo, só é possível encontrar pseudo-hermafroditas. Não se pode ser uma coisa e outra.

Em 1888, um médico inglês, Fancourt Barnes, sente orgulho em poder exibir a seus colegas "um espécime vivo de hermafrodita" peludo, desprovido de seios e dotado de uma voz grave. Ele é deixado na sala ao lado, enquanto o médico mostra fotos em que é possível ver sua douta mão puxar o "falo". Um colega ginecologista responde que apenas um *fist fucking* retal daria certeza sobre a ausência ou a presença de ovários, pois se o espécime apresentasse ovários, seria preciso concluir se tratar de um caso de pseudo-hermafroditismo. O.a "verdadeiro.a hermafrodita", segundo a tipologia de Klebs (1876), possui ovários e testículos simetricamente repartidos (um de cada lado ou dois dos dois lados). Uma só das duas glandes, associada a um "aparelho genital externo" masculino ou feminino desenvolvido, caracteriza "pseudo-hermafroditismo". Nem é preciso dizer que, com esse tipo de critério, "verdadeiros.as" hermafroditas costumavam ser raros.as. Após a Primeira Guerra Mundial, seria estabelecido um outro sistema de critérios, dessa vez ligados à capacidade reprodutiva para as mulheres, e ao tamanho e à funcionalidade do pênis para os homens. A ideia de semelhante exame-prova, essa obsessão em distinguir hermafroditas verdadeiros.as e falsos.as, não encontraria ressonância em Geoffroy Saint-Hilaire Filho (Isidore, e não Étienne). Para ele, as gônadas não eram um marcador do sexo, uma vez que sua classificação, que era referência até meados do século XIX, dependia de três critérios bem diferentes: o grau de desenvolvimento, a presença em número superior de órgãos "em excesso" e as combinações de órgãos ambíguos. O.a hermafrodita de Barnes estaria certamente inscrito.a num *continuum* que, é fato, se vale da teratologia,[6] porém é estranho a um imperativo de binarismo e à questão do verdadeiro e do falso. Mas, "no tempo das gônadas", para retomar a expressão de Dreger,[7] a presença de ovários e testículos atesta quem são os.as "verdadeiros.as" hermafroditas. Esse alinhamento a partir dos marcadores da reprodução é característico de um biopoder que disciplina, a um só tempo, o corpo humano (anatomia) e o corpo-espécie (reprodução). Ficou para trás o tempo em que as pessoas podiam se maravilhar com

6 Ver a apresentação de Saint-Hilaire das "Recherches anatomiques et physiologiques sur l'hermaphrodisme anormal chez l'homme et chez les animaux", na Academia das Ciências, em 4 de fevereiro de 1833, retomada no segundo volume de seu *Histoire générale et particulière des anomalies de l'organisation chez l'homme et les animaux ou traité de tératologie*. Paris: JB Baillère, 1932-36.

7 DREGER, Alice Domurat. *Hermaphrodites and the Medical Invention of Sex*. Cambridge; Londres: Harvard University Press, 1998.

as monstruosidades da natureza e suas misturas. O.a anormal aparece à luz da verdade do sexo. E isso não é tudo. A polícia das fronteiras corporais grassa, e são as tecnologias que vão produzir os novos limites entre exterior e interior do corpo. Apalpado, fotografado, adormecido para exame, penetrado... Como não ver que o que chamamos de corpo não se limita mais a um invólucro corporal, mas se tornou o produto desses discursos e dessas tecnologias, por mais *low-tech* que sejam? A visualização dos signos exteriores de masculinidade, incluindo barba e micropênis, não são mais suficientes. É preciso, cada vez mais profundamente, saturar o corpo de saberes-poderes, mesmo que seja necessário passar por uma anestesia para um exame "bimanual" dos.as pseudo-hermafroditas, via abdômen e reto. Uma curiosa dupla penetração.[8] Herculine Barbin teve direito a uma necropsia, que concluiu quanto à existência de uma pequena vagina penetrável, e ainda nos dias de hoje as transexuais devem passar por esse tipo de exame (dedo na xota para provar feminilidade), cuja supressão elas pedem, em vão, junto às autoridades médicas e jurídicas.

Da confissão à possessão: os tecnopornógrafos

Em sua declinação fotográfica e cinematográfica, a pornografia moderna se situa exatamente no ponto em que o ritual da confissão da Idade Média (onde o sujeito que fala coincide, salvo exceção, com o sujeito do enunciado) se vê duplicado por uma verdadeira ciência da confissão e da prova. A extorsão da confidência é feita segundo a regra do discurso científico, como lembra ironicamente *Garganta profunda*. É esse o momento que Foucault descreveu como uma interferência entre duas modalidades de produção de verdade: os procedimentos de confissão e a discursividade científica. Com esta outra novidade, que se assemelha perfeitamente à possessão: o fato de que o mestre da verdade não é mais o locutor possuído, passível de confessar, mas

8 [N.T.] No original, "*DP*". Bourcier brinca com a etiqueta "*DP*", ou "*Double P*", que recebem filmes pornô em que há dupla penetração, jogando também com o "Duplo P" do início deste capítulo.

um outro sujeito, um especialista que possui o poder da interpretação, da decifração. Megan está despossuída de sua verdade e de sua confissão, da mesma maneira que, nas páginas de *Hot vidéo*, as moças estão despossuídas de suas falas sacanas, com fotos que as colocam em cena como numa fotonovela, filactérios a postos sobre fundo de dupla penetração em plano aberto: "De tanto me deixarem de quatro, o mínimo que eles vão ter que fazer é me satisfazer um pouco mais. Venham, meus queridos, venham preencher todos os meus buraquinhos, eles estão babando de vontade desses seus mastros túrgidos".[9]

As tecnologias de produção da verdade visível dos "mistérios da mulher" empregadas em *O exorcista* não devem nada às de Charcot. Vercoutere, diretor de efeitos especiais do filme, tinha mandado fazer uma *harness* torácica, moldada e atada ao corpo de Linda Blair, conectada a um controle escondido. Quando Linda Blair ficava deitada, os técnicos podiam chacoalhar seu corpo, impulsionando-o com movimentos que ela não conseguia controlar. Para o diretor e o responsável pelos efeitos especiais, o importante era que tudo acontecesse sem que Linda Blair se desse conta:

> Eu era o diabo! Prendi-a na cama e a sacudia para frente e para trás. Onde termina o jogo do ator e onde começa o realismo? Entre dizer que ela estava possuída, maltratada, suspendida, agredida, chacoalhada e obter esse horror sem ir longe demais, sem machucá-la ou feri-la, no princípio teve algumas etapas engraçadinhas que conduziram, em seguida, a coisas bem mais violentas. Foi só quando ela começou a dizer "chega, já deu o que tinha que dar", que nós realmente tivemos que entrar em ação.[10]

O mesmo tipo de encenação pode ser encontrado nas chamadas cenas da aranha, que não figuravam na primeira versão do filme de

9 *Hot vidéo*, n. 144, julho-agosto de 2002. "Quando uma bela ninfeta excita seus gentis companheiros nas férias, é o calor do verão", num filme de Pierre Woodman.

10 Colocação de Vercoutere em "A Look back at *The Exorcist* effect's", entrevista concedida a Scott Bosco para *Fangoria*, n. 31, dezembro de 1983.

Friedkin, e nas quais vemos Meg descer as escadas de joelhos, de costas. Uma cena que, no final, acabou sendo imposta a Linda Blair, embora ela bem pudesse ter sido encenada pela dublê, Eileen Dietz.

Quer se trate das encenações de Vercoutere ou da cena pornográfica moderna, uma das apostas é fazer da atriz um instrumento de negação da performance, incluindo a performance sexual, seja ela a histérica ou a vadia hardcore, o que dá na mesma. Por isso que a dublê é descartada. Nos pornôs que permanecem profundamente naturalizantes, é constantemente necessário contrariar a suspeita de que "isso tudo poderia ser encenado", de que o sexo é uma performance... feita por atrizes. Razão pela qual o status de atriz é recusado às atrizes pornô, pois ele deve permanecer reservado ao cinema não pornô ("normal", "tradicional"). Vários subgêneros pornô recentes visam trazer suplementos de realidade, negando a atuação: o *pro-am* (cinema amador); o pornô loft (as moças fazem de conta que esqueceram da câmera); o gonzo, que implica que o operador de câmera seja a um só tempo diretor e participante, já que o diretor está visivelmente excitado (Buttman & Co); e as atrizes pornô que fingem trepar apenas com o namorado, como Clara Morgane.

Pornontologia

É preciso ter cada vez mais provas ontológicas da verdade do pornô: provas de que de fato estamos diante *da* verdade do sexo. Assim, os clientes da locadora do meu bairro em Paris não gostam do selo norte-americano Lac, porque "as moças têm muita cara de quem está atuando". Em geral, os franceses dão de ombros para os pornôs norte-americanos, porque as moças são suspeitas de dissimular, de não gozar "de verdade". Também é interessante ver, como nos convida Williams, que, desde os anos 1970, paralelamente à emergência do feminismo, a confissão despossuidora, "involuntária", declina-se em dois motivos recorrentes no pornô *straight*, cuja prova ontológica implica, a partir de então, tanto os homens quanto as mulheres. Mas não da mesma maneira: existe uma divisão de papéis determinada pelo gênero.

Para os rapazes, o *come shot* e suas recentes evoluções e visualizações: ejaculação facial, dupla penetração, *gang bang*.

Para as moças, o *topos* narrativo do estupro. Daria para identificar outros, mas o tema do estupro reforça a ideia segundo a qual o sexo é uma pulsão incontrolável, ideia que está de acordo com o discurso da psicanálise e com a ideologia da liberação sexual. Williams elenca uma grande quantidade de filmes hardcore dos anos 1970-80, nos quais o prazer sexual da mulher é colocado em cena de maneira que se compreenda que ele foi obtido contra a sua vontade, porque a/sua vontade nada pode contra a sexualidade feminina, *a* pulsão. Essas encenações tendem a validar o triunfo da hipótese repressiva (oprimidas pela sociedade, as pulsões só querem ser liberadas e desencadeadas), que Foucault criticou no primeiro volume de sua *História da sexualidade*, ao demonstrar que se trata de uma forma de censura produtiva, uma maneira mais de obrigar a fazer do que de impedir de fazer.

Nesses tempos de irrupção do ator e da atriz pornô no espaço público e nas mídias, fica difícil aceitar o discurso, alinhado às pretensões ontológicas do pornô, de que o sexo é sempre uma excelente liberação das pulsões. Valendo-se de argumentos técnicos e profissionais para defender suas competências em matéria de atuação, profissionais do sexo participam de uma certa desnaturalização do pornô, e torna-se cada vez mais difícil negar a dimensão performática do sexo. Ainda nessa seara, assistiu-se ao lançamento de toda uma série de novos subgêneros pornô, que giram em torno dessa questão da performance e visam redissimular o caráter performativo do sexo. Por exemplo: os pornôs com a temática do *casting*, em que as moças atendem às expectativas do avaliador quanto à performance adequada, mas depois precisam trepar com ele para nos mostrar, por contraste, o "sexo de verdade". HPG, por sua vez, joga a carta do *casting* hiper-realista, ao filmar mulheres mais velhas, as quais ele manda posar em suas próprias casas, para em seguida trepar com algumas em seu diário filmado.

No que diz respeito ao *come shot*, Williams (sempre ela) mostrou muito bem como essa nova construção cultural bem contranatural, mas altamente visível, se impõe no pornô dos anos 1970. A "ejaculação facial" como último avatar: a ideia segundo a qual a moça gosta que o rapaz goze fora dela, se possível em seu rosto, seios, bunda ou costas. No célebre filme dos irmãos Mitchell, *Atrás da porta verde*, a visualização do jato de esperma congelado para todo sempre, psicodélico e em câmera lenta, dirige-se evidentemente a um espectador masculino.[11] A esses dois temas, seria sem dúvida necessário acrescentar um terceiro: a analidade. Uma das razões para a analidade obrigatória – e principalmente da dupla penetração (para as moças, é claro), nos filmes pornô *straight* a partir dos anos 1990 – está relacionada a uma fabricação da prova ontológica pela dor (supostamente inevitável) das práticas sexuais anais. Nos pornôs gays, está claro que a analidade não tem nem de longe esse lugar, ao passo que, no pornô *straight*, é de se perguntar se não estamos diante de um verdadeiro pressuposto performativo: enrabar causaria dor, obrigatoriamente. Mas talvez seja porque a dor não pode ser tão facilmente simulada quanto o gozo feminino. Pelo menos dá para ter mais certeza de ter sido provocada. Como diz o exegeta Gérard Legrand, autor de *Le Cul loin du ciel* [*O cu longe do céu*],[12] especialista *straight* citado numa enciclopédia do pornô:

> A sodomia permite uma representação do prazer feminino a partir da dor (na hora da introdução do membro, os diretores raramente esquecem de enquadrar a expressão de sofrimento da atriz) [...]. A sodomia representa o gesto ideal dessa relação de força ou o prazer ingênuo da recusa e da dor.[13]

A autobiografia inteira de HPG é "atravessada" por essa lógica intensiva e realista da dor:

> Classifico a dor da menina, como os médicos devem fazer, de 1 a 10. Se ela aumenta muito, eu paro. É uma brutalidade que se parece com aquela do patrão que abusa do empregado. Só que, aqui, o trabalho é no sexo. Mas devo confessar que, às vezes, me deixo levar pela busca da boa

11 *Behind the Green Door*. Dir. Artie Mitchell. EUA: 1972, 72 min. Lançado na França sob o título de *Rapsodie des sens*, e depois *Derrière la porte verte*, o filme inaugura o *Canal+*, em 1984.

12 [N. E.] LEBLANC, Gérard. *Le Cul loin du ciel*. In SERCEAU, Daniel. *Erotisme et cinéma*. Paris: Atlas/Pierre Lherminier, 1986.

13 ZIMMER, Jacques. (org.). *Le Cinéma X*. Paris: La Musardine, 2002.

> cena, nem sempre paro quando preciso. Em várias ocasiões tive a impressão de ter ido longe demais, mas o resultado é uma cena forte. Nem sempre tenho a elegância de parar quando estou procurando o efeito cênico.[14]

A maldição

Para voltar a *O exorcista* e ao *come shot*, Regan se sai até bem, ejaculando seu purê verde na cara de ninguém mais ninguém menos do que o padre Karras. Esse poder de inverter os gêneros havia sido anunciado por uma cena em que aparece a transformação "sacrílega" da Virgem Maria na capela Dahlgren, situada no campus da cidade. A estátua se encontra adornada com um peito pontudo, como os sutiãs de Jean-Paul Gaultier, e com um pau ensanguentado. Em *O exorcista*, a produção da confissão involuntária tem algo dos temas do estupro e da dor. Alguns incidentes técnicos durante as gravações machucaram as costas de Linda Blair. A jovem atriz tinha uma *safe word*, "Faça-o parar", para interromper os chacoalhões. Mas mais tarde ela explicaria que, toda vez que dizia isso, "ninguém percebia que ela estava falando sério". Para resumir, o não era sim.

O exorcista, William Friedkin, 1973.

14 HPG. *Autobiographie d'un hardeur.* Paris: Hachette Littératures, 2002.

Friedkin gastaria uma energia considerável para apagar as marcas da construção da personagem de Linda Blair, incrementando a ocultação da performance da possuída e da feminilidade histérica a que Vercatere já tinha chegado. Ele não para de borrar as fronteiras, estendendo-se nos supostos poderes performativos do filme. Friedkin está na origem do rumor segundo o qual o filme teria provocado manifestações diabólicas, uma maldição, e até mesmo a morte misteriosa de um dos atores. Principalmente, ele afirmaria várias vezes que Linda Blair não tinha sido dublada nas gravações, embora a voz diabólica fosse de Mercedes McCambridge. Friedkin chega a apagar o nome da dubladora nos créditos, o que lhe custaria um processo. Ele afirma que as cenas de vômito eram verdadeiras, de modo a fazer crer que Linda Blair estava realmente possuída, ou que o filme era realmente amaldiçoado: "Billy Friedkin estava muito atrasado em seu cronograma e, em entrevista para a revista *Newsweek*, atribuiu a culpa aos demônios".[15] E, quando a imprensa entrevista Linda Blair em 1998, ou seja, mais de 25 anos depois do lançamento de *O exorcista*, continua a lhe perguntar como ela tem lidado com seus problemas mentais.

As técnicas de deslocução e despersonalização das atrizes (e dos atores), abundantemente usadas por Friedkin, são moeda corrente nos pornôs. São muitas as práticas "contranaturais", como a visibilização do *come shot* fora do orifício. Com as pós-sincronizações sistemáticas, os gemidos e diálogos são gravados e atuados por outras pessoas, que não são os atores e as atrizes pornô do filme (o que permite fazer mais filmes com os mesmos takes e diferentes fragmentos de corpo). Os sexos femininos dizem o que querem que eles digam. Tudo isso responde à necessidade de explorar o corpo feminino para exibir, da maneira mais "natural" possível, a verdade-realidade do sexo. A saber que são "as moças no cio" e outras "raparigas e ninfomaníacas" que serão designadas como aquelas que não conseguem evitar o gesto de convite à exploração da própria xana, o que significa, sem ambiguidade, o gesto recorrente de separar os pequenos lábios, que encontramos na maior parte dos pornôs e das fotos de genitais.

15 KERMODE, Mark. *Dans les coulisses de l'Exorciste*. Paris: Le Cinéphage, 2001.

É que o regime pornográfico moderno nada mais é do que um novo regime de verdade sobre o sexo, a ser entendido como um efeito de censura produtiva, e não como uma alternativa subversiva que se oporia a uma suposta repressão dos desejos e das pulsões. Ao dizer sim ao sexo pornô moderno e a seus produtores, em todos os sentidos do termo, não estamos dizendo não aos sargentos do sexo, aos saberes-poderes, aos regimes disciplinares, à proliferação dos discursos sobre o sexo desde o século XIX, à medicina, à psicologia, ao jurídico, que produzem a verdade do sexo com a qual nos conformamos. Em suma, a pornografia moderna e a pornografia contemporânea são apenas um dos discursos da *scientia sexualis*. Muito se ganharia, sem dúvida, se ela fosse vista sob um ângulo produtivo, que mais obriga do que libera, e se fosse compreendida como uma potente tecnologia visual de produção da verdade do sexo e, portanto, como uma tecnologia de produção dos gêneros masculino e feminino monogênero, porque construída desde um ponto de vista masculino, pelo menos em se tratando da pornografia *straight* heterocentrada dominante.

Triplo P: *porno pride parade*, há vida após a ejaculação facial!

Já faz alguns anos que esse regime pornomoderno tem sido questionado, com o auxílio de toda uma série de estratégias que trazem à tona essa dimensão construída e o aspecto monogênero de sua recepção: o fato de que o pornô moderno seja feito por homens e para homens bem masculinos. Aludo a práticas pós-pornográficas que, longe de propor uma utopia erótica ou uma recusa da pornografia, a trabalham por dentro, através de sua descontextualização e ressignificação.

Baise-moi participa dessa lógica, o que faz dele um dos primeiros filmes pós-pornô franceses. Se ele gerou tantos problemas, a ponto de ser excluído do circuito de distribuição, é exatamente porque Virginie Despentes e Coralie Trinh-Thi se apropriaram dos códigos da representação pornomoderna e, ao mesmo tempo, os denaturalizaram. Elas se tornaram as agentes da representação pornô, e não mais seus objetos. Ao filmar como rapazes, as meninas de *Baise-moi* derrotaram o essencialismo masculinista, segundo o qual a pornografia seria a expressão natural, para não dizer biológica, da masculinidade, como testemunham as afirmações de certos atores pornô e profissionais da indústria do sexo, esbravejando quando da apresentação da obra de HPG na Cinemathèque, em 10 de abril de 2001: "Despentes e Trinh Thi filmam como caras; a fila pro estupro está aí!". Se meninas pudessem filmar pornô "como caras", isso invalidaria a famosa oposição de natureza entre homem e mulher, entre os que gostam do pornô e as que preferem o erotismo. Quando Roberta Findlay, mulher de Michael Findlay, um dos reis da *sexploitation*, começou a dirigir seus próprios pornôs (*Angel Number Nine*, em 1974, logo após *Snuff*, conhecido como *Slaughter*), todos os críticos afirmaram que o nome da diretora era um pseudônimo. Só um homem poderia ter gravado um filme como aquele. Com a chegada das mulheres pós-pornógrafas, a exclusividade da narração voyeurística de uso masculino e o essencialismo que sustentam o pornô moderno são fissurados, ainda mais porque essas pós-pornógrafas não cansam de acenar para o segredo da confissão involuntária bem-sucedida, a qual se apoia na narrativa do estupro. Isso vale para Despentes, e está maniacamente comprovado em todos os últimos filmes de Breillat.

Insatiable Marilyn: dos irmãos Mitchell a Cronenberg

As atrizes pornô que saem do universo da indústria do pornô – onde muita gente gostaria que elas ficassem confinadas – semeiam confusão na certa. Isso ficou bem claro com *Baise-moi*. Esse também foi o caso de Marilyn Chambers, propulsionada como primeira *porn star* nos Estados Unidos dos anos 1970, com o lançamento do hiper cult *Atrás da porta verde*, dirigido em 1972 pelos irmãos Mitchell. O papel de Marilyn nesse filme poderia ter sido analisado por Williams como o próprio paradigma da confissão involuntária validada por um rapto. Gloria é sequestrada e levada a um clube frequentado por clientes mascarados. Antes de sua entrada em cena, quando terá que transar com uma meia dúzia de meninas, e que antecede a célebre cena em que ela é fodida por um negro e em seguida sai distribuindo mamadas a três caras que a circundam, empoleirados em trapézios, uma voz adverte:

> Senhoras e senhores, vocês estão prestes a assistir ao êxtase de uma mulher que foi sequestrada, uma mulher cujo medo derreteu e se transformou em espera [...]. Nada acontecerá aos que foram sequestrados. Amanhã, ela terá sido amada como jamais fora. E, já que não há nada que vocês possam fazer para interromper o espetáculo (*the performance*), relaxem e divirtam-se.

Atrás da porta verde é um belo exemplo de confissão corporal que deve ser involuntária para ser bem-sucedida. É também um filme que insiste duplamente na dimensão performativa do sexo, porque, para começar, o essencial do *sex show* de Chambers se produz num palco, diante de um público, e sua performance é anunciada por um palhaço. Mais do que o filme dos irmãos Mitchell, é a maneira como Marilyn Chambers atravessa o cinema - pornô ou não - e a publicidade que a torna uma pioneira pós-pornô. Em 1977, cinco anos depois de *Atrás da porta verde*, ela faz o papel de Rosie, em *Enraivecida na fúria do sexo*, um filme de Cronenberg. Em comparação com os filmes pornô que a tornaram célebre, o mínimo que se pode dizer é que, nesse filme de terror, ela inverte os papéis. Hiperpenetrada, ultradisponível para a ejaculação facial e todo o resto: essa era Gloria no filme dos irmãos Mitchell. Há inclusive uma cena em que a parte de baixo de seu corpo é enquadrada como na tela *A origem do mundo*, de Courbet. Em *Enraivecida na fúria do sexo*, Rosie é ultrapenetrante, ativa, superpoderosa e contagiante. Ela dá origem a uma verdadeira epidemia nacional, um tipo de raiva vampiresca que é o negativo dessa epidemia de um outro tipo, sexual, que se declara em *Calafrios*,[16] um *remake* de *Enraivecida na fúria do sexo*. Rosie é uma mutante: após um acidente de moto, ela passa por uma operação não muito ortodoxa na clínica

16 *Calafrios* (no original, conhecido também sob os títulos: *Shivers*, *They Came from Within* e *Parasite Murders*). Dir. David Cronenberg. Canada: 1974, 87 min.

do doutor Keloïd. Rosie ganha uma cirurgia trans, que, aliás, é praticada nas clínicas ditas "de cirurgia estética". O doutor Keloïd cisma de enxertar na moça tecidos extraídos da pele da coxa dela, previamente esterilizados e coletados com o auxílio de uma espátula, deixando uma cicatriz grande e retangular, cuja forma não deixa de lembrar aquela que marca o antebraço das *female to male* (mulheres "biológicas" que fazem a transição para a masculinidade). Mas Rosie acorda de seu coma com uma fome de vampira e um ferrão sob a axila, que se transformou em ânus. Mulher mutante, mulher penetrante, atriz pornô jogada na cidade e no cinema *mainstream*, como as meninas de *Baise-moi*, Rosie muda as regras do jogo: "A gente não anda com meninas que a gente não conhece".

Ânus com pau e superdildo: a desnaturalização do pau

Rosie, a transmulher interpretada por uma atriz pornô muito famosa, não fica constrangida de assombrar o Eve, um cinema pornô por onde ela circula, em meio a um público exclusivamente masculino. Após ser cantada por um cliente num impermeável plástico, que a toca e se senta a seu lado, explicando que só quer protegê-la, ela primeiro faz a performance da feminilidade adequada: a inocente estúpida a ser protegida. Em seguida, toma as rédeas da situação, penetrando a mão dele com o ferrão anal alojado sob sua axila. No cinema pornô, ela se encontra na situação de assistir a um filme no qual poderia ter atuado e, assim, se reapropria de duas posições tradicionalmente masculinas, do ponto de vista social e cultural: o espectador de pornô e o predador, ambos ativos. Não é a primeira vez que Marilyn Chambers esfola o regime pornográfico moderno. A atuação em *Atrás da porta verde* havia horrorizado seus empregadores da Ivory Snow, que, é verdade, embora desconhecessem suas atividades de atriz, tinham feito a moça posar nua com uma atitude de pinup meio sacana, enquanto segurava uma caixa de sabão com a imagem de uma mãe e um bebê. "99,44% puro", dizia o anúncio. Chambers foi demitida a partir do momento em que decidiu fazer pornô, o que trazia claramente à tona a dimensão pornográfica do anúncio da Ivory Snow. A companhia de sabão

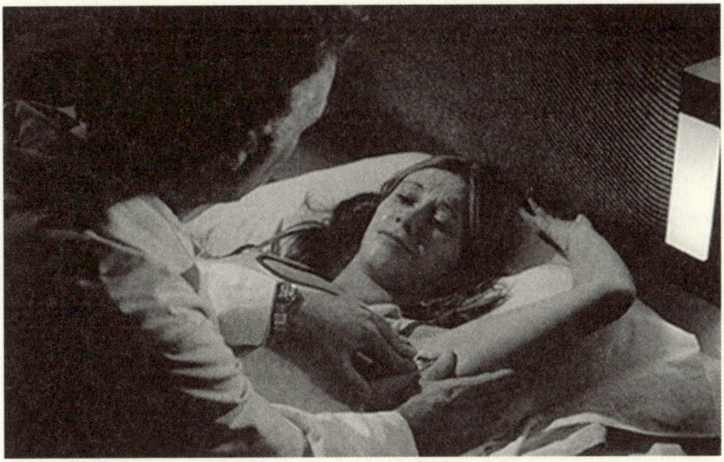

A axila-ânus de Marilyn Chambers em *Enraivecida na Fúria do Sexo*, de David Cronenberg, 1977.

ficaria por anos tentando explicar que Marilyn Chambers era a mãe da criança que aparece na embalagem, e não a moça nua e oferecida que deixa antever o seio. Mas Chambers oferece mais do que uma simples inversão dos gêneros, uma vez que seu novo corpo implica uma redistribuição total dos órgãos: seu pau sai de um dos orifícios "de baixo". Ela pode ser lida como aquela que infecta, que vem parasitar a representação *straight* do corpo, da feminilidade e do regime pornográfico dominante. Razão pela qual, sem dúvida, ela termina o filme numa lixeira, como "a abjeta que é". O ânus e a analidade são os pontos de ressignificação privilegiados de um regime heterossexual assombrado pelo espectro da homossexualidade, no qual só as mulheres podem "tomar no cu", embora o cu seja a coisa mais bem distribuída do mundo. Para dar uma outra interpretação, inspirada nas análises de Ira Livingston, e que não estaria muito distante do estilo dos filmes do gênero "*rape and revenge*"[17] ["estupro e vingança"], se

17 Os filmes de autodefesa começam a ser lançados nos anos 1970. Neles, vemos meninas vítimas de estupro se vingando de seus estupradores e de seus carrascos, e dos homens em geral. O mais infame, para alguns, e o mais feminista, para outros, é sem sombra de dúvida *I Spit on Your Grave*, de Meir Zarchi, lançado em 1978. Pela primeira vez num filme, uma mulher se vinga de seus estupradores: ela castra um deles na banheira, enquanto o outro é decapitado pela hélice de um barco.

"a esterilização dos tecidos antes do enxerto representa a lógica do capitalismo, que transforma tudo em capital, mas que, ao fazê-lo, produz as condições da revanche e cria seus próprios coveiros",[18] a mutante Rosie se vinga da performance da feminilidade que quiseram lhe impor ao ser reconstruída como mulher, resistindo, pela mesma via, ao projeto normativo da cirurgia e da pornografia. Ela infecta tudo, dispõe de uma identidade plástica que a situa fora do regime sexo/gênero binário dominante. A desnaturalização/deslocalização do pau enxertado e protético no corpo de Rosie é tão evidente, que a essa altura estamos diante de uma das primeiras ocorrências cinematográficas do pau-dildo transparente ou translúcido. Os outros exemplos mais proeminentes podem ser encontrados em *Virgin Machine*[19] e em *IKU*.[20] No filme de Monika Treut, Susie Sexpert, trabalhadora do sexo tanto na vida como na tela, lésbica e *stripper*, tira dildos de sua maleta – dentre eles um enorme e translúcido – a fim de explicar seu uso para Dorothée, que viera a San Francisco para pesquisar sobre o amor. Em seu ciberpornô, Shu Lea Cheang retoma a história de *Blade Runner* de onde ela havia parado, a golpes de um "*shot gun shaped dildo retriever*" transparente, um dildo com memória que permite dar um *reload* nos melhores orgasmos. Com Dizzi, o IKU *runner* transgênero negro que trepa sem pau, interpretado por Sack Nataf. Um dildo translúcido, arma que não atira: a desnaturalização última do pau.

Políticas da repenetração

Como Meg em *O exorcista* e Marilyn Chambers em suas aventuras extra-hardcore, as meninas de *Baise-moi* também resistem à produção da confissão, da admissão e da exibição. É o que ocorre na cena de estupro filmada por Coralie Trinh-Thi e Virginie Despentes com relação aos códigos da representação pornográfica. Essa cena aciona justamente o bloqueio de uma das encenações

18 "The traffic in Leeches: David Cronenberg's *Rabid* and the semiotics of parasitism". *American Imago 50*, n. 4, inverno de 1993.

19 *Virgin Machine*. Dir. Monika Treut, Alemanha: 1988, 86 min.

20 *IKU* (orgasmo em japonês). Dir. Shu Lea Cheang. Japão: 2000, 90 min.

Foto de divulgação do filme *Baise-moi* para as vitrines dos cinemas.

recorrentes da "confissão involuntária". Manu não mexe os quadris, como lhe exige seu estuprador, interpretado pelo conhecido ator pornô Ian Scott. Ele então para, pois ela não consegue lhe mostrar, mesmo contra sua vontade, sua natureza de vadia:

> – Puta merda, parece que eu tô fodendo um zumbi, puta merda, mexe essa raba aí, vai!
> – O que que você acha que você tem entre as pernas, imbecil.
> – Até perdi a vontade, que saco.

A figuração de um sim involuntário, e, portanto, mais verdadeiro, visto que teria sucedido um primeiro não voluntário, "abandono" do corpo como suplemento da verdade do desejo e da "realidade", sem a qual a pornografia dominante atual não se sustenta: eis o que Manu não oferece.

A outra proeza de *Baise-moi* é uma operação de ressignificação performativa. "Baise-moi" ["Me fode"], o bordão do pornô moderno por excelência, a sentença pornô no sentido forte do termo, foi objeto de uma reapropriação de dar inveja às fotonovelas da *Hot vidéo.* Essas estratégias de ressignificação e reapropriação podem ser encontradas em muitos dos fotógrafos queer que praticam voluntariamente a autorrepresentação, a autopornificação e a retomada da enunciação. O objetivo é repreender visualmente o espectador habitual e mandar de volta um olhar objetivador. A intenção fica evidente em algumas fotos de Robert Mapplethorpe, mais especificamente num de seus autorretratos, utilizado em 1978 para o cartaz de uma exposição numa galeria de São Francisco, intitulada "Censored". Mapplethorpe se autopenetra com um chicote. Ele está de costas, mas volta-se para o espectador, encarando-o. Como mostra Richard Meyer, esse autorretrato:

> insiste no investimento de Mapplethorpe enquanto gay S/M, fotógrafo e participante [...]. O fato de que Mapplethorpe seja a um só tempo o agente e o objeto da penetração anal (ele é a um só tempo *top* e *bottom*[21]) faz igualmente referência ao processo de criação de um autorretrato, à simultaneidade que consiste em servir, ao mesmo tempo, de objeto receptivo e de agente produtivo da fotografia. Em suma, a reflexividade penetrante de Mapplethorpe reflete o caráter reflexivo de seu autorretrato. [Ainda mais que] o chicote guarda estranha semelhança com um cabo que ligaria o corpo de Mapplethorpe à câmera fotográfica situada fora do quadro.[22]

Esse autorretrato também possui valor de *coming out* como gay S/M e deve ser ressituado no âmbito de uma política mais geral da representação, onde pessoas queer produzem as próprias imagens, identidades e sexualidades. Nessa foto de Mapplethorpe, a masculinidade típica do cowboy também é ressignificada e desviada para a passividade. A cultura S/M norte-americana não se valeu dos *chaps*[23] à toa.

21 *Top* e *bottom*: "mestre" e "submisso" na terminologia da cultura S/M (Bondage, Disciplina, Dominação, Submissão) queer e *kinky* dos anos 1980.

22 MEYER, Richard. "Robert Maplethorpe and the Discipline of Photography". ABELOVE, Henry; BARALE, Michele Aine; HALPERIN, David (eds.). *The Lesbian and Gay Studies Reader.* Nova Iorque; Londres: Routledge, 1993.

23 Os *chaps* usados nos traseiros expostos dos gays são uma inversão das proteções de couro que os cowboys usavam sobre os jeans.

O mesmo tipo de procedimento pode ser encontrado numa grande quantidade de fotografias do artista queer transgênero Del LaGrace Volcano.[24] Seus autorretratos e retratos fodendo demonstram a vontade das minorias sexuais e de gênero, sobre as quais pesa uma tradição pornomédica particularmente forte, de se reapropriar de seus corpos, imagem e sexualidade, insistindo na dimensão construída da identidade e de sua sexualidade. É o caso do autorretrato de "mulher barbada" de Del, publicado na primeira página do suplemento do *Guardian*, em 22 de julho de 1995, em que um Del meio drag king meio mulher barbada olha fixamente para o observador, de braços cruzados e com a pera da máquina fotográfica nas mãos. Na série intitulada "Hermaphodyké, Self Portraits of Desire", que data de 1995 e é consagrada a cenas de sexo entre Simo e Del, há *fist fucking* e penetrações anais, dildos e *harness*, *bondages* e algemas. Del, geralmente *bottom*, leva a pera da câmera fotográfica em uma das mãos, ou na boca, invertendo as próprias significação e função da mordaça S/M, que se torna tudo menos produtora de silêncios ou símbolo de opressão para os anti-S/M. Como com Mapplethorpe, analidade, passividade e sexo sintéticos tornam-se os estandartes de uma "*passive pride*" que não tem direito algum de presença na cultura *straight*.

Transpau e clitopau

De objeto da representação, trata-se de se tornar seu agente. Isso significa insistir na dimensão performativa da pornografia, ao fazer oposição às pretensões ontológicas do realismo pornográfico moderno e insistir no caráter performativo da sexualidade e das identidades: seria muito aleatório concluir que, nas fotos de Del, são duas sapatonas fodendo. Ele também desarma mais explicitamente o olhar médico-pornô moderno com suas fotos de transpau, que retomam os códigos da fotografia científica. Com a série "Transgenital Landscapes" (1996-1998) ele vai ainda mais longe, ao jogar com a homologia clit/pau, justapondo

24 VOLCANO, Del LaGrace. *Sublimes Mutations*. Tübingen: Konkursbuch Verlag Claudia Gherke, 2000.

enormes planos anatômicos de clitóris e de clitóris testosteronados. Ao exibi-lo medindo um centímetro na foto em close do transpau (*TransCock I*) de Zack, codinome Dizzi d'IKU (contratado pela Genom Corporation para o filme de Shu Lea Cheang e fundador do primeiro festival de filmes transgênero de Londres, em 1997), Del aponta a um só tempo para a performance da masculinidade e da raça: o tamanho do pau como prova orgânica da masculinidade e seu avesso racista, com a hipersexualização dos "negros de pau grande". Com essa série de chapas que difrata o desfile de tipologias dos aparelhos genitais dos pervertidos do século XIX, Del utiliza os recursos do procedimento pós-pornográfico queer. E, acima de tudo, ressexualiza a noção de performance. Ele a recorporaliza, desconstruindo o sexo dito biológico.

Não há aleatoriedade: a desconstrução da pornografia moderna é o feito daqueles mais diretamente envolvidos: pervertidos, desviantes e monstros de todos os tipos, trabalhadoras do sexo, atrizes pornô e outras *porn stars* orgulhosas de seu ofício. Bem, enquanto elas não sucumbem ao canto da sereia do "artista à francesa" e vêm revisitar o *peep-show*, em vez de cair nas galerias de arte que se lambuzam com *porn shots* mundanos.

Todas putas, todas públicas

Annie Sprinkle veio se unir a Marilyn Chambers nas poltronas escarlates e esponjosas do cinema pornô de *Enraivecida na fúria do sexo*. Na tela, um novo episódio da série *Les Mystères de la femme, Deep Inside Annie Sprinkle* [*Os mistérios da mulher, Profundamente por dentro de Annie Sprinkle*], dirigido por Annie Sprinkle. Estamos em 1982. O filme é um sucesso de bilheteria nos Estados Unidos. Em seu último filme como diretora, Sprinkle intervém especialmente na relação filme/espectador e espectadora, ao dedicar-se a torná-la explícita, de tal maneira que causasse uma reviravolta na consagrada relação pornomoderna: com as vadias passivas na tela e os telespectadores clientes masculinos. Ao cultivar a quebra da quarta parede e a *mise en abyme*, Sprinkle coloca em cena a performance da feminilidade e do sexo:

> No meu filme, eu era o agressor sexual, eu era aquela que queria sexo e os caras só tinham que ficar na deles [...]. A ideia era fazer um filme interativo. Eu envolvia o espectador ao falar diretamente para a câmera. Minha cena favorita era aquela em que eu vou a um cinema pornô onde está passando um dos meus filmes e fodo com vários fãs que me assistem na tela.[25]

Sprinkle já tinha contaminado completamente a lógica objetificante e silenciosa do striptease dos frequentadores dos *peep--show* da *42nd street*, transformando-os em *strip-speak*, isto é, em *peep-show* interativos, que dão visibilidade ao principal ator-espectador-cliente do pornô moderno, normalmente não representado. É exatamente esse pornô burlesco que ela descontextualiza, tira do armário pornomoderno, ao reinterpretá-lo em *Prometheus*,[26] dirigido por Richard Schechner no Performing Garage nos anos 1980. Atores faziam o papel dos pervertidos em impermeáveis plásticos e se juntavam a Sprinkle, que dava uma aula de educação sexual em cena. Eles se punhetavam e depois, no fim do espetáculo, todos os atores encaravam os espectadores, enquanto o diretor tirava uma foto deles. Não apenas a *stripper* se via dotada de fala, mas, ao fazê-lo, como Del ou Mapplethorpe, ela devolvia a seu emissor/consumidor o olhar objetificante.

Todas as performances de Sprinkle indicam claramente a dimensão performativa dos papéis sexuais e dos gêneros. Com *Anatomie de la photo d'une pin-up* [*Anatomia da foto de uma pinup*], é uma Sprinkle em corselet e cinta-liga que põe legenda em todos os acessórios da performance da feminilidade normativa e puta: "saltos altos", "esses saltos estão doendo para caralho", "meus pés estão doendo", "cílios falsos", "blush", "batom vermelho", "espartilho que esconde a barriga", "meia-calça tão alta que

25 A respeito de *Deep Inside Annie Sprinkle*, rodado em 1982, ver: SPRINKLE, Anne. *Post-porn Modernist*. My 25 years as a Multimedia Whore. São Francisco: Cleis Press, 1998.

26 Um trecho do texto do *Prometheus Project*, de Richard Schechner, está presente em: CODY, Gabrielle. *Hardcore from the Heart*. The Pleasures, Profits and Politics of Sex in Performance. Londres; Nova Iorque: Continuum, 2001.

deixa minhas pernas mais compridas do que elas são", "meia-calça preta que deixa minhas pernas mais finas do que elas são", "botas que são um tamanho menor e que peguei emprestado e que só vão ser usadas na foto", "pulmões comprimidos que quase não me deixam respirar", "cabelos tingidos para mascarar os brancos", "sutiã pequeno demais mas que deixam os peitos maiores".[27] Sprinkle decodificou a performance da feminilidade, que é a da pinup puta, minando a diferença que se gostaria de manter entre a performance da feminilidade exigida às mulheres e aquela realizada pela puta. Não para virar Ni Putes Ni Soumises, mas para que as mulheres possam se apropriar da performance da feminilidade e da hipersexualidade a partir da *pin-up therapy*, que ela esbanja em oficinas de performance pinup abertas a todas. Nem mesmo a metáfora ginecopornô da exibição extrema do corpo feminino e da penetração resiste ao sexorcismo que lhe inflige Sprinkle na performance intitulada *Public Cervix Announcement* [*Anúncio de cérvix público*], inspirada na performance de Yoko Ono, *Cut Piece*, de 1964. Após ocupar o lugar do médico e comentar uma prancha que representa o "sistema genital feminino", uma Sprinkle vestida de enfermeira convida os espectadores a explorarem seu cérvix com o auxílio de uma lâmpada de bolso, que deve ser colocada na entrada de sua vagina aberta por um espéculo: "*peer into my vaginal canal*"!

As práticas pós-pornográficas de Annie Sprinkle – *stripper*, atriz pornô em mais de 200 filmes, queer, artista, puta e deusa, rainha do *kinky* ("sexo bizarro"), ativista puta do Pony,[28] fotógrafa, jornalista – relembram e difundem as bases de um feminismo para todos.as, sujo, *grassroot*, que convida as mulheres a retomar o controle de seus corpos e de sua representação/produção/comercialização pelo cinema pornô, mas também pela medicina e pela publicidade... enfim, a circulação capitalística dos corpos em geral:

27 [N.T.] Uma análise dessa mesma foto se encontra no primeiro volume de *Queer Zones*. Trad. de Henrique Provinzano Amaral e Thiago Mattos. São Paulo: crocodilo; n-1 edições, 2022, p. 45.

28 Annie Sprinkle cria o Pony (Prostitutes of New York) em 1994, no espírito do Coyote (Call Off Your Old Tired Ethics), um grupo de prostitutas ativistas de São Francisco e de Los Angeles, fundado em 1973 por Margot Saint James.

> Annie estabelece o elo que existe entre todas as mulheres e as estrelas do pornô, e a presença de uma e da outra em cada um dos corpos [...]. Sua desconstrução da farsa da feminilidade e da performance da sedução serve para mostrar que, no capitalismo comercial, não existem mulheres "privadas".[29]

Então, todas putas e todas públicas – é o que nos dizemos na saída desse outro sexorcismo, vendo-o como um incrível recurso, e não como um estigma secular.

29 SCHNEIDER, Rebecca. *The Explicit Body in Performance*. Londres; Nova Iorque: Routledge, 1997.

Mamada autoral: a *nouvelle vague* pornográfica francesa e seus intelectuais (com Jean-Pierre Léaud e Ovidie, Catherine Millet, seu marido e a imprensa toda)

Os anos 1990 na França foram marcados por uma explosão dos discursos sobre a pornografia: psicológica, política (principalmente sob os governos ditos de esquerda), midiática, literária e artística. Essa fase de intensificação da "Pornografia" pode ser explicada pelo surgimento de novas formas de visibilidade. Elas são televisivas, com o papel pioneiro do *Canal-Plus* a partir de 1985, o surgimento de canais que passavam conteúdo adulto na TV a cabo e via satélite, e alguns formatos de *reality show* no canal *M6*.[1] Elas são jornalísticas e mobilizam, nas redações e nos públicos, toda uma geração de consumidores de pornografia assumidos, que valorizam o pertencimento do gênero à cultura popular da mesma forma que a televisão e os filmes de época. A chegada de uma nova imprensa de revistas sobre "cultura e sociedade" – *Technikart* e *Les Inrockuptibles* –, de uma imprensa gay e/ou de tendência – *Têtu* e *Max* – e de *talk-shows* com cenografia pró-pornô masculinista – como o hugh hefneresco "Tout le monde en parle" ["Todo mundo fala disso"], de Thierry Ardisson, transmitido por canal público (*France 2*) – também contribuiu para essa escalada da "Pornografia" no espaço público. Ardisson se alinha à cultura e ao estilo televisivo de Hugh Hefner, fundador da *Playboy*. Pigmaleão das coelhinhas, Hefner foi o primeiro, desde os anos 1960 – com seu *talk-show* "Playboy's penthouse TV party", e depois "Playboy after dark" –, a

1 Com a primeira temporada de *Loft* em 2001, e a cena de trepada na piscina entre Loana (a futura vencedora) e Edouard.

transformar suas recepções na Mansão da Playboy, sua residência em Chicago, em *reality shows*. "Playboy after dark" é o ancestral dos *talk-shows* de auditório mesclados a entrevistas profundas. Hefner convidava políticos e personalidades do *showbiz*, que ele também chamava para as entrevistas da revista *Playboy*, fundada em 1953 para responder aos anseios da masculinidade norte-americana do pós-guerra. Um esquema que Ardisson tenta reproduzir em sua revista *Interview*.

Liberdade, igualdade, francidade

Em meio a essa profusão, o que seria uma defesa da pornografia moderna e o que consistiria numa forma de crítica pós-pornográfica? Para analisar a defesa da pornografia moderna na França contemporânea, seria preciso se deter no papel das políticas de publicação das editoras, em especial as recentes edições Blanche, dirigidas pelo filho de Régine Desforges (editora de textos eróticos de sua época), e as edições de La Musardine, que publicam muitos livros de introdução à pornografia. A coleção "L'attrape--corps" ["O apanhador-de-corpos"], lançada em 2000, lembra uma série de "Que Sais-Je?"[2] sobre sexo, redigida por autores que são também típicos "tecnopornógrafos". Nela, encontra-se o artista (*Mes modèles*, femmes-nues-à-l'atelier [*Minhas modelos*, mulheres-nuas-no-ateliê], de Bernard Dufour), o fotógrafo (*La Pornographie*, une idée fixe de la photographie [*A pornografia*, uma ideia fixa da fotografia], de Alain Fleischer), o vulvólogo (*Éloge du con*, défense et illustration du sexe féminin [*Elogio da buceta*, defesa e ilustração do sexo feminino], de Gérard Zwang) e, como manda a francidade, o cozinheiro (*L'Amour gourmand*, libertinage gastronomique au XVIIIe siècle [*O amor gourmet*, libertinagem gastronômica no século XVIII], de Serge Safran).

Se os homens dissertam sobre o assunto, tomando muito cuidado para separar o bom pornô da "putaria das minorias

2 [N.T.] Trata-se de uma conhecida série francesa de livros introdutórios, com inúmeros volumes dedicados a assuntos variados, e caracterizada pela tentativa de popularização do saber científico. Assemelha-se, no Brasil, à coleção "Primeiros Passos" da Editora Brasiliense.

pervertidas" – que descobrimos "existir em abundância no Ocidente, uma vez que essas minorias, embora muito pequenas, estão prontas para investir" –, as mulheres, por sua vez, contribuem para a causa, entregando-se de corpo e alma, quase como Duras à Escritura, à "nova pornografia", para retomar o título do livro de Marie Nimier, lançado no ano 2000 numa coleção nobre da editora Gallimard. Na realidade, a intensificação dos discursos sobre a pornografia com ares de enaltecimento da "jovem literatura feminina francesa que escreve sobre o corpo" (Reyes, Cusset, Ernaux) se traduz em efeitos de censura, embora a França seja construída como o país da liberdade de expressão e da liberdade sexual, literariamente instituída por Sade. Pôde-se inclusive ouvir de Catherine Millet que "o francês é a língua do sexo"[3] e discorrer sobre o caráter intraduzível de *La Vie sexuelle de Catherine M.* [*A vida sexual de Catherine M.*] em dez línguas.

Se sexualidade rima com francidade, como foi possível haver uma forma de censura como a retirada de *Baise-moi* dos circuitos de exibição no ano 2000, por determinação expressa do Conselho de Estado? Afinal, a pornografia não chegou a ser banida das telinhas, como tantas vezes o Conselho Superior do Audiovisual tentou prescrever, antes e depois do caso Baudis. Já que o status de autor, que é um dos pilares essenciais da liberdade de expressão à francesa, acabou sendo atribuído pelas instâncias literárias e pela imprensa a Virginie Despentes, escritora e diretora reconhecida, por que então expelir *Baise-moi* da cena da nova pornografia feita por mulheres? Esse apagamento é revelador. A defesa e a ilustração da pornografia moderna conduzem, precisamente, à defesa de uma certa francidade que revela as políticas sexuais e de raça dominantes na França: as que vão no sentido da reafirmação republicana e universal dos privilégios de autores nacionais/nacionalistas em detrimento de outros. Na realidade, *Baise-moi* não tem nada a ver com a "nova pornografia" publicada pela nova e venerável coleção da Gallimard, e suas mamadas autorais são capazes de integrar a antologia de textos eróticos de Jean-Jacques Pauvert.

3 *Le Monde*, 21 de fevereiro de 2002.

Baise-moi ou a barbárie com rosto estadunidense

O caso de *Baise-moi* chama nossa atenção para uma das características da construção da noção de autor e dessa exceção cultural bem francesa que foi, e ainda é, a cinefilia. Bürch e Sellier mostraram muito bem como a revista *Les Cahiers du Cinéma* e a *nouvelle vague* impuseram a celebração do cinema autoral, passando ao largo do cinema norte-americano hollywoodiano ao isolar figuras como Hitchcock ou Hawks, conferindo a eles estatuto de autor em vez de se interessar pelo cinema francês da época. E isso às custas de uma descontextualização total do cinema hollywoodiano, que se tornou objeto de uma abordagem formal no limite da hipóstase. A tradição cinéfila francesa também pode se manifestar contra a mesquinha função comercial dos grandes estúdios norte-americanos. O filme de autor sempre pode se voltar contra Hollywood. *Baise-moi* podia ter sido alçado à qualidade de filme autoral: é a adaptação de uma obra pelo próprio autor, com orçamento modesto e produção artesanal. E, no entanto, devido a uma série de inversões, boa parte da imprensa francesa se dedicou a desautorizar o filme e a americanizar sua proposta, vinculando *Baise-moi* ao "comunitarismo" norte-americano, o que faz dele uma ameaça à integridade do território nacional, da francidade e, é preciso dizer, de uma forma de masculinidade dominante: branca e heterossexual.

Baise-moi go home!

O que permite ligar todos esses fios é o dossiê dedicado a *Baise-moi*, intitulado "Pornographie, violence; la liberté de dire non!" ["Pornografia, violência; a liberdade de dizer não!"], publicado no *Le Nouvel Observateur*, de 13 a 19 de julho de 2000. Nele, *Baise-moi* se vê destituído de suas qualidades de filme autoral e artístico (ou seja, de seu teor subversivo na alta cultura francesa) e aproximado de produções hollywoodianas como *Rambo*, *Pânico*, *Seven* e *Cães de aluguel* (levando em conta as imagens no entorno do artigo central do dossiê). Todos esses filmes são apresentados como violentos, condenáveis, caracterizados por um roteiro simplório. Esse tipo de abordagem confirma uma suspeita constante dirigida a Despentes, desde o lançamento de *Baise-moi*, em 1994. Seu universo de referências é popular, literário mas não elitista, e mais para "americano": as subculturas do punk, do *trash*, do rock, de Lydia Lunch, de Poppy Brite – as quais Despentes traduziu para as edições Au Diable Vauvert.

O artigo do *Le Nouvel Observateur*, assinado por Laurent Joffrin, então redator-chefe adjunto da revista, procede a uma segunda inversão, ao afirmar que a violência de *Baise-moi* é seletiva: só brancos são mortos no filme. Leia-se: não se ousa ir para o *politically incorrect* que consistiria em assassinar também árabes ou franceses oriundos da imigração, enfim, minorias: "É permitido matar de maneira selvagem dezenas de pessoas, a partir do momento em que elas não pertencem a essa ou àquela minoria digna de compaixão".[4] É o próprio Joffrin que empunha o espectro do PC (*politically correct*) e inventa a ameaça "comunitarista" (a palavra é jogada de qualquer jeito!) de *Baise-moi*: "As heroínas de *Baise-moi* assassinam cidadãos médios sem afiliações particulares, nada de mais: se imaginarmos o filme com vítimas etnicamente situadas: insuportável! O pensamento de Despentes nos leva a isso: uma apologia da força ligada ao comunitarismo". Na realidade, há vítimas árabes tanto no filme como no livro, a exemplo do primeiro crime de Manu. A imprensa francesa está pronta para fazer o quer que seja para estabelecer um vínculo entre as políticas da identidade "*à la* americana" e as minorias étnicas e sexuais, pela via do topos midiático do "comunitarismo" ou da "deriva comunitária", que pode ser encontrado em todos os tipos de imprensa, "à esquerda" como à direita, tanto no *L'Express* como no *Les Inrockuptibles* ou no *Technikart*, sem esquecer o noticiário das oito. O "comunitarismo" aqui designa tanto o islamismo, quanto o comunitarismo judeu, quanto o "poder gay": todos os "guetos", e isso logo antes do período de cristalização midiática do outono-inverno de 2003, por ocasião do debate sobre a lei que visava proibir o uso do véu "islâmico" nas escolas.

Devido a uma inversão frequente na França, o *politically correct* é lido não como uma intrusão dos *politically*

4 JOFFRIN, Laurent Joffrin. "Les suites de l'affaire *Baise-moi*. Pornographie, violence, la liberté de dire non". *Le Nouvel Observateur*, 13-19 de julho de 2000.

incorrect - isto é, das minorias numa maioria que as ignora ou as exclui cultural e politicamente -, não como uma visibilização daqueles que foram construídos pelas normas de classe, raça ou gênero dominantes enquanto margens da maioria, mas como um efeito insuportável de censura, exercido pelas ditas minorias sobre a representação dominante. Do "Ninguém pode dizer mais nada!" - entenda-se, fazer piadas racistas, misóginas ou homofóbicas -, passa-se à denúncia generalizada de uma limitação da expressão e da tomada de poder pelas minorias. É exatamente esse o argumento das *Épîtres à nos nouveaux maîtres* [*Epístolas a nossos novos mestres*], de Minc, que descrevem uma França "dominada por suas minorias" e que deveria voltar a reivindicar o direito à indiferença. Chegou a hora do *backlash* contra o multiculturalismo - que, infelizmente, não existe na França enquanto política afirmada pelas minorias -, e foi possível ouvir de um dos diretores do *Le Point* que ele, sem nenhum constrangimento, é islamofóbico. Ao contrário do que Joffrin e as capas multirracistas de *Marianne* gostariam de nos fazer crer, o *politically correct* é o pivô cultural e político da *affirmative action* (mais jurídica). No campo do conhecimento, da educação e das mídias, o PC defende a ideia de um reconhecimento cultural e de uma visibilidade das minorias sexuais, étnicas e de gênero.

Longe de se traduzir em efeitos de censura de dar medo nos sadianos de todos os tipos, longe de fazer os libertinos de Saint-Germain-des-Prés fecharem os zíperes das calças, a revisão do cânone dos textos ensinados em literatura, em história e nas ciências permitiu seu enriquecimento ("*expanding the canon*") e a criação de novas disciplinas (*african american studies, queer studies, disabilities studies*). Idem para o cinema, com os filmes do *black british cinema* e do *new queer cinema* dos anos 1990. Essas correntes não somente permitiram confrontar a hegemonia da tela branca heterocentrada, mas seus defensores foram os primeiros a produzir uma reflexão pós-gay e pós-colonial não essencialista (Monika Treut, Issac Julien, Bruce LaBruce, Homi Bhabha, Stuart Hall), ou seja, uma concepção de fato móvel e construtivista das identidades.[5] Esse movimento cinematográfico que produziu imagens mais para incorretas, como uma forma de reação a filmes positivos com gays soropositivos bonzinhos (*Filadélfia*, com o inofensivo Tom Hanks), realinha a política das identidades desenvolvida a partir dos movimentos pelos direitos civis negros, nos Estados Unidos dos anos 1960.

Minc e Joffrin que me desculpem, mas a retórica da vitimização é estranha a essas políticas multiculturais. Tem morte e tem foda nesse cinema minoritário não eurocêntrico, e já faz um tempão que essas novas identidades são pensadas e construídas longe de qualquer fechamento em um retorno à tradição ou qualquer espécie de absolutismo étnico. Pelo contrário. E aos nossos nacionalistas franceses "linha dura", faltam essa sofisticação e essa consciência de que as novas políticas da diferença tentam articular a historicidade e a complexidade das identidades sexuais e étnicas de maneira mais projetiva do que conservadora, além de transnacional e migratória, explorando os recursos da hibridez pós-colonial e de nossas condições cada vez mais midiáticas e diaspóricas. Os adeptos da identidade fixa universal são justamente Minc e Joffrin, que temem pelos próprios patrimônios e privilégios, ao passo que as minorias foram as primeiras a compreender a sobreposição complexa dos níveis de identidade e de opressão, e a perceber que nossas identidades pós-modernas na era da globalização têm mais a ver com rumos do que com raízes.

"Isto aqui não é uma mesquita, é uma boate de putaria!"

O duplo movimento de politização caricata e de despolitização/rebaixamento sexual que o redator do *Le Nouvel Observateur* inflige a Despentes indica claramente a dimensão política do filme. Despentes seria acusada de ter feito um filme de tendência fascista – sem saber, é claro (ela é uma imbecil) – e de "representar" (cito Joffrin) "um tipo de fascismo com rabo de gente". Uma forma de

5 Ver o texto decisivo de Stuart Hall, "New Ethnicities", de 1989 (ICA Documento 7), retomado em: MORLEY, David; CHEN, Kuan-Hsing. *Stuart Hall*: Critical Dialogues in Cultural Studies. Op. cit. E é claro, ver Gilroy sobre os impasses do nacionalismo negro: *There Ain't no Black in the Union Jack*. The cultural politics of race and nation. [S. l.]: Unwin Hyman, 1987.

restabelecer as fronteiras entre o corpo e o espírito, os gêneros e sua partilha no regime pornográfico moderno, em que são precisamente os homens que enrabam as mulheres, e não o contrário. E é sem dúvida porque esse contrário se produz na cena da boate de swing – em que vemos Manu introduzir uma Beretta no cu de um cliente e atirar – que Joffrin teme por sua impenetrabilidade e pela unidade nacional e corporal francesa. É preciso dizer que o cliente em questão, interpretado pelo performer Costes, havia dado as boas-vindas a uma Manu e a uma Nadine que declinaram suas investidas, dizendo que "isto aqui não é uma mesquita, é uma boate de putaria". De modo significativo, o outro caso em que um filme foi classificado como X na França se deu em 1998, com o lançamento de *Super 8 & ½*, do diretor queer canadense Bruce LaBruce, e era resultado do horror anal. Ele colocava em cena uma analidade ameaçadora para o corpo nacional francês heterossexual: a praticada pelas mulheres e proscrita na pornografia dominante. No filme, víamos duas lésbicas tirar um rapaz de seu carro e o enrabar com uma arma. As veleidades da classificação X estão, portanto, ligadas à recondução de um sistema sexo/gênero binário heterocentrado e à partilha dos papéis sexuais que ele prescreve, como se vê claramente numa caricatura feita por Vuillemin de Virginie Despentes, e que foi publicada no *Libération*, em que a diretora é representada utilizando o X da classificação X[6] para penetrar a boca e a braguilha de seu interlocutor.[7] Pode-se ler, então, o isolamento de *Baise-moi*, que colocava em cena Raphaëlla Anderson, atriz de origem árabe, como uma rejeição das identidades que ameaçam o universalismo republicano e a masculinidade branca heterossexual dominante.

Ovidie e o sexo da nação

Visto que chega até nós pelas mãos dos bárbaros incultos, *Baise-moi* é um filme que faz oposição em mais de um aspecto.

6 [N.T.] Na França, a classificação "X" corresponde ao que chamamos, no Brasil, de pornografia ou "conteúdo adulto", e está presente nas estantes das livrarias e dos acervos de filmes.

7 *Libération*, 5 de julho de 2000.

Ele também se opõe às formas assumidas pela irrupção controlada da pornografia nos filmes autorais dos novos pornógrafos. Nos filmes de Catherine Breillat e Bertrand Bonello, os atores pornô identificados como tais – HPG vulgo Henri-Pierre Gustave, Ovidie ou Rocco Siffredi – são instrumentalizados. Tanto em *Romance X* (1999) como em *Le Pornographe* (2001), exige-se que eles representem unicamente as ditas "cenas de sexo não simuladas". No filme de Bonello, está fora de questão ver esse ícone do cinema autoral que é Jean-Pierre Léaud foder no papel de Jacques Laurent, diretor pornô dos anos 1970. Em busca do pornô impossível, arquiteto nas horas vagas, a vocação de nosso herói não seria insuflar arte num meio que a ignora? Vocês dirão: e Rocco em *Anatomia do inferno*? Digamos que Rocco Siffredi como um todo seja o dildo favorito do autor de *Pornocratie*, o que nos levaria a um capítulo inteiro sobre a dildologia de Catherine Breillat. Note-se apenas o ardor com que Amira Casar difundiu, em todos os estúdios de televisão durante a promoção do filme, que sua xana – menstruada ou não – fora dublada (por Pauline Hunt) e que a Ariane de Racine, Picasso, Dionysos e outras celebridades do mesmo calibre serviram de inspiração para sua interpretação. Nada menos do que isso. Breillat, por sua vez, nos conduz às profundezas *à la* Duras do inefável e do inobservável sexo feminino, em suma, o eterno mal feminino, convocando o Antigo Testamento e situando-se entre Oshima e Pasolini, como sempre. Desnecessário dizer que a hierarquia autor-ator/ator pornô sai fortalecida desses filmes. O mesmo vale para a manutenção da diferença entre a realidade (cujo índice permanece sendo a penetração) e o jogo – entre as atrizes pornô, a quem se nega culturalmente o status de atriz, e os "verdadeiros atores" ou as "verdadeiras atrizes". Tudo é diferente com *Baise-moi*. O filme foi codirigido por uma atriz pornô, e as duas atrizes (também ex-atrizes pornô), Karen Bach e Raphaëlla Anderson, encenam tudo: tanto as cenas de sexo quanto todo o resto. A um só tempo, elas destroem a fronteira entre sexo e performance: o sexo é apenas uma performance como qualquer outra.

Desse ponto de vista, *Baise-moi* desconstrói a política sexual da política autoral, o que Ovidie não faz, atriz pornô e diretora que reivindica a flutuação pós-pornô. Em seu *Porno Manifesto* [*Manifesto pornô*], publicado pela editora Flammarion em 2002, ela se dedica muito a reinstaurar diferenças entre as trabalhadoras do sexo. *Porno Manifesto* é usado para demarcar a diferença entre pornografia e prostituição, apoiando-se na oposição entre realidade e atuação. A atriz pornô vende sua imagem, a prostituta vende o real: logo, não há performance sexual para a prostituta. Isso permite uma valorização artística do trabalho da atriz pornô – a quem Ovidie atribui um status de atriz que ela nega à prostituta –, mas também uma valorização das "meninas francesas" em oposição às "meninas do Leste". Uma oposição estruturante, que pode ser encontrada na política antiprostituição da direita francesa atual, com as leis de Sarkozy sobre a prostituição na França, votadas em 2003. Para Ovidie, as atrizes pornô do Leste, "medidoras de gás", são similares às prostitutas, que vendem uma lista de atos sexuais sem nenhuma emoção, negociando a força de trabalho e não a própria imagem. Que não sejam confundidas com as artistas do sexo à francesa.

Nota-se bem aqui como a restrição da performance à dimensão artística opera, no sentido de desembocar numa hierarquização entre "trabalhadoras do sexo" segundo um eixo nacionalista. Nota-se também como Ovidie, na busca por se posicionar como autora de pornôs de qualidade (com *Lilith*,[8] por exemplo, ou ao interpretar a dominatrix desajeitada em *Claudine*,[9] de Martin Cognito), assume uma política autoral tradicional, que, aliás, a conduz a uma renaturalização da feminilidade e a um protofeminismo distante do feminismo pró-sexo desenvolvido por *porn stars* norte-americanas, como Annie Sprinkle, a quem Ovidie se refere. Razão pela qual, na ocasião da manifestação das putas diante do Senado em Paris, em 2002, Ovidie adota a postura da turista fotógrafa. Essa hierarquização entre o proletariado sexual e a elite artística do pornô não existe nem em *Baise-moi*, o filme, nem na maior parte dos livros de Despentes, que colocam em

8 *Lilith*. Dir. Ovidie. Marc Dorcel Productions, 2001, 99 min.
9 *Claudine*. Colmax Productions, 2002, 83 min.

cena putas, *strippers*[10] conscientes do caráter construído e não natural das práticas e dos *scripts* sexuais, do caráter integralmente performativo da "realidade pornográfica" do sexo:

> Como Roberta, como a maior parte das meninas, eu tinha minha tessitura especial para o "corre" e minhas expressões para os clientes, nada a ver com o civil. Os primeiros *jobs* que tive em que precisava falar, eu não tinha coragem de falar muito com os clientes como uma idiota total, porque eu pensava que eles iam levar a mal e achar que eu estava tirando uma com a cara deles. Mas depois, na marra, comecei a me dar conta de que é exatamente assim que eles querem que você fale, com vozes que não existem no registro corrente. Vozes de meninas "assim ó". Vozes idiotas e bem estridentes. Excitante, hein?.[11]

Millet, Nimier: a pornografia no quarto e na cozinha

Quer se trate do livro ou do filme, *Baise-moi* sai dos âmbitos do dispositivo confessional característico da pornografia moderna, essa ciência da confissão que se espalhou por múltiplas formas discursivas científicas, ginecológicas, mas também, e particularmente, pela tradição literária francesa, através da escrita da confissão erótica feminina. Nem o livro, nem o filme são reféns dos dispositivos enunciativos que enquadram ou restituem um destinatário masculino. É exatamente o contrário do que acontece com autoras com incontestável status de autor, tais como Catherine Millet, Marie Nimier ou Catherine Robbe-Grillet, vulgo dominatrix Jeanne de Berg. Todas acabam entrando no roteiro da confissão erótica ou pornográfica encomendada por um homem, e cuja realização, no século XVIII, costumava passar por essas múltiplas narrativas pornográficas, dotadas de uma narradora em primeira pessoa, porém escritas por um autor masculino: de Diderot com *A religiosa* a Boyer d'Argens com *Teresa filósofa*.

10 DESPENTES, Virginie. *Les Chiennes Savantes*. Paris: Massot, 1996; e *Les Jolies Choses*. Paris: Grasset, 1998.

11 Ibid., p. 16.

A configuração do tipo Millet é rica nesse sentido, pois a narradora se vê balizada por três dispositivos distintos: o psicanalítico, o artístico (o fotógrafo e sua modelo, Jacques Henric armado com uma Canon Eos 10 que metralha três imagens por segundo) e o conjugal (Catherine Millet e seu marido Jacques Henric). Em seus relatos, Millet estabelece repetidas vezes um paralelo entre sessões psicanalíticas e sessões de sexo swing, a ponto de utilizar o termo "sessão" em seu texto e em suas intervenções públicas, como no encontro "Millet/Breillat" em Beaubourg, no dia 3 de maio de 2001, sobriamente intitulado "My secret Life", uma referência ao célebre texto erótico anônimo inglês. O outro dispositivo de regulação da abordagem é o que transforma a autora de *La Vie sexuelle de Catherine M.* em tema exclusivo das fotografias tiradas por seu marido, em uma coleção de fotos acompanhada de um texto assinado por Jacques Henric, intitulado *Légendes de Catherine M.* [*Lendas de Catherine M.*], publicado ao mesmo tempo que *La Vie sexuelle de Catherine M.*, em 2001. Nessa publicação, Henric instaura a relação pintor/fotógrafo-modelo a partir de um grande arcabouço de reflexões e de referências artísticas ou literárias (Picasso, Bataille, Joyce, Courbet, Blake, Klossowski), sem deixar de cultivar em paralelo (e por meio da lenda) a estrutura narrativa central do livro de descrição-confissão de sua mulher, a disponibilização do corpo feminino e sua troca, sua circulação entre os homens: "O que significa olhar o corpo nu de uma mulher e depois expô-lo?", pergunta Henric no *Le Monde*.[12] A resposta está no roteiro da demonstração-circulação da foto de uma menina nua entre meninos, o que relativiza bastante o roteiro conjugal divulgado pelo casal na imprensa, de absoluta separação entre a esfera sexual privada a dois e o mundo do swing frequentado por uma Catherine Millet sem o marido.

E como se isso não bastasse – ou então aí está a fragilidade atual do dispositivo da verdade do heterossexo, de um ponto de vista masculino que precisa ser repetido para continuar a existir –,

12 DOUIN, Jean-Luc Douin. "Du trivial au divin, Jacques Henric écrit son album de famille". *Le Monde*, 7 de abril de 2001.

Jacques Henric trouxe tudo isso de volta, três anos mais tarde, ao publicar seus comentários de grande libertino e escritor erudito, apaixonado pelo século XVIII, sobre os vídeos pornô com sua mulher e um segundo álbum de fotos sobre Catherine M.[13] Devido a esse empreendimento altamente "arriscado", ele é considerado como vanguardista por uma Josyane Savigneau, que, no *Le Monde*, eleva os desdobramentos disso ao status invejável de "escândalo": "Jacques Henric quis entender, como escritor, o efeito que as revelações de *La Vie sexuelle de Catherine M.*, o best-seller internacional de sua mulher, tiveram sobre ele".[14] É claro, quem melhor que esse marido poderia exibir uma tal ingenuidade pré-feminista e pornomoderna? Não seria ele, assim como Joyce e seus consortes, a melhor pessoa para descrever os embates de sua mulher:

> Sade, Laclos deram voz a suas respectivas heroínas, [escreve ele perto do fim do livro] Joyce também, com sua Molly Bloom. Melhor do que as mulheres que escreveram sob a vigilância das mães, essas personagens falaram, admiravelmente, através da palavra desses escritores, que sem dúvida não são mulheres. Mas será que eles são mesmo homens, esses que escrevem a partir de um lugar nas fronteiras do humano?

Pois é! Ser bom escritor não garante uma boa escrita... Artcore aos nossos ouvidos! Percebam que Breillat faz arte, mas Henric conhece a verdade do sexo. Não seria ele o escritor universal e, portanto, assexuado? Parece até Badinter.

Aquela que disse não à pornografia: Marie Nimier

Um outro dispositivo de regulação da abordagem e da produção da feminilidade pode ser encontrado no romance[15] de Marie Nimier publicado somente alguns meses depois do "caso"

13 HENRIC, Jacques. *Comme si notre amour était une ordure!*. Paris: Stock, 2004; *Catherine M.*, L'album. Avignon: L'instantané, 2004.

14 "Une question de vérité". *Le Monde*, 29 de outubro de 2004.

15 [N.E.] Trata-se do romance *La Nouvelle pornographie*.

Baise-moi, em agosto de 2000. As páginas de teor pornográfico que abrem o romance foram, na realidade, encomendadas por um editor que buscava explorar o filão de uma nova pornografia, capaz de tranquilizar os homens. Na verdade, o livro todo de Marie Nimier é um eco do "não" dirigido a *Baise-moi* pelo *Le Nouvel Observateur* e pelos críticos literários de esquerda e de direita, em geral seguidos pelos críticos de cinema, que subitamente começaram a reivindicar a arte da sugestão e da metáfora, o erotismo e o amor contra a pornografia invasiva. Marie Nimier será então aquela que diz não à nova pornografia, e sim ao amor. Ao apaixonar-se por seu editor, pois a escrita é um striptease insuspeito: "Essa busca permitia que ela desenvolvesse uma dança de sedução diante de seu editor, por quem se descobre apaixonada".[16] Ao chegar ao ponto de reivindicar o amor masoquista:

> E é aí que Marie Nimier se mostra habilidosa [...], deslizando suavemente em direção à ideia de que seu negócio é sugerir, evocar, desviar, não ir direto ao que interessa por medo de "matar o sentido, a sensualidade", por medo de fazer "como as que passeiam pela rua com '*baise-moi*' escrito na bunda e exibem um olhar enfurecido quando são convidadas para sair". Assim, passa-se do deboche a essa declaração: "Amar bem, muito bem, com ou sem conotação erótica, sem esperança de retribuição, de forma deliciosamente masoquista, amar meio sem esperança de ser correspondida. Amar, amar".[17]

É possível reconhecer a romântica que prefere se suicidar a sair atirando: a Marie Nimier dos primeiros romances, como o crítico literário do *Le Monde* não deixa de lembrar: "a do primeiro romance (*Sirène*, publicado em 1985) retratava uma fantasia de moça: se jogar no Sena para 'se juntar às sereias, suas irmãs'".[18]

16 BILLARD, Pierre. "Marie ou les ambiguïtés". *Le Point*, 8 de setembro de 2000.

17 MARTIN, Daniel. "La Nouvelle Pornographie". *Le Magazine littéraire*, 1º de setembro de 2000.

18 DOUIN, Jean-Luc. "Une mise à nu en trompe-l'oeil". *Le Monde*, 6 de outubro de 2000.

Marie Nimier é aquela que, da cozinha, diz não ao sexo fora do quarto e ao *road movie*, enquanto tenta preparar uma receita light a pedido de Gabriel, seu editor-chefe, cuja ambição é "dar início a uma corrente original, algo que seria para a pornografia o que a nova culinária é para a antiga. Menos carregada. Mais suculenta. Mais inventiva". Nimier faz as pazes com os grandes clássicos da performance da feminilidade, a saber, a domesticidade, a arte da sugestão e da alusão, em oposição a uma franqueza e a uma explicitação codificadas como masculinas no regime binário e dominante dos gêneros. Por sua vez, a escrita do sexo forte faz o máximo para reinstalar a oposição entre erotismo e pornografia: "Em *Baise-moi*, filme açougueiro, não há nada além de carne e tripas. Quase nunca desejo". Vários opúsculos das edições de La Musardine também reivindicam um retorno ao erotismo e ao segredo. Na parte final de *Introduction à la pornographie*, sobriamente intitulada "Conclusão e perspectivas", fica muito claro que:

> o medíocre filme *Baise-moi*, feito por Virginie Despentes e Coralie Trinh-Thi a partir de um romance de Despentes, gerou burburinho em 2000, tendo sido, após seu lançamento, privado do direito de exploração pelo Conselho de Estado. Essa história de duas mulheres que fodem (de fato), que massacram (não de fato) os homens que elas encontram pela frente não é típica da pornografia moderna [...]. Cinicamente, pode-se concordar com Bataille (em *O erotismo*, 1957) que, para o funcionamento da pornografia, deve-se manter um semitabu em torno dela. Um acampamento de naturistas não oferece muito estímulo aos visitantes.

Há dúvidas quanto a isso, quando vemos a que ponto a iconografia e os filmes naturistas, com os *nudies* norte-americanos dos anos 1960, surtiram efeito. Mas isso seria admitir que é preciso historicizar muito bem o olhar e a ereção. Ao contrário, uma mesma narrativa pornô "fica bem mais excitante quando ela é narrada por uma mulher, pois, para fazê-lo, ela sai da reserva que a tradição lhe impõe. Uma permissividade total arriscaria matar o desejo. Será que, para sobreviver, o pornô não deveria exigir permanecer parcialmente na clandestinidade?".[19]

Essa injunção generalizada quanto à arte de sugerir – e de se calar – não está limitada ao sexo. Exaltada pela escrita de Marie Nimier, a sugestão é também a marca autoral e do bom cinema francês. Em sua crítica a *Baise-moi*, o influente crítico e autor da biografia de Maurice Pialat, Pascal Mérigeau, classifica o cinema como sendo "em primeiro lugar, a arte da ilusão, da sugestão", opondo-o à pobreza e à baboseira de *Baise-moi* e Virginie Despentes, que se junta aos Quentin Tarantino e Oliver Stone da vida, e aos efeitos especiais do cinema fantástico atual, frontais demais:[20]

> Nenhuma novidade, nenhuma audácia de verdade [...], o desejo está completamente ausente. Humilhação, sadismo, estupidez são os motores e as razões de ser de *Baise-moi*. É essa deriva que é inquietante, essa recusa do pensamento, essa incapacidade de refletir sobre o funcionamento das pulsões e sobre os meios desse funcionamento. O filme está de alguma forma a serviço da barbárie [...]; a carga erótica ligada à própria natureza do cinema também corre o risco de se reduzir a nada, pois se não há nada escondido, também não há nada para ser mostrado.

Cabe notar, de passagem, o subtexto discriminatório do título do artigo, "La haine du monde" ["O ódio do mundo"], que faz referência a *O ódio*, filme de Mathieu Kassovitz que Pascal Mérigeau qualificaria sem dúvida como "filme de subúrbio", para retomar uma formulação que figura em seu artigo: "Despentes se apropria do filme de subúrbio, cujos cacoetes de linguagem ela recicla bem desajeitadamente".

19 BERTRAND, Claude-Jean; BARON-CARVAIS, Annie. *Introduction à la pornographie*, op. cit.

20 MÉRIGEAU, Pascal. "Thanatos sous le masque d'Eros, La Haine du monde". *Le Nouvel Observateur*, 22-28 de junho de 2000.

A mulher no quarto e na cozinha. Só falta um retrato de Bataille nos banheiros. Acrescentemos, para aperfeiçoar essa receita da culinária burguesa, um último índice de francidade, ou seja, a defesa heroica da nação e do espírito francês, com uma de suas expressões obsessivas, que é a diferenciação em relação aos Estados Unidos. Marie Nimier poderia suceder esses ícones da francidade que são De Gaulle e Napoleão, como estrelas de uma campanha publicitária no metrô de Paris, feita para os espetáculos super populistas de Robert Hossein. O *teasing* consistia em adivinhar quem tinha dito não, fazendo uma referência a De Gaulle, o resistente. Marie Nimier seria aquela que tem coragem de dizer não ao "politicamente correto" em sua compreensão cultural francesa. Numa cena de *La Nouvelle pornographie* [*A nova pornografia*], em que a vemos de partida para um encontro de autores organizado por uma universidade norte-americana, ela se arma, desde sua chegada ao aeroporto, com a retórica antigueto, para opô-la ao que ela chama de "uma escrita ampla do mundo", universal, em que defende sua condição de escritora tão-somente, não feminista, diante de suas colegas europeias com jeito de cotistas.

Tanto Millet como Nimier são construídas por seu próprio discurso e pela "imprensa de qualidade" francesa, de forma a reafirmar sua filiação artística e/ou literária. Nimier é exatamente como seu pai, homem reacionário e escritor de sucesso, pilar das edições Gallimard e autor de *Hussards* [*Hussardos*]. Ela foi coroada pela Academia Francesa e pela Sociedade das Personalidades das Letras, como lembra o *Le Point*. O verdadeiro assunto da nova pornografia é o trabalho da escrita. Sua verdadeira identidade, a única, é a do escritor antifeminista. Em contrapartida, Virginie Despentes expõe o *multiple identity disorder* e remete a uma incômoda flexibilidade das identidades: ex-*stripper*, ex-punk, ex-rapper, ex-redatora de artigos pornô para revistas especializadas, feminista, ex-caixa de supermercado... Lésbica?

Nimier diz não à nova pornografia para fazer dela uma farsa doméstica; diz não aos Estados Unidos, cultivando, assim como Catherine Millet, os tesouros da língua francesa, ao variar as expressões para designar o pau, que se torna, com poucas páginas de intervalo, "pênis", "mastro", "verga", "sexo", "membro". Nenhuma preocupação de variação na expressão ou na filiação literária pura em Virginie Despentes.

Em vez disso, *Baise-moi* opera uma desconstrução, uma ressignificação do regime pornográfico moderno, que procura proteger autores de francidade garantida, e que vem acompanhado de uma renaturalização dos gêneros, da feminilidade e da masculinidade, e de um antifeminismo explícito. *Baise-moi* se situa numa operação pós-feminista pró-sexo. Com tal título, as diretoras se reapropriaram de uma frase que muitos amam quando pronunciada pelas mulheres, para confirmar seu desejo por sexo (o que faz delas safadas ou putas) e, ao mesmo tempo, por objetificação (o que faz delas mulheres). Essa força política performativa não tem nada a ver com a palavra de ordem da marcha Ni Putes Ni Soumises, lançada na primavera de 2002. As cores codificadas do cartaz do filme *Baise-moi* – um *pink* sobre fundo preto, que foram espalhadas nos ônibus e impressas nas camisetas dos manifestantes mobilizados contra a decisão do Conselho de Estado em frente ao cinema MK2 Odéon, em 5 de julho de 2000 – foram retomadas na identidade visual do Ni Putes Ni Soumises. As meninas de Ni Putes Ni Soumises, obrigatoriamente femininas, "levantam e marcham" pela "França das Luzes, pela França da República, pela França de Marianne [...], uma França laica, onde o único princípio que prevalece é o progresso das consciências e nada mais".[21] Essa França que se muniu de uma lei iníqua que proíbe o véu, em respeito à "neutralidade" republicana. Com as meninas de *Baise-moi*, safadas e do S/M quando dá vontade, a reapropriação da feminilidade dá acesso a um feminismo pró-sexo, *grassroot*, pós-pornográfico, que também gera problemas, porque não está dissociado da emergência das culturas de origem árabe e outras, oriundas da integração e, portanto, pós-integração. *Baise-moi* foi censurado porque nele as meninas arregaçavam tudo e todos: os caras, os gêneros, mas também a República de Banânia e Elisabeth Badinter.

21 AMARA, Fadela. *Ni Putes, Ni Soumises*. Op. cit.

ARREGACE SEU GÊNERO!

O silêncio das *butches*

"Jodie Foster [...] parece um menino e fala como um homem."
New York Daily News, 1975

"Detesto vestidos e joias, e a única boneca com a qual um dia brinquei era um G.I. Jo. E tenho essa voz grave. É por isso que na escola me chamavam de rã."
Jodie Foster, Time Magazine, 1991

"Quero explorar a sexualidade feminina de uma forma que não aparece na tela."
Jodie Foster, Redbook, 1991

Longe de mim dizer que as *butches* são inocentes... E, no entanto, me vem à mente *O silêncio dos inocentes*, com Clarice Starling às voltas com Hannibal Lecter. A agente do FBI desafia o *psychokiller*/psiquiatra, quando ele lhe pergunta: "O seu chefe pensa em sexo?". "Isso não me interessa, doutor", diz a moça, que, no filme, recusa todas as investidas masculinas. O que Lecter sabe sobre Clarice e com qual economia do silêncio e do corpo se está lidando em relação às *butches*, não só nesse filme? Isso faz pensar uma vez mais em Jodie Foster, ícone lésbico que, após ter interpretado "marias-homem", dirigiu uns filmes esquisitos que tratam da "diferença", como *Mentes que brilham* e *Nell*, e que se pega sendo *femme fatale* na capa da *Vanity Fair*. Dá para fazer uma associação com o silêncio das *stone butches*, que, segundo se dizia, insistiam no erro até o ponto de calar o corpo, não gozando sexualmente ou então de uma maneira desconhecida. E tem também as feministas e o feminismo lésbico dos anos 1970-80, que colocam as *butches* no armário. Mas a revalorização da cultura *butch/femme*[1] a que se assistiu durante os anos 1980-90,

1 [N.T.] Neste ponto, Bourcier escreve que "a grafia fem é preferível a femme, pois indica uma visão não ontológica e menos razoável da feminilidade". No entanto, pelas razões já expostas (cf. nota 16 do capítulo "*Cultural studies* e políticas da disciplina: *talk dirty to me*!"), optou-se pela grafia *femme*, que acompanha o surgimento do termo.

com o surgimento de uma moda *butch/femme*,[2] assim como os trabalhos históricos e sociológicos sobre a "tradição *butch/femme* pré-feminista" nos países anglo-saxões teriam permitido acabar com o silêncio das *butches*? Não há perigo de isso acontecer, a menos que nos livremos desse hábito, que data do tempo em que a diferença sexual reinava no planeta, que nos faz pensar a partir do "dois", do par, a *butch* e a *femme* como extensão "natural", com todas as complicações político-sexuais geradas, embora as *butches* também flertem com outras *butches*, e embora *butch* seja um gênero singular. Será que uma *butch*, mesmo sem nenhuma sexualidade, largaria a camisa, o monóculo, o par de Dr. Martens, a jaqueta de couro, as calças de homem, a regata, as cuecas - tanto as longas quanto as curtas -, os *Ray-Ban*, as tatuagens, os piercings, a gravata, as roupas de operário, o boné, a moto ou o cigarro?

Fica uma vontade de falar do silêncio das machonas, por causa da reserva que lhes é própria ou que lhes é imposta. Uma tarefa meio sem fim, pois a própria lógica do armário[3] é a do querer-saber e muito frequentemente do querer obrigar a dizer, e não a da proibição. O silêncio só é percebido em sua relação com as coisas ditas, e é sempre eloquente. Portanto, vou tentar dar conta da invisibilização das *butches*, sem a pretensão de criar mais transparência ao descrever diversos regimes discursivos e sexuais que dizem respeito a elas dentro do feminismo, do pensamento *straight* e da teoria e cultura queer.

Butch/femm(inismos)

Com exceção de Monique Wittig, o feminismo dos anos 1970-80, incluindo o feminismo lésbico (materialista ou não), tomou *a mulher* como referência principal: a mulher enquanto sujeito político, a mulher e suas opressões específicas, mas também e mais frequentemente a mulher como solução, pois a liberação

2 Por exemplo, com *Butch/Femme on the Streets or between the Sheets*, documentário da inglesa Emma Hinley, lançado em 1996.

3 Estar no armário quer dizer não ter feito o *coming out* relacionado à própria identidade sexual ou de gênero e expor-se de modo que todo mundo "saiba".

da primeira vítima do poder patriarcal é garantia de um sinal de inspiração humanista. Numa lógica essencialista, as mulheres são diferentes dos homens, assim como sua sexualidade. Elas são "naturalmente" melhores e farão melhor do que os homens, tanto no plano sexual quanto no social. Daí a ideia de transformar as lésbicas em feministas, mas também em mulheres, ainda que recalcitrantes. Esse enquadramento das *butches* e dos comportamentos *butch/femme* foi bem identificado nos países anglo-saxões. O papel de uma organização lésbica feminista da importância da Daughters of Bilitis[4] – que não mediu esforços para acabar com códigos corporais e de vestimenta "marcados"[5] demais – foi amplamente comentado na literatura política e teórica. Traços disso podem ser encontrados na cultura popular. No segundo dos três episódios que o canal de televisão norte-americano *HBO* consagrou à vida lésbica nos Estados Unidos dos anos 1950 aos anos 1990, com *If These Walls Could Talk* [*Se essas paredes falassem*], produzido por Ellen de Generes em 2000, Chloé Sevigny encarna Amy, uma *butch* rejeitada pelas lésbicas feministas dos anos 1970.[6]

O joão-mulher

O feminismo francês não fica atrás na discussão, como prova a resposta nas páginas do mens(tru)al feminista *Le Torchon brûle*, lançado em 1971, acerca da confissão de uma *butch* que tenta evocar os vínculos possíveis entre reivindicação feminista, lesbianismo e masculinidade:

> Eu não quis laço rosa no meu cabelo. Será que eu era uma "maria-homem", uma "sapatona suja", uma menininha já

4 Primeiro movimento de liberação lésbica nos Estados Unidos, fundado por Del Martin e Phyllis Lyon em 1955. Daughter of Billitis publicou a célebre revista lésbica feminista *The Ladder*, de 1956 a 1972.

5 Ver: MARTIN, Del; LYON, Phyllis. *Lesbian/Woman*. Nova Iorque: Bantam, 1972; NEWTON, Esther; WALTON Shirley. "The Misunderstanding: Toward a More Precise Sexual Vocabulary". VANCE, Carole S. (ed.). *Pleasure and Danger*. Exploring Female Sexuality. Londres: Pandora, 1989; e HEALEY, Emma. *Lesbian Sex War*. Londres: Virago, 1996.

6 COOLIDGE, Martha. *If These Walls Could Talk*, 1972, 2º episódio. A versão francesa disponível em vídeo se intitula... *Sex Révélations*.

revoltada? Eu não queria me separar das brincadeiras dos meus irmãos e brincar de boneca sozinha. Será que eu era uma "maria-homem", uma "sapatona suja", uma menininha já revoltada? Eu preferia calças às saias, que me limitavam. Será que eu era uma "maria-homem", uma "sapatona suja", uma menininha já revoltada? Eu não gostava que os caras, reis das calçadas e dos cinemas, assobiassem para mim, beliscassem minha bunda e papeassem comigo com desdém. Será que eu era uma "maria-homem", uma "sapatona suja", uma menininha já revoltada? Eu beijei uma mulher, minha irmã, eu dormi com uma mulher, minha irmã, e me senti muito bem, buscando a igualdade. Será que continuo sendo uma "maria-homem", uma "sapatona suja", uma menininha já revoltada?

Comentário do jornal:

> Não ignoro que na homossexualidade existam meninas ditas "machonas", cujo disfarce nunca nos deixaria esquecer de que são mulheres, irmãs, vítimas do poder do macho, do falocentrismo, como todas as mulheres, embora elas se identifiquem com o macho e tentem quase magicamente (imaginariamente) se apropriar de suas prerrogativas, de seus poderes. Trata-se do mesmo tipo de alienação que leva alguns negros a alisar o cabelo, a parecer o máximo possível com os brancos, a fim de (creem eles) escapar da maldição de ser negro num meio racista e participar do mundo eleito "superior" dos brancos. A lésbica "machona" não tem mais poder do que nós, sua "virilidade" é imaginária, atuação e fantasia. É uma mulher, ela é nossa irmã, apesar do terno e de seus desejos de pênis.[7]

É que, para ser feminista, é preferível se transformar em mulher. Como Christine, por exemplo: "maria-homem com prazer que, quando criança, rivalizava com os coleguinhas nas brincadeiras e, já adulta, se impunha na vida sindical e política". Christine renunciou ao que chama de "identificação com o homem"

7 *Le Torchon brûle*, Menstruel n. 2. Agradeço a Suzette Robichon por ter me indicado essa referência.

quando entendeu o que ela significava. Então: "eu me senti verdadeiramente mulher, e mais ainda desde que passei a viver abertamente minha homossexualidade".[8]

É conhecido o argumento implícito na condenação do *gender crossing*, da "imitação" do gênero masculino ou do suposto par *butch/femme*. Seria uma reprodução condenável, de uma ponta a outra, do sistema de gêneros heteropatriarcal. A *butch* se beneficiaria mais particularmente dos privilégios sociais e sexuais do gênero dominante. Ela levaria a relações de poder e de opressão características do regime heterossexual. Em suma, *butch* e *femme* seriam vítimas da alienação secretada pela "supremacia do macho", chegando até a interiorizá-la.

Muitas análises vieram criticar essa visão da cultura *butch/femme* entendida como uma imitação "idêntica". Ao apontarem aspectos do regime heterossexual que não passam pela cultura *butch/femme*. Ao se aterem, mais precisamente, ao que quer dizer imitação e desencardirem a noção de sua herança metafísica, na qual, "por trás" de uma imitação, geralmente ruim, imperfeita, redutora, existe sempre um original ou um ideal de referência, em que a verdade é una, e a imitação falsa e múltipla. Sem necessariamente caírem no excesso que consiste em eximir a cultura *butch/femme* de sua conivência com a heterossexualidade, ou conferindo à imitação uma capacidade de insubordinação. Concedendo à repetição o poder de transformação, que permite uma ressignificação da masculinidade e da feminilidade. Voltando-se às equações rapidamente estabelecidas entre a sexualidade *butch/femme* e a heterossexual, nem que seja porque o próprio do feminismo consiste em, muitas vezes, dessexualizar as propostas e a política. Tentando distinguir entre práticas sexuais, identidades/práticas de gênero e papéis eróticos, até porque a crítica feminista da cultura *butch/femme* pressupõe uma continuidade entre esses diferentes níveis que está longe de ser óbvia.

8 Citado pelo coletivo Centre Lyonnais d'Etudes Féministes em: *Chronique d'une passion*. Le Mouvement de libération des femmes à Lyon. Paris: L'Harmattan, 1989.

"*Butch trouble*"

Mas, antes de voltar às diferentes interpretações do conceito de imitação que podem ser mobilizadas para dar conta da relação entre cultura *butch/femme* e cultura heterossexual, por que não começar invertendo a pergunta e questionar o tabu da "imitação dos gêneros" na esfera heterossexual? Em outras palavras, o que essa acusação revela *in abstentia*? Por que nos acostumamos com a cultura *butch/femme* sendo justificada ou celebrada de um ponto de vista lésbico? Como a crítica feminista das *butches* ou da cultura *butch/femme* aponta para zonas de irreflexão no feminismo e na cultura heterossexual?

Para começar, a *butch* não é o suporte ideal para que se proceda, com toda a tranquilidade, a uma estigmatização da simili-masculinidade na lésbica, uma focalização crítica que teria como efeito e como vantagem afastar ainda mais o feminismo de um campo de ação em que ele não investiu de fato: o da desconstrução da masculinidade e do binarismo masculino/feminino. O feminismo que, aqui segundo a inclinação beauvoirista, apenas desnaturaliza o gênero feminino para voltar à mulher, termina paradoxalmente por renaturalizar a mulher e deixar intacto o caráter construído da masculinidade.

A desconstrução da masculinidade poderia ter sido uma oportunidade de parar de concentrar a reflexão feminista na mulher e, principalmente, de fazer dessa reflexão o produto por excelência da diferença sexual. Pois o correlato dessa focalização é uma atitude política - o sujeito mulher é o sujeito inicial e fundador do feminismo - que geralmente vem reforçar uma concepção (re)naturalizante ou idealizante da mulher. Vem daí essa propensão, que tanto custou ao movimento lésbico,[9] de realizar uma unidade factícia entre mulher e lésbica, ao obrigar as lésbicas a serem mulheres e acusá-las de uma traição que poupa os homens. Vem daí essa fragilidade quando se trata de

9 As relações entre os movimentos feministas e os movimentos lésbicos, na França, são relações de filiação-traição constantes. Sobre esse assunto, ver a cronologia das tensões entre feministas francesas e lésbicas políticas em: BOURCIER, Sam; ROBICHON, Suzette. (orgs.). *Parce que les lesbiennes ne sont pas des femmes.* Autour de l'œuvre politique, théorique et littéraire de Monique Wittig. Op. cit.

articular feminismo e classe, feminismo e sexualidade, pois tudo aquilo que obriga a sair de um sujeito mulher purificado coloca problemas. Vem daí essa política feminista, com tantos exemplos na França, conduzida pelas *butches* no armário, que continua a fundamentar a ação feminista a partir de uma definição da mulher de forte substrato "biológico" ou democrático chique, sem ousar reivindicar nada além de uma paridade quantitativa fundada no par infernal da diferença sexual: os homens e as mulheres. Com isso, elas nem sequer imaginam que uma "paridade" homo/hétero apresente tanto interesse e esquecem que, se não for entrecruzada a outros níveis de opressão – como a classe e a raça, que também são estratos da identidade –, a categoria mulher se torna, com o tempo, uma matriz de exclusão.

Com isso, não é de se espantar que a crítica da estigmatização feminista da cultura *butch/femme* tenha sido formulada por lésbicas pretas ou lésbicas com forte identificação de classe, que vieram contestar a artificialidade da unidade do sujeito feminista; ou então por um pós-feminismo queer, que bebeu na fonte da crítica foucaultiana do sujeito – inclusive sujeito feminino –, para se questionar sobre os efeitos hegemônicos da categoria "mulher". De fato, essa categoria pode ser cúmplice de uma estabilização das normas de gênero:

> Seria a construção da categoria das mulheres como sujeito coerente e estável uma regulação e reificação inconsciente das relações de gênero? E não seria essa reificação precisamente o contrário dos objetivos feministas? Em que medida a categoria das mulheres só alcança estabilidade e coerência no contexto da matriz heterossexual?[10]

É verdade que a propensão a descer o cacete nos "*male identified perverts in dyke clothing*" (pervertidos identificados como "machos" vestidos de sapatona) ou reduzi-los ao silêncio mostra que a prática do gênero *butch*, isto é, o fato de romper com a suposta continuidade entre sexo "biológico" e gênero ou, melhor ainda, com a visão inteiramente construtivista do sexo/gênero, são

10 BUTLER, Judith. *Problemas de gênero*. Op. cit., p. 23.

impossibilidades na cultura heteronormativa. A concentração das críticas sobre as lésbicas é uma maneira de retirar a problemática *butch/femme* da esfera heterossexual. Ela revela a que ponto qualquer "butchização" da mulher é problemática nesse sistema. A rigidez do sistema sexo/gênero heterossexual se manifesta pelo apagamento de qualquer identificação masculina pela mulher, mas também por uma resistência à cultura *femme*. Há vários exemplos disso na representação cinematográfica, mas a área mais inexplorada da teoria também vale um olhar mais detido.

Num artigo intitulado "Towards a Butch-Femme Aesthetic"[11] ["Por uma estética *butch-femme*"], Sue-Ellen Case mostrou como o potencial crítico do posicionamento *butch/femme*, tal como foi explorado por certas teóricas heterocentradas que se apoiam na teoria da máscara de Joan Rivière, é traduzido *in fine* por uma expulsão da presença gay ou lésbica:

> A tentação da omissão é própria a certas críticas feministas heterossexuais, que metaforizam os papéis *butch/femme*, as travestis e as adeptas do campo da indumentária como "sujeitos mascarados", como elas dizem, ou então como "sujeitos carnavalescos", para as mais corajosas até mesmo como "*cross-dressers*". Esses empréstimos esvaziam o sentido e a dimensão histórica da encenação e do *cross-dressing* entre os casais *butch/femme*, da mesma maneira que a dimensão histórica do comportamento e das práticas de indumentária dos povos nativos norte-americanos é obliterada pelas insígnias ou estátuas que representam o indígena nas lojas de tabaco norte-americanas.

"*Femme trouble*"

Ao analisar a retomada da teoria da máscara por Mary Ann Doane, Case evidencia o fato de que algumas feministas heterossexuais[12] colocaram no armário teórico a cultura *butch/femme*.

11 *Discourse*, n. 11, inverno 1988-1989.

12 DOUANE, Mary Ann. "Film and the Masquerade: Theorizing the Female Spectator". *Screen*, v. 23, n. 3-4, setembro/outubro 1982.

Mas ela também mostra como a invisibilização das lésbicas – o que a autora chama de referente da teoria da máscara – vem acompanhada de um empobrecimento que atesta, a um só tempo, um bloqueio da *butch* e a impossibilidade para a mulher heterossexual de explorar os recursos da *femme* em matéria de desconstrução da feminilidade majoritária.

Doane se propôs a utilizar a noção de travestimento para conceber o prazer da espectadora feminina no cinema, como resultante da apropriação do lugar do espectador masculino e de uma vontade consciente de jogar com sua feminilidade enquanto máscara, no sentido em que Rivière a define. É dessa maneira que a mulher espectadora poderia estabelecer uma distância adequada em relação aos diversos papéis outorgados às mulheres na tela. A timidez dessa estratégia é evidente para Case, que ressalta o fato de que a espectadora de Doane se encontra numa posição de passividade que contrasta com a da *femme*, que é agente de sua própria encenação da feminilidade enquanto máscara:

> A diferença aqui é que Doane localiza esse papel na posição da espectadora, provavelmente pelo fato de que a posição que as estruturas heterossexistas exigem de uma mulher corresponde à do objeto passivo. A concepção da mulher ativa que Doane cria para si é a da espectadora ativa. Na economia *butch/femme*, a mulher realiza ativamente a performance de sua máscara, ela é o sujeito da representação. Ela oferece uma performance da máscara feminina [...]. Ao reinscrever a arte da pose e da exibição da feminilidade num papel passivo de espectadora, (Doane) amordaça e põe arreios nas encenações de papéis homossexuais tradicionais, nos quais o gênero não tem nada de essencial, e os substitui por uma posição de espectadora passiva que é essencialmente feminina.

As *butches* e as *femmes* não têm vagina

Doane priva, portanto, a espectadora de ser a agente desse jogo de gêneros. Acrescentemos que ela também priva essa espectadora dos benefícios trazidos pelas dissociações entre masculino/

feminimo e ativo/passivo, características da cultura *butch/femme*. Pois, quando essa cultura não é simplesmente entendida como uma metáfora política do falocentrismo, quando não se menospreza a análise dos papéis e das práticas sexuais, e se levam em conta outros níveis performativos, fica muito difícil acreditar nas determinações "biológicas" do binarismo passivo/ativo ou na correspondência forçada entre ativo/passivo e masculino/feminino. Ao menos, devido ao surgimento de identidades com ares "ontológicos" não muito convencionais, tais como *femme top*, *butch bottom* ou *soft butch*, que derrubam em parte o estereótipo da *butch* como a única autorizada a ser "ativa" diante de uma *femme* dita "passiva".

Mas bastar ir em busca do natural da diferença sexual que ele vem correndo, tanto na teoria como na prática, geralmente impondo uma concepção da mulher e do sujeito do feminismo desprovidos do potencial de "queerização" dos gêneros que um certo setor da cultura lésbica pode trazer. Por esse ângulo, a crítica da cultura *butch/femme* pelo feminismo também pode ser lida como uma "defesa" estratégica da diferença sexual, como uma tentativa de reificá-la para manter um tipo de projeto feminista que garanta o papel adequado à mulher (seja ela "biologicamente" definida ou reconstruída ao natural, após uma temporada numa clínica de cirurgia estética), diferente do homem, isto é, homassexual em vez de homossexual. De fato, a assexualidade lésbica, cuja declinação mais célebre é sem dúvida a amizade romântica, conheceu um verdadeiro sucesso porque permitia que a pessoa se retirasse do heterossexo – do famigerado regime sexual binário e hierarquizado – e se imaginasse vivendo num universo monossexo, onde os relacionamentos com alguém do mesmo sexo garantiriam a igualdade das relações.

A ficção da diferença sexual, que garante a utopia homassexual ou homossensual, feminista e feminilizante, é uma mistura de essencialismo e construtivismo, da qual Lilian Faderman é um bom exemplo. Com seu livro sobre a cultura lésbica contemporânea, *Odd Girls and Twilight lovers, A History of Lesbian Life in the Twentieth Century* [*Garotas estranhas e amantes do crepúsculo: uma história da vida lésbica no século XX*], publicado em 1991, Faderman dá a impressão de se preocupar com a manutenção do modelo de amizade romântica que ela retraçou historicamente em *Surpassing the Love of Men* [*Superando o amor dos homens*], publicado em 1981. Uma vez analisadas as recentes evoluções da cultura sexual lésbica – as *neobutches* e as *neofemmes* –, é discretamente delineado o triunfo da monogamia em série, modelo de referência da vida "lésbica" a duas, uma vida em que a pobreza da sexualidade se vê compensada por uma intimidade equilibrada, feminista porque igualitária, um tipo de assexualidade monista a salvo da dinâmica dualista da diferença sexual. Com o recuo permitido pelos anos 1990 em relação aos anos 1980, Faderman conclui que houve o fracasso da neocultura *butch/femme*, uma tentativa, dentre tantas outras, com práticas lésbicas e a pornografia, que as radicais do sexo teriam iniciado para reintroduzir polaridades sexuais capazes de chacoalhar o marasmo da vida sexual da lésbica.

Mas é preciso dizer que a própria Faderman, num subcapítulo de título provocador, "a atração dos opostos", reintroduz na sexualidade lésbica e na cultura *butch/femme* um dos mais antigos modelos "científicos" da heterossexualidade e da diferença sexual: o modelo eletromagnético de Ulrichs, o teórico do uranismo,[13] que se inspirou nas teorias do magnetismo animal de Mesmer para explicar a atração sexual entre duas pessoas e os papéis ativos e passivos. Faderman bem que tenta atribuir essa valorização consciente da polaridade às radicais do sexo. Mas, se é verdade que as lésbicas feministas pró-sexo reagiram contra uma visão igualitarista do sexo, elas o faziam para criticar a concepção implícita e angélica do poder que ele pressupõe, e segundo a qual as relações de poder são feitos dos homens e estariam ausentes entre mulheres. Reafirmar a presença das relações de poder na sexualidade lésbica, especialmente por meio da sexualidade S/M, não é decidir *ex abrupto* apimentar a vida sexual morna da lésbica, e sim reagir contra os fundamentos "biológicos" e naturalizantes do poder, contra uma certa visão da mulher e da sexualidade lésbica. É graças a essa redução heterossexualizante da cultura *butch/femme* que Fademan vê nela uma

13 "Uranismo" é o termo que ele criou para designar práticas sexuais entre pessoas de mesmo sexo mas de gênero diferente.

analogia da desigualdade das relações entre homem e mulher, e em seguida a utiliza para provar que, ainda hoje, a diferença de sexualidade pode ser explicada pela diferença dos sexos. Pois se as lésbicas não se deixaram convencer "de que elas devem lutar para conseguir a liberdade sexual dos homens", é porque elas são, antes de mais nada, mulheres. Além disso, o biologismo essencialista de Faderman vem novamente à tona quando ela afirma que, por razões morfológicas, o sexo em público não é feito para as lésbicas: "o flerte na rua, os contatos sexuais rápidos com estranhos que os homens gays tanto apreciam nunca foram uma prática lésbica, não somente por conta da maneira como as mulheres foram socializadas, mas também por conta da fisiologia da sexualidade feminina".

A reificação dos dois termos da diferença sexual (homem/mulher) acompanha a da diferença articulada em torno da orientação sexual (homossexualidade/heterossexualidade), além de uma concepção dual da sexualidade (como que produzida a dois, a partir do modelo do par em filigrana). No entanto, está longe de ser possível anunciar o "sucesso" ou o fracasso da cultura *butch/femme* circunscrevendo-a em relação ao par homo/hétero. Uma boa parte das *butches* não só se dirigiu para outras *butches*, mas muitas delas margeiam uma inscrição corporal da masculinidade queer (*female to male*, drag king, *boyz*[14]), enquanto uma parte das *femmes* prova as delícias do mundo das *dominatrix*, *femme fatale top*...

Drag women & buffalo butch: não se nasce homem, torna-se *butch*

Ao impor como âmbito teórico e político a oposição homem/mulher, um certo feminismo e um feminismo lésbico podem acabar fazendo com que isso corresponda aos papéis *butch/femme*. Vimos que essa crítica da reprodução dos papéis pressupõe a defesa de um dos dois termos da "diferença sexual" – o sujeito mulher politicamente virtuoso –, assim como uma unidade abusiva entre mulher e lésbica. Ela implica também

14 Registro de identificação masculina praticado pelas pessoas FTM transgênero queer.

que a utopia lésbica monogênero (mulher/mulher) seja possível. Bastaria encontrar o espaço original do já-aí mulher, que foi pervertido pela ordem patriarcal. Sobretudo, seria preciso um corte nítido, absoluto, com o regime heterossexual.

Outras maneiras de conceber a relação que existe entre a cultura *butch/femme* e o regime heterossexual/heteropatriarcal, que podem ser reunidas no paradigma mais geral da imitação, desembocam numa visão menos pura, menos exclusiva ou mais realista. Ao se partir da ideia de que não poderia haver um fora absoluto da heterossexualidade, ou de que o regime heterossexual também é falho, trata-se, na realidade, de investigar a relação de dependência/transformação que se estabelece entre heterossexualidade e cultura *butch/femme*. O que muda com as interpretações de Davis e Laposvky[15] (modelo imitação/tranformação), mas também com Butler (modelo imitação/performance) é, portanto, o valor e o modo operatório atribuídos à imitação.

Cópias não autenticadas

O modelo da imitação/performance atribui um valor crítico à imitação. O potencial crítico da imitação/performance, em sua interpretação feminista queer butleriana, vem do fato de que ela "peca" por excesso e descontextualização, ao se produzir na esfera gay e lésbica por meio da drag queen e dos papéis *butch/femme*, por exemplo. Se a imitação/performance é transversal, isto é, se ela opera tanto na esfera homossexual quanto na heterossexual, é na primeira que ela se mostrou visível, reivindicada e teorizada. Mas a imitação/performance tira sua força principalmente do fato de que a imitação, no sentido definido por Butler em *Problemas de gênero*, não é concebida entre um original e um modelo, mas entre imitações: a performance *butch/femme* não é a imitação dos gêneros masculino e feminino, ela é uma performance de gênero, da mesma forma que os gêneros masculinos e femininos heteronormativos. Não há diferença de natureza, mas sim de grau, entre essas diversas performances de

15 KENNEDY, Elisabeth Lapovsky; DAVIS, Madeline D. *Boots of Leather, Slippers of Gold*. Op. cit.

gênero que, além disso, não se articulam necessariamente pela diferença sexual.

Seguindo o raciocínio butleriano, não existe referencial mulher, e menos ainda referencial mulher único. Com essa concepção, ganha-se em desnaturalização e/ou em desbiologização, e encontra-se a saída de um regime sexo/gênero reificante. Mas, para saber se essa imitação crítica pode ser qualificada como resistência, é preciso relacioná-la à própria impressão de Butler, quem exclui qualquer concepção voluntarista das performances de gênero. Como o modelo imitação/performance coloca ênfase no valor teórico (para não dizer derridiano) da descontextualização, o que estaria em jogo é um fenômeno de resistência estrutural que está longe de estar constatado por completo. Já Namaste[16] opõe à utilização butleriana da performance da drag queen as formas de exclusão ou de severa delimitação que caracterizam esse tipo de performance na cultura gay:

> As drag queens podem circular livremente nos espaços gays, contanto que respeitem certas regras implícitas. O que aconteceria se uma drag queen fosse parar, não mais no palco, mas flertando nos corredores escuros do KOK (um bar do couro gay, em Montreal), em busca de um parceiro sexual? Que os gays possam acomodar a presença das drag queens num palco não significa que a liberação do gênero chegou. Na realidade, relegar uma performance de gênero como essa ao palco quer dizer que os gays não performam suas identidades, eles são.

Essa análise vale amplamente para os bares gays parisienses.

A escola das *butch/femme*

Quais outros critérios permitem apontar o que é capaz de distinguir as performances *butch/femme* de uma repetição/confirmação em matéria de gêneros e de papéis sexuais

16 NAMASTE, Ki. "Tragic Misreading: Queer Theory's Erasure of Transgender Subjectivity". BEEMYN, Brett; ELIASON, Mickey (eds.). *Queer Studies*. Nova Iorque: New York University Press, 1996.

heteronormativos? Com o modelo imitação/transformação, proposto por Davis e Lapovsky na monografia que consagraram à cultura *butch/femme* dos anos 1930 aos anos 1950 na cidade de Buffalo, o que prevalece é a posição do observador, ou seja, a das duas pesquisadoras antropólogas. Em *Boots of Leather, Slippers of Gold*[17] [*Botas de couro, chinelos de ouro*], elas concluem que as culturas *butch/femme* demonstram uma resistência ao gênero exercida pelas lésbicas, o que portanto contradiz as análises que só enxergam nisso uma imitação por completo da cultura patriarcal,[18] e que podem ser encontradas na crítica do S/M lésbico, dessa vez até mesmo em Butler, com seu "Lesbian SM, the politics of dis-illusion" ["Lésbicas S/M, a política da des-ilusão"], publicado em 1982.

Davis e Lapovksy trazem vários argumentos. No contexto pré-feminista, a dupla visibilidade aberta pela cultura *butch/femme* – a que permite que as lésbicas se reconheçam entre si, graças aos códigos de vestimenta ou de atitudes, e a da própria existência das lésbicas na cultura *straight* – é uma forma de resistência política. Em seguida, vem o argumento da dissonância sexo/gênero no âmbito pragmático da sedução e da sexualidade: as *butches* não eram homens, e as *femmes* se sentiam atraídas por mulheres masculinas com pleno conhecimento de causa. A cultura *butch/femme* tomou emprestados certos elementos do sistema sexo/gênero patriarcal – heterocentrado, eu acrescentaria –, transformando-os. Deve-se dizer que as *butches* de Buffalo não se consideravam homens aprisionados num corpo de mulher, isto é, elas não se inspiravam nas doutas teorias da inversão para apreender sua masculinidade. O gênero *butch* era o resultado de uma aprendizagem consciente, pródiga ou disponibilizada no próprio seio da cultura *butch/femme*. Com esse modelo de imitação/aprendizagem,

17 Lapovsky e Davis coletaram 45 narrativas junto a 45 "narradoras".

18 RUSSEL, Diana E.H. "Sadomasochism: A Contra-Feminist Activity". LINDEN, Robin Ruth; PAGANO, Darlene R.; RUSSEL, Diana E.H.; STAR, Susan Leigh (eds.). *Against Sadomasochism.* A Radical Feminist Analysis. São Francisco: Frog in the Well, 1982; e JEFFREYS, Sheila. "Butch and Femme, Now and Then". LESBIANS HISTORY GROUP. *Not a Passing Phase.* Reclaiming Lesbians in History, 1840-1985. Londres: The Women's Press, 1989. Ver também, em *Against Sadomasochism*, o artigo meio anti-S/M de Judy Butler vulgo Judith Butler.

a monografia de Davis e Lapovsky deixa pistas interessantes, que permitem localizar uma zona de negociação entre cultura heterossexual/heterogênero e cultura *butch/femme*, e perceber melhor que tipo de relação a *butch* mantém com os papéis sexuais e de gênero ditos masculinos. É essa a direção que se deve tomar para decidir acerca do potencial da cultura *butch/femme*.

Pois, se acreditarmos no valor da bolha social e política que a cultura *butch/femme* tinha entre os anos 1930 e 1950, somos obrigados a constatar que uma parte das distribuições dos papéis e dos gêneros que a caracterizam vão no sentido de uma impermeabilização das fronteiras e das funções: duas *butches* ou duas *femmes* não podiam ser amantes (apenas amigas), e era preciso obrigatoriamente escolher um papel (*butch* ou *femme*), sob pena de exclusão do grupo. Na opinião de Davis e Lapovsky, a partir do momento em que a pressão social era interna, obrigatória e compensadora, o preço a ser pago não era elevado:

> Não importa o que uma lésbica em particular chegou um dia a pensar ou sentir quanto ao código *butch/femme*, que ela tenha assumido esse papel de identidade como uma expressão natural de seu ser ou então como algo que lhe tenha sido imposto. Ela tinha a obrigação de adotar um papel. Era um imperativo social. Sob essa condição, ela poderia participar da comunidade e se beneficiar disso. Para as lésbicas que saíram do armário nos anos 1970, 1980 e 1990, é difícil entender esse conceito, pois imaginamos esses papéis apenas como códigos de comportamento pessoal. Consequentemente, cometemos o erro de considerar a pressão social em matéria de papéis como algo puramente arbitrário e negativo. Mas, nos anos 1940 e 1950, a pressão social tinha origem na maneira como os papéis funcionavam em relação à construção da comunidade. Se era exigido que os indivíduos comprometessem sua identidade, oferecia-se como contrapartida o pertencimento a uma comunidade que resistia de fato à opressão contra os gays e as lésbicas.

Valorizar uma micro-organização social rígida, sob pretexto dos benefícios sociais que ela traz, talvez não seja a melhor maneira de abordar os elementos específicos da cultura *butch/femme*. A eficácia de comunidades restritivas dotadas de um forte vínculo social não é nem específica, nem um argumento em si. Também se pode questionar em que medida não se trata de uma torção política conservadora bastante frequente no discurso antropológico, que muitas vezes admira funcionamentos simplificados, monolíticos e recompensadores nas sociedades homogêneas, como às vezes é o caso das sociedades ditas "primitivas".

Love me tender, a *butch* como "macho" ideal

Será que a rigidez do sistema *butch/femme* de Buffalo deve, por isso, levar à conclusão da existência de um revestimento da distribuição heterossexual dos gêneros e dos papéis? É essa a questão que fica, mais do que o grau de sucesso da reprodução de uma organização social. Dá vontade de dizer não, pois a imitação/integração motivada por interesses econômicos nunca foi uma opção para as *butch/femme* de Buffalo. Para nos convencermos disso, basta reler os testemunhos da época, que relatam sobre o modo como as forças da ordem heteronormativa irrompiam nos clubes e bares. O mínimo que dá para dizer é que as *butches* não eram recompensadas por sua imitação do gênero dominante ou pela suposta propensão a querer testar seus privilégios. Os heteroguardas não se enganavam, enviando para a delegacia as *butches* e as travestis, não as *femmes*, cuja feminilidade eles "provavam" estuprando-as regularmente. O que as drag queens e as *butches* dos anos 1950 têm em comum com uma pessoa trans que infelizmente se tornou célebre, Brandon Teena, é o fato de que lhes foi infligida a prova "biológica" da/"de sua" feminilidade pelo estupro. O estupro como prática de redesignação "biológica" forçada é moeda corrente até hoje, tanto em locais ermos como nos postos policiais, mas sobre o estupro a um só tempo recorrente e multiforme das *butches*, é preciso ler as páginas do *Stone Butch Blues*, de Leslie Feinberg, publicado em 1993.

A monografia de Davis e Lapovsky deixa entrever outras zonas de imitação/transformação da masculinidade e/ou da heterossexualidade, mas há também os textos de Leslie Feinberg, que conheceu muito bem a cena *butch* de Buffalo. Seus testemunhos e sua transbiografia mostram que a via da masculinidade *butch* não tinha nem realeza, nem imitação do homem ou do macho heterossexual. À diferença do que se lê em *O poço da solidão*, que é o retrato de uma lésbica masculina rica e célebre do começo do século XX na Inglaterra, em Buffalo não se nasce "homem", torna-se *butch*, e não se pratica uma sexualidade heterossexual nem nos papéis sexuais, nem nos papéis de gênero. Trata-se muito mais de aprender uma masculinidade de posição e um ideal de masculinidade que, justamente, se diferenciam da masculinidade *straight*, em relação à qual eles se constroem para corrigir seus efeitos.

Os valores cardinais da masculinidade *butch* são o par dureza e ternura (*toughness* e *tenderness*). Leslie Feinberg o menciona diversas vezes no relato de sua aprendizagem de *baby butch* junto a Al e Jackie, um casal *butch/femme* dos anos 1950. Ao explicar a Feinberg o paradoxo da *butch*, a um só tempo terna e durona, Jackie demonstra claramente que a dureza da *butch* é uma proteção contra as agressões do mundo *straight* e não deve ser exercida contra as *femmes*, a quem a ternura estaria reservada:

> – Al quer que eu seja durona; você, Lola, e as outras mulheres estão sempre me dizendo: seja doce, seja terna. Como é que eu posso ser os dois?
> Jacqueline se vira, dando a entender que tinha algo importante para me dizer. Eu a escuto.
> – Na verdade, Al tem razão. É egoísmo da nossa parte, da parte de nós, meninas, eu acho. Queremos que vocês sejam bem fortes para sobreviver a toda a merda que vão ter que aguentar. Nós as amamos como vocês são, fortes. Mas as *butches* aguentam e se endurecem. E acredito que, às vezes, gostaríamos apenas que existisse uma maneira de proteger o coração de vocês, e de impedir que percam a ternura, entende?
> Eu não entendia. Realmente não compreendia.
> – Al é terna?
> – Ela foi muito machucada. É difícil para Al dizer tudo o que ela sente. Mas acho que sim. Não acho que eu poderia estar com ela se ela não fosse terna comigo.

Sabendo que algumas *femmes* da cena dos clubes e bares eram prostitutas, dá para entender melhor que a masculinidade e a sexualidade das *butches* se contrapunham às dos clientes heterossexuais. A primeira vez que Feinberg dança com Yvette, uma *femme* prostituta, ela respeita estritamente os códigos da masculinidade *butch* queer: "Eu nunca encostava minha coxa em sua pélvis. Sabia que, enquanto mulher, ela estava ferida nesse lugar".

É aqui que aparece aquilo que separa a cultura *butch* da cultura feminista ou lésbica feminista, as quais, em sua abordagem do gênero, conclamam uma volta à mulher. O tornar-se *butch* de Leslie Feinberg pode ser entendido como uma criação consciente da identidade. Num outro caso hipotético, o tornar-se mulher (e não *femme*) consiste numa volta às origens. Do mesmo modo, dá para ver que a masculinidade *butch* pode manter uma proximidade transformadora muito forte em relação à masculinidade heterossexual. Nesse contexto, a *butch* é "o macho ideal" para as *femmes* lésbicas e prostitutas, uma vez que, no domínio das práticas sexuais, a masculinidade *butch* é caracterizada por uma imitação invertida da masculinidade heterossexual, passível de torná-la desejável em relação à situação sexual de muitas mulheres heterossexuais da época. Com efeito, a cultura *butch/femme* também se define por um sistema erótico particular, que não retoma a distribuição dos papéis e das práticas heterossexuais, mas se articula a partir de uma dissociação entre gênero e práticas sexuais. As práticas sexuais do gênero masculino heterossexual não correspondem às do gênero *stone butch*. O primeiro dever/serviço sexual da (*stone*) *butch* é trabalhar para a satisfação máxima de sua parceira *femme*, ao passo que a recíproca não é verdadeira: a *stone butch* também pode ser a intocável, cujos orgasmos não são resultado de estimulações genitais exercidas pela *femme*.

Trans-mutações

Um estudo da cultura *butch/femme* que privilegie o acesso a práticas sexuais (incluindo objetos) negligenciadas pelas feministas e pelas lésbicas feministas poderia dar resultados interessantes. Ele mostraria sem dúvida que o dildo não era necessariamente a arma fatal da *butch* e que a sexualidade *butch/femme*, por seus aspectos contratuais assumidos, toma de empréstimo a dimensão performativa (no sentido teatral e linguístico do termo) das práticas S/M, sob vários aspectos, uma outra maneira de diferenciá-la de relações de opressão sexual, tanto na cidade como no quarto heterossexista.

Daí emergiria uma visão menos ontológica e menos identitária da *butch* e da *femme*, mas também da lésbica. A eterna questão metafísica "quem somos nós?" poderia talvez ser substituída por outra: o que fazemos com esses dildos e com essas cuecas Calvin Klein que usamos? São deslocamentos nas indagações, que permitiriam uma ruptura com a fantasia de uma marginalidade distante, purificada e heroica, tendo em mente que o caráter operatório da margem talvez esteja ligado, justamente, a seu grau de proximidade com o centro. Por esse ângulo, a cultura *butch/femme* dos anos 1930 a 1950 é a um só tempo rígida, por compartimentar a vida social e sexual, e descentralizadora, por já colocar em funcionamento a separação entre identificação e identidade, gênero e práticas sexuais. Ela anuncia, com isso, os avatares da cultura *butch/femme* dos anos 1980 e 1990, que capitalizou em cima de anos de autonomização e visibilização da esfera cultural gay e lésbica, e que, por essa razão, levou a ainda mais cruzamentos suplementares e novas hibridações entre papéis sexuais, gêneros, identidades e práticas.

Longe de reforçar a opressão homem/mulher, a neocultura *butch/femme* não parou de desassociar continuidades "biologizantes" ou políticas e de propor imitações/traições a um só tempo perversas e efêmeras: com a aparição de pós-feministas *butch* (a exemplo de Cherríe Moraga) e de *top femme* e *bottom butches*, além de combinações *butch/butch*, *butch/FTM*, *femme/femme*, para citar somente as mais reivindicadas. Essas derivações, essas curiosas repetições das normas heterossexuais/heterogêneras, não são simplesmente a resultante imanente da fragilidade do regime heterossexual. Elas se tornaram possíveis e desejáveis pela construção recente de uma cultura lésbica e gay, fortalecida por suas (re)definições identitárias, enriquecida por sua circulação e contestação, e até mesmo por sua imitação/dependência em relação ao sistema heterocapitalista. Isso mostra muito bem o caráter não ontológico, eminentemente renovável e negociável das identidades.

Freaks, o retorno

> *"Consideremos os três grandes estratos relacionados a nós, quer dizer, aqueles que nos amarram mais diretamente: o organismo, a significância e a subjetivação. A superfície de organismo, o ângulo de significância e de interpretação, o ponto de subjetivação ou de sujeição. Você será organizado, você será um organismo, articulará seu corpo - senão você será um depravado. Você será significante e significado, intérprete e interpretado - senão será desviante. Você será sujeito e, como tal, fixado, sujeito de enunciação rebatido sobre um sujeito de enunciado - senão você será apenas um vagabundo."*[1]
>
> Deleuze & Guattari

As Luzes racionalizaram o normal e o patológico, para fazer dos corpos estranhos e monstruosos não mais as maravilhas ou os milagres da natureza, como em Ambroise Paré, mas os objetos das questões da teratologia de Geoffroy Saint-Hilaire. "A incorporação das perversões", que se instalou no final do século XIX, como diz Foucault, contribuiu para produzir a "verdade do sexo", criando sexualidades periféricas e "aberrantes", inversões de gênero a serem restabelecidas para legitimar um regime sexo/gênero que ainda é o nosso, o que nos designa homem ou mulher alguns segundos após nosso nascimento, e às vezes antes, com as técnicas de visualização pré-natal. A violência das categorias sexuais produziu modos de subjetivação, mas também identidades e corpos resistentes e diferentes. Mas como os dissidentes do sistema sexo/gênero dominante passaram de objetos-abjetos dos discursos médicos, psicológicos e jurídicos a sujeitos das práticas e dos saberes que os definem?

Em várias teorias e análises das identidades sexuais (uma boa parte da teoria feminista ou pós-feminista, incluindo a teoria

1 DELEUZE, Gilles; GUATTARI, Félix. "Como criar para si um corpo sem órgãos?". *Capitalismo e esquizofrenia 2*: Mil platôs. Trad. de Aurélio G. Neto, Ana Lúcia de Oliveira, Lúcia C. Leão e Suely Rolnik. São Paulo: Editora 34, 2012, v. 3, p. 25.

queer), acaba-se evitando o corpo ao se analisarem os efeitos do biopoder. É verdade que a teoria queer é muito teórica, muito dependente da noção de performance de gênero e da formulação mais prática "sexo/gênero". O perigo é herdar o binarismo de uma partilha entre "biológico" e "construído", e até mesmo entre "corpo" e "espírito", como se só estivéssemos tratando da parte socialmente construída das identidades, sem envolver o substrato "biológico universal": a diferença sexual. Por outro lado, a teoria queer vai mais longe do que as teorias construtivistas tradicionais (sociologia, antropologia ou feminismo), que nos convenceram de que os corpos são construídos. Por uma perspectiva queer, o corpo não preexiste a sua formação discursiva, aos saberes/poderes que o informam. O corpo não é o prisioneiro da alma ou da sociedade, é o efeito de uma produção disciplinar e tecnológica múltipla. O raciocínio vale para a produção do corpo do prisioneiro, assim como para o da mulher grávida e do internauta, inseparáveis de seus respectivos ambientes e maquinários. Daí uma redefinição da noção de corpo enquanto uma corporalidade que não estaria limitada ao próprio corpo. Nosso corpo é um conjunto de fronteiras e superfícies moventes e devidamente policiadas, produzidas por normas e tecnologias de saber-poder (o normal e o anormal, o vivo e o morto, o privado e o público, o orgânico e o não orgânico, o humano e o não humano), e não mais segundo o eixo interioridade/exterioridade, tendo a pele como fronteira.[2]

Ou então, em consonância com Deleuze e Guattari, modificando ligeiramente a pergunta "como criar para si um corpo sem órgãos?": como criar para si corpos sem organismo? Três estratégias de reapropriação da força das categorizações sexuais podem dar conta disso: o discurso reverso, a despsicologização e a recodificação. Elas permitem, ainda, restratificar, mil-platoicizar (quanto mais bizarro e horrível o neologismo, melhor), pois possuem certos alvos em comum com o CsO ("corpo sem órgãos") de D&G: "o organismo, a significância e a subjetivação".

2 Sobre esse assunto, conferir Marie-Hélène Bourcier, entrada "queer", em: ANDRIEU, Bernard (org.). *Dictionnaire du corps*. Paris: CNRS, 2005.

A censura produtiva: *freaks*

Muitas outras tecnologias político-sexuais poderiam ser invocadas (sobretudo a desidentificação), mas elas constituem formas de resistência ao biopoder que, sem necessariamente convergir em seus respectivos objetivos políticos, mostram-se eficazes. Em diferentes épocas, elas são a resposta de algumas minorias sexuais à implementação da *scientia sexualis*. Por exemplo, com o surgimento do.a homossexual e/ou do.a invertido.a no final do século XIX. Pela primeira vez, os discursos científico e jurídico estabelecem um vínculo entre um tipo de práticas sexuais e um perfil psicológico, até mesmo anatômico, para fixar uma espécie de perversão em relação ao sistema sexo/gênero dominante. Cria-se a identidade homossexual, que vem substituir a designação feita unicamente pelas práticas sexuais entre pessoas do mesmo sexo (a sodomia, o tribadismo), que antes prevaleciam.

A heterossexualidade – esse sistema sexo/gênero de criação recente, uma vez que só surgiu quando foi necessário balizar a ocorrência "natural" do desvio homossexual –[3] requer, igualmente, que o objeto sexual seja do sexo oposto. A partir daí, não só no.a homossexual e no.a invertido.a, mas também no.a fetichista, na mulher histérica e nos grandes masturbadores e masturbadoras, fica marcada toda uma série de tecnologias de poder que vêm engessar o rosto das "perversões". Essa é a eficácia da censura produtiva segundo Foucault: no lugar de proibir ou de interditar, ela cria; propõe novos recortes e extrai dessa fonte ocidental inesgotável que a medicina e a psicologia vão tomar para si: a verdade do sujeito, por todos os meios. Deixa-se a confissão de lado, mas passa-se a medir os quadris demasiado largos dos homens invertidos e os clitóris muito proeminentes das mulheres invertidas e outras megeras. Os "desviantes" são fotografados e levados a entregar suas memórias, para que sejam

3 Uma configuração estabelecida por volta de 1880. Na França, as primeiras ocorrências dos termos "homossexualidade" e "heterossexualidade" estão nos *Archives d'anthropologie criminelle de médecine légale et de pscyhologie normale et pathologique*, que começam a surgir em 1886 (ver a tese infelizmente não publicada de Patrick Cardon: *Discours littéraires et scientifiques fin-de-siècle*. Aix-en-Provence: Université de Provence, 1984).

exibidas e curadas. Em resposta, muitas identidades se constituirão em relação a essas identidades primeiras, que também são saberes-poderes, jaulas identitárias que colocam questões epistemológicas - para não dizer epistemopolíticas.

A apresentação sucessiva de nossas três tecnologias político-sexuais não visa dar credibilidade a uma continuidade ou a uma cronologia entre as diferentes estratégias de resistência ao biopoder produtor de identidades. Também não se trata de uma coleção de reviravoltas do estigma percebidas por um olhar de sociólogo. Essas tecnologias político-sexuais são, na realidade, contratecnologias de sexo e de gênero, possibilitadas pelos próprios mecanismos da produção identitária. Suas diferentes formas dependem do grau de sedimentação das subculturas que elas favoreceram e das quais emanam, mesmo que para fazê-las transbordar. Suas possibilidades dependem da concepção de poder escolhida. Numa concepção de poder-saber como campo de forças múltiplas e, por isso mesmo, criador de pontos de resistência estratégicos - que não obedece à concepção do poder jurídico e não postula a preexistência do sujeito à lei -, depreendem-se necessariamente formas de subjetivação que se contrapõem ao biopoder.

Os pervertidos atacam

A primeira dessas tecnologias político-sexuais de resistência foi determinada por Foucault, em *A vontade de saber*, sob o nome de "discurso reverso" ["*discours en retour*"]. Exemplo disso é a reversibilidade do discurso sobre a homossexualidade no século XIX: "A homossexualidade pôs-se a falar por si mesma, a reivindicar sua legitimidade ou sua naturalidade e muitas vezes dentro do vocabulário e com categorias pelas quais era desqualificada do ponto de vista médico". Para Foucault, como se sabe, a falibilidade do discurso patologizante sobre a homossexualidade é, a um só tempo, imanente ao modo de circulação do poder segundo a definição dada por ele e um fato causado por sujeitos/agentes - nesse caso específico, o movimento emancipacionista homossexual alemão. Assim como Karl Heinrich Ulrichs, essa figura do movimento de luta pelos direitos de homossexuais,

Magnus Hirschfeld se empenhou – em suas múltiplas publicações e por intermédio do instituto de sexologia que ele próprio fundara em 1919 – em renaturalizar a homossexualidade, ao demonstrá-la como "biológica". Na França, Gide e Raffalovich foram refinados praticantes do discurso reverso renaturalizante, embora não o tenham traduzido num estilo militante coletivo. Se era verdade, como dizia o médico aos pais de Paul, um dos homossexuais presentes em *Anders als die Andern*, de 1919[4] (filme de Richard Oswald com parte do roteiro escrita por Hirschfeld), que a homossexualidade "não é nem um vício, nem um crime, mas uma variação, um desses casos-limite de que a natureza é tão prolífica", então o parágrafo 175,[5] que a criminalizava na Alemanha, deveria ser suprimido. A abundante produção de defensores dos direitos dos homossexuais não impediu que o regime nazista destruísse o Instituto de Sexologia e obrigasse Hirschfeld a se exilar. Mas ela funcionou como discurso reverso, produzindo outras categorizações, outras significações e outras identidades. Todas elas vieram combater o poder-saber que, por meio de uma associação entre inversão e degenerescência, patologizava a homossexualidade. Elas propunham um registro de identificação (uraniano, terceiro sexo) diferente e não patológico. Diante da proliferação dos discursos médicos e jurídicos, Ulrichs e Hirschfeld responderam com as mesmas armas: ciência, categorização e criação de identidades. Assim, esses

4 *Diferente dos outros*, 1919. O filme será refeito em uma nova versão por Hirschfeld e Oswald em 1927.

5 O parágrafo 175 do código prussiano adotado em 1871 punia os "atos de depravação antinaturais com um outro homem", com pena de prisão de até cinco anos. A petição lançada em 1930 pelo comitê humanitário e científico fundado por Hirschfeld em 1897 recolheu mais de 6 mil assinaturas, dentre elas as de Lou-Andreas Salomé, Rilke, Thomas Mann e Einstein. Durante os anos 1920, o parágrafo servirá de justificativa para uma média de 200 a 300 prisões por ano. Em 1910, por pouco não foi aprovada uma lei que teria permitido a aplicação do parágrafo às mulheres. Sob o Terceiro Reich e após 1945, o parágrafo 175 permaneceu em vigor. Uma nota de Himmler, de 20 de maio de 1939, autoriza o "tratamento" de castração nos campos de concentração. 45 mil homossexuais foram condenados entre 1950 e 1965. A Alemanha Oriental foi a primeira a descriminalizar a homossexualidade, em 1968, seguida pela Alemanha Ocidental, em 1969, que revisa o parágrafo 175, autorizando as relações homossexuais entre adultos maiores de 20 anos. Apenas em 1994 é que o artigo desaparece do código penal alemão.

discursos alimentaram o poder biopolítico ao mesmo tempo que forneceram instrumentos para resistir a ele.

Scientia trans-sexualis

Naturalizante e dependente do discurso científico, a estratégia do discurso reverso ainda prevalece no movimento transexual francês. Uma das principais associações de defesa dos direitos das pessoas transexuais na França, a ASB (Associação da Síndrome de Benjamin), escolheu sua denominação em filiação direta a um médico endocrinologista, o Dr. Harry Benjamin, amigo pessoal e intelectual de Hirschfeld.[6] Ao identificar pela primeira vez a transexualidade[7] como uma "síndrome" possível de ser tratada se fossem levadas em conta as demandas de tratamentos hormonais e mudança de sexo de seus pacientes - o que a maior parte dos médicos norte-americanos dos anos 1950 recusava -, Harry Benjamin contribuiu para a consolidação da figura da pessoa transexual como alguém cuja realização dependia da transição para o outro sexo. Na França, essa fidelidade ao discurso médico na definição da identidade transexual se apoia no discurso psicanalítico, que garante a ordem simbólica e a diferença sexual e, portanto, um regime rígido dos gêneros, estritamente binário, que praticamente não permite nenhuma emergência de identidades transexuais diferentes. Tudo é feito para favorecer uma concepção da transexualidade como uma fase transitória e necessária "para conciliar sexo e gênero", num eco à teoria da inversão (uma alma de homem enclausurada num corpo de mulher e vice-versa). É necessária uma discordância entre sexo "biológico" e sexo psicológico para explicar o desejo de "mudança de sexo". Nesse contexto, o recurso à cirurgia intervém para reconfirmar "biologicamente" a verdade do sistema sexo/gênero binário dominante, principalmente se o discurso jurídico submete

6 Harry Benjamin nasceu na Alemanha, onde estudou medicina. Radicou-se nos Estados Unidos em 1913.

7 Com Cauldwell, um outro médico e colega norte-americano, Benjamin seria um dos primeiros a impor a denominação "transexual", suplantando o termo "travestismo", que prevalecia até então. Benjamin publica, em 1966, *The Transsexual Phenomenon*, que se transformaria numa das obras de referência sobre a transexualidade.

a obtenção da mudança de estado civil à condição de *post-op* (pós-operado.a) e não *pré-op* (pré-operado.a). Com o tempo, a pessoa transexual é levada a se fundir, a desaparecer em sua nova, e verdadeira, identidade de gênero, homem ou mulher e, portanto, a integrar o sistema sexo/gênero heterossexual. Essa concepção essencialista e naturalista do sistema sexo/gênero não deixa de lembrar a estratégia do movimento emancipacionista alemão, não só em seus pressupostos teóricos, mas também pelo fato de que ela se inscreve numa política de obtenção de direitos para as pessoas transexuais, que se justifica *in fine* por sua não diferença ou, em suma, por seu "desejo de normalidade" e de integração.

Trans, a ameaça

O mesmo não acontece com as políticas transexuais-transgênero ou queer que surgiram nos anos 1990. Elas são inspiradas numa concepção construtivista dos gêneros, do sexo e das identidades. Elas contestam a função reguladora que a medicina, a psicologia e o jurídico impõem às pessoas transexuais, ao defini-las como pessoas doentes que podem ser curadas, desde que optem por um único gênero (aquele que lhes falta) e que não divulguem seu estatuto de transexual.

O ativismo de grupos como Transexual Menace e Gender PAC, nos Estados Unidos,[8] ou o GAT, na França, tem como objetivo despsicologizar e desmedicalizar o discurso sobre as pessoas transexuais. Através do diagnóstico de "disforia de gênero", que leva a uma redesignação de sexo, a uma trajetória obrigatória

8 As primeiras organizações ou grupos de defesa dos direitos das pessoas transexuais surgem nos Estados Unidos nos anos 1960. O Transexual Menace é criado em 1994, em Nova Iorque, por ocasião da comemoração dos 25 anos das manifestações de Stonewall, para marcar a exclusão das pessoas transgênero da organização do evento. De 1994 a 1995, o Transexual Menace fez inúmeras ações públicas (escracho, *picketing*, *memorial*), principalmente acerca do processo dos assassinos de Brandon Teena. Em 1996, formou-se a chamada Gender PAC, uma coalizão de doze associações trans. Riki Anne Wilchins, a fundadora do Transexual Menace, continua sendo muito ativa. Para uma cronologia mais precisa, ver: WILCHINS, Riki Anne. "A selected chronology of the Transexual Menace and Gender PAC". *Read my lips*. Sexual Subversion and the End of Gender. Nova Iorque: Firebrand Books, 1997.

do masculino ao "feminino" ou vice-versa, combinada a uma vontade de se assimilar, de "passar", isto é, de tornar-se completamente crível enquanto homem ou mulher, as políticas transgênero evidenciam a opressão que essa obrigação à invisibilização representa ("*passing is opressive*"), bem como a fixidez e a pobreza das identidades de gêneros por ela impostas. Em oposição a isso, essas políticas propõem técnicas de visibilização no espaço público; os recursos do *acting up*, do *acting bad* e do *coming out* enquanto trans; a produção de masculinidades e feminilidades variadas; e até mesmo a de sujeitos-abjetos ruins, identificados como "monstros" ou "anormais".

Assim, as categorias "transexuais", "homem" e "mulher", bem como a "disforia de gênero", serão confrontadas por uma "euforia de gênero" (*gender euphoria*), como diz Kate Borstein, e por outras identidades de gênero, mas também por práticas transexuais e transgênero que questionam a necessidade das operações cirúrgicas, especialmente o fato de as mudanças de estado civil estarem condicionadas à mudança de sexo "atestada" pela vaginoplastia e pela faloplastia. Ainda mais porque algumas pessoas trans, como lembra Jacob Hale, não querem se identificar como homem ou como mulher:

> A subjetividade masculina não pode simplesmente ser reduzida a uma autoidentificação enquanto homem, pois nem todos os FTM se identificam como homem de um modo simples e não problemático. Diversas alternativas são possíveis. Alguns FTM, como David Harrison, se autoidentificam como homem transexual e o concebem como "um gênero diferente" em relação à ideia que as pessoas em geral fazem daquilo que quer dizer "homem".

Michael M. Hernandez escreve: "Minha orientação sexual é queer. Eu me considero como um híbrido de mulher e homem, e, portanto, tanto lésbica como gay". Da mesma forma que alguns MTF, como Kate Borstein, não se autoidentificam nem como homem nem como mulher, alguns FTM se posicionam como pertencentes ou não a um "terceiro sexo", ou esperam com impaciência o dia em que haverá mais opções de gênero à escolha:

Les revendications du G A T

1- **La déclassification du transsexualisme de la nosographie psychiatrique** ; la transsexualité, en raison de la méconnaissance du corps médical après des dizaines d'années de "recherches", doit être sortie du diagnostic psychiatrique préalable, la dépsychiatrisation impliquant une aide à l'**AUTO-DIAGNOSTIC**.

2- **L'abrogation ou la révision des "protocoles"** pour que les équipes médicales se réfèrent à un protocole adapté à chaque individu et non plus sur l'entité transsexuelle.

3- **Le libre choix du médecin**, le respect de l'omnivalence des diplômes de médecine et non plus la toute puissance médicale de rares "équipes officielles" auto-proclamées spécialistes qui se font gardiennes de notre identité/corps.

4- **Une meilleure adaptation des dispositifs juridiques et administratifs dans la période transitoire** ne nous condamnant plus à la clandestinité.

5- **Une prise en charge par la sécurité sociale du parcours hormono-chirurgical uniforme sur tout le territoire** pour assurer une égalité entre trans' de tous niveaux socio-économiques.

juin 2004

Flyer do G.roupe A.ctiviste T.rans, junho de 2004.

> Alguns FTM como eu se sentem profundamente desconfortáveis com as categorias de gênero que já existem; ainda que sejamos obrigados a nos situar em relação a elas em algumas situações (na Califórnia, minha carteira de motorista deve obrigatoriamente conter uma designação de gênero F ou M marcada), podemos escolher taticamente nos situar perante elas em algumas situações, por algumas razões (por exemplo, quando reivindico, aqui, falar enquanto – seguramente não representativo – transexual FTM), e nós podemos ser situados em função delas contra nossa vontade em algumas outras situações (por exemplo, no dia em que um outro FTM durante uma mesa-redonda insistiu no fato de que eu era uma mulher porque eu disse que ainda não tinha feito a cirurgia de cima e que não tinha a intenção de fazer a de baixo).[9]

Come up to the lab, let's see what's on the slab

"Vem dar uma voltinha no laboratório para ver o que tem na mesa de dissecação!" é uma das frases favoritas de Dr. Frank N. Furter, cientista travesti vindo do planeta Transexual e da galáxia Transilvânia, no filme de Jim Sharman, *The Rocky Horror Picture Show*. O Transexual Menace partiu desse filme, retomando a temática do monstro, do *freak* com o qual nos identificamos. A paleta de cores e a fonte sanguinolenta do logo do Transexual Menace são as mesmas do filme, cujo tema e o estilo *camp* são propícios à ressignificação e à tomada de distância em relação à cena médica e ao teatro anatômico. Os trans FTM, como Jacob Hale, tomam emprestados do feminismo reflexos de politização do corpo e de crítica da produção da masculinidade/feminilidade (pelos discursos científico, psicológico, mas também militante), uma produção historicamente centrada no corpo do *male to female* e na operação "por excelência": a "castração". Essas pessoas recusam a planificação dos "ataques cirúrgicos" tal como esta lhes é imposta. A

9 HALE, Jacob Hale. "Consuming the living, Dis(re)membering the Dead in the Butch/Ftm borderlands". *GLQ*, v. 4, n. 2, 1998.

emergência de *transmen* que recusam a equação homem = pau[10] põe em questão a hierarquização das operações, assim como uma identidade de gênero articulada em torno da ausência ou não de pau e da "inveja do pênis" como principal operador de gênero, como impõe a psicanálise. De forma geral, o procedimento transgênero vem acompanhado por uma vontade de modificar o sistema sexo/gênero dominante e dualista. Ele parte da constatação de que a redesignação de sexo, no caso das pessoas transexuais e das crianças intersexo, quase sempre visa unicamente reafirmar a separação feminino/masculino como uma divisão natural, ao passo que o procedimento transgênero vem de uma outra lógica política e mobiliza critérios estéticos puramente construtivistas, que, no final, fazem pouco caso dos critérios cromossômicos. Os ativistas do Transexual Menace e os do Hermaphrodites With Attitude[11] militam pelo direito a identidades de gênero não autenticadas, não submetidas ao diagnóstico psiquiátrico, e colocam em questão os enunciados performativos de gênero por excelência que ressoam nas maternidades: "é uma menina" ou "é um menino". O que não contradiz a luta pela obtenção de direitos, como se pode perceber através do acesso à "International Bill of Gender Rights"[12] ["Carta internacional dos direitos dos gêneros"] ou às ações do Gender PAC. O Hermaphrodites With Attitude conduziu ações conjuntas com o Transexual Menace, principalmente em maio de 1997, diante do hospital presbiteriano de Columbia, em Nova Iorque. Tratava-se da primeira manifestação pública em protesto contra as correções/mutilações genitais praticadas nas crianças intersexo.

Apartados do pretexto naturalista, esses modos de resistência ao biopoder se traduziram em uma proliferação de identidades estratégicas, atestadas pela explosão das subculturas trans e queer desde os anos 1990 e das autobiografias trans, como as de Leslie

10 Hale e os testemunhos das pessoas FTM no documentário de Elise Hurwitz e Christopher Lee, *Trappings of Transhood*. EUA: 1997, 27 min.

11 O HWA é um grupo ativista pela defesa das pessoas intersexo, constituído em 1996. Fundado por Cheryl Chase, ela própria intersexo, o ISNA (Intersex Society of North America) é uma importante organização de defesa das pessoas intersexo, que, em 1996, juntou-se a Gender PAC (Gender Public Advocacy Coalition, www.gpac.org).

12 A Carta (a versão de 1995) está reproduzida em: FEINBERG, Leslie. *Transgender Warriors*. Making history from Joan of Arc to RuPaul. Boston: Beacon Press, 1996.

Feinberg, Mark Rees ou Kate Bornstein, que destoam dos códigos narrativos severos dos relatos outrora dedicados à celebração do virtuosismo do bisturi cirúrgico, a exemplo de Christine Jorgensen, Jan Morris, Mario Martino ou Daniel Van Oosterwyck. As tecnologias de produção da autobiografia autorizada também fazem parte das tecnologias de subjetivação que obrigam, ao longo da transição, a contar a própria história como uma "mulher de verdade", a não começar as próprias frases com "quando eu era um menininho", para as transexuais, e "quando eu era uma menininha", para os transexuais. Essas tecnologias foram subvertidas em benefício de uma produção de identidades transexuais ou transgênero diferentes das do homem ou da mulher: *daddies*, queens, *s/he*, *trans*, *transman*, *tranny*, FTM, MTF, *boyzs*. O afastamento com relação à autoridade médica e a produção de saberes especializados pelas e para as pessoas trans permitiram igualmente uma ressexualização da identidade trans, além da possibilidade de se perguntar sobre a sexualidade trans, o que estava longe de ser o caso até então.

Esse tipo de reapropriação, feito em reação às tecnologias de saber, também se vale dessas outras estratégias, que são a ressignificação e a desidentificação. Operações de autonomização como as supracitadas, *transfag*, queer, sapatona, bicha, *hermaphrodyke*, *dyke with a cock*, *bulldyke*, *androdyke* e a própria expressão do Transexual Menace fazem parte de uma reversão/apropriação do xingamento, mas também de uma exploração dos recursos políticos da performatividade. Principalmente com a retomada *camp* da temática do monstro e da ameaça. "Esse problema" (eufemismo para "transexualismo"), como diz Colette Chiland, não enche o "cidadão comum de terror e compaixão?".[13] Elas são características do empreendimento de visibilização despertado após as manifestações de Stonewall, com a diferença de que, ao retomar termos de injúria para reinvestir identidades designadas como abjetas, elas reivindicam uma oposição às normas sexuais e de gênero, que constroem o desvio exigido para parecer naturais. Uma história um tanto fundacionalista faz com que fixemos a origem do movimento gay atual nas manifestações ocorridas em Nova Iorque, em junho de 1969, em resposta a uma batida da polícia no Stonewall,

13 *Respublica*, dossiê "Entre sexes", setembro de 2002, n. 26.

um bar situado na Christopher Street, no Greenwich Village. A história gay oficial em geral omite o fato de que as primeiras a enfrentar a polícia foram as drag queens e as putas. Essa origem é muito "nova-iorquina", negligenciando um episódio similar, porém anterior: as manifestações de agosto de 1966, a partir de um incidente acontecido na Cafeteria Compton em... São Francisco, que desencadearam uma retomada do radicalismo no movimento gay e transexual. Essas renomeações e reversões da vergonha em orgulho – que seria preciso relacionar com estratégias de apropriação como o *camp*,[14] mais antigas do que o *gay lib*, ou pelo menos anteriores aos eventos de Stonewall – podem ser encontradas numa fração do movimento homossexual francês dos anos 1970, com o FHAR:[15]

> Somos homossexuais com orgulho [...], somos mais de 343 sacanas, fomos enrabados por árabes. Temos orgulho disso e faremos novamente [...]. Nos vangloriando de sermos enrabados, "bichas" [...], subvertemos a linguagem que o hétero utiliza na rua [...]. Como poderia ele continuar dando uma significação específica a uma palavra como enrabado ou bicha, já que as tomamos para nós, já que as pervertemos, as homossexualizamos ao utilizá-las?.[16]

Esse tipo de *coming out* consiste em produzir definições, identidades da pessoa "homossexual" ou "transexual" que resistem às jaulas identitárias construídas pelo discurso médico e jurídico, aos quais podem-se acrescentar as mídias e o discurso popular. A autodenominação como ato de linguagem corresponde a uma vontade de gerar saberes opostos àqueles que alimentam a violência performativa da injúria. Pois, sem os discursos e as

14 Como o humor judeu, o humor *camp* (de *to camp*, extravazar) é uma maneira de enfrentar uma cultura dominante hostil. Mistura de exagero, teatralidade, valorização do que normalmente é desprezado, brincadeira com os gêneros, a atitude *camp* pode ser encontrada tanto nos filmes de John Waters, com Divine, como nas ações do Act-Up.

15 A primeira aparição do Front homosexuel d'action révolutionnaire [Frente Homossexual de Ação Revolucionária] é de 1971. Ela duraria três anos.

16 Trecho de uma carta enviada ao RSEH da Bélgica em 1972, citada por Jacques Girard em sua obra publicada pela Syros, em 1981: *Le Mouvement homosexuel en France (1945-1980)*.

autoridades que a legitimam, a injúria homofóbica, lesbofóbica ou transfóbica não funcionaria. Essas estratégias levam em conta, portanto, a própria genealogia da estigmatização e os efeitos de censura produtiva, responsáveis por fabricar as identidades sexuais. É, sem dúvida, a razão pela qual elas desembocam na contestação das formas de subjetivação garantidas pela família, pelo sistema educativo, pelas ciências "humanas" e outras, tendo em vista o heterocentrismo das disciplinas.

Sair do armário desemboca naquilo que Eve Kosofsky Sedgwick chamou de "uma epistemologia do armário". Essa epistemologia implica uma volta ao conjunto dos discursos e das disciplinas que contribuíram e ainda contribuem para a construção do binarismo heterossexualidade/homossexualidade, do paradigma transexual e das práticas de autodenominação. Essa compreensão mais ampla da homofobia, não limitada à injúria, mas entendida como um regime de saber-poder, traduziu-se numa vontade de visibilização nas instituições educativas nos Estados Unidos desde os anos 1970, com o estabelecimento do GAU (Gay Academic Union[17]). Na França, as reivindicações de espaços universitários dedicados às culturas gays, lésbicas, bi, trans ou queer, ou consagrados de maneira mais generalizada às culturas sexuais, fazem-se ouvir desde de meados dos anos 1990 nas organizações estudantis. Elas contrastam com o discurso de vitimização, que se limita ao movimento gay oficial, e emperra o debate sobre a penalização da injúria única e exclusivamente homofóbica, sendo a lesbofobia e a transfobia rapidamente assimiladas à homofobia. É ilusório pensar que a luta contra a homofobia, a lesbofobia e a transfobia seja a mesma antes e depois da agressão a Sébastien Nouchet em 2004, que foi molhado com gasolina e queimado em seu jardim por três pessoas que lhe haviam lançado um "você vai sofrer, bicha suja" pela igualdade de direitos.[18]

É preciso, portanto, ultrapassar a interpretação psicologizante e superficial do *coming out* como transformação da vergonha

17 Sobre a criação do GAU, ver: D'EMILIO, John. *Making Trouble*. Essays on gay history, politics and the university. Nova Iorque; Londres: Routledge, 1992.

18 Essa agressão foi amplamente midiatizada e suscitou uma retomada do ativismo contra a homofobia. Perben propiciou um encontro com a mãe e o amigo da vítima.

em orgulho, ou ainda a versão que faz dele a "revelação pessoal da homossexualidade" no círculo familiar. É urgente reconhecer nisso uma tecnologia de produção de saber e de identidade não submetida à definição da identidade sexual pela orientação sexual. Estamos diante de "tecnologias" de sexo e "de gênero", para retomar a formulação de Teresa De Lauretis, que autorizaram uma produção de identidades não heterocentradas ou que se reivindicam como tais e, justamente, não homossexuais: *butches* (as *soft* e as *stone*), drag kings, drag queens, as bichas loucas, *Radical Faeries*,[19] *bears*, S/M, *human pets*,[20] que também são recodificações das normas de gêneros, da masculinidade e da feminilidade, e mesmo da distinção humano/não humano. Essas microculturas sexuais continuam a realizar a contrapartida da gestão dos corpos e dos prazeres, tal como ela foi regulada na sexualidade moderna.

O Príncipe Albert e Lacan

A história dos objetos sexuais, por exemplo, demonstra bem como eles fazem parte a um só tempo das tecnologias de repressão e de produção de prazer advindas da biopolítica, e como estas foram, na sequência, transformadas em tecnologias de resistência entre as subculturas sexuais S/M, mas também gays, lésbicas ou queer. É que a violência das categorias sexuais também produz corpos resistentes e diferentes. O desenvolvimento das "ecologias S/M homossexuais" nos anos 1970, nos Estados Unidos (depois nos anos 1980-1990, na França), é apenas

19 *Faeries* quer dizer "fadas", e o termo foi utilizado como xingamento contra as bichas. As Radical Faeries são um movimento internacional que reúne gays antiassimilacionistas militantes interessados no desenvolvimento de uma espiritualidade híbrida e "*earth center*". O círculo foi fundado em 1979 por Harry Duchess Hay, mais conhecido como Harry Hay, considerado como um dos "pais" do movimento homossexual norte-americano. Foi ele que pensou no nome Mattachine Society, uma das primeiras organizações de luta pelos direitos dos homossexuais nos anos 1950. As Radical Fearies tinham predileção por um estilo chamativo e tresloucado.

20 Jogo S/M que, para o passivo, consiste em assumir o papel de cão fiel. O *human pet* (animal de estimação humano) é adestrado pelo ativo. Para um bom guia, ver: DANIELS, Michael. *Woof!* Perspectives into the erotic care and training of the human dog. Austin: The Nazca Plains Corporation, 2002.

um exemplo dentre outros. A cultura S/M gay é uma resposta à construção do homossexual afeminado, por meio de uma reconquista irônica dos signos da masculinidade (o bigode, o couro e diversos acessórios). A cultura S/M lésbica é uma tentativa de ressexualização da lésbica feminista identificada como "mulher". O surgimento dessas culturas marca também o momento em que as técnicas de repressão da masturbação, cujo desenvolvimento teria se ampliado a partir do século XVIII, são retomadas em práticas corporais e sexuais S/M ou queer no século XX. As cintas antimasturbadoras encrustadas com pinos para evitar qualquer ereção do pênis, os anéis e outros pregos colocados nos órgãos genitais, os cintos de castidade ou antimasturbatórios produziram os *cockring*, um piercing como o *prince Albert*[21] e a cintaralho. Tanto pior para o discurso socio-retro-antropológico alarmista de um David Le Breton, que reúne essas práticas no capítulo das modificações corporais, a partir de uma redução colonial (evocando o tribalismo) ou uma fidelidade às leis psicanalíticas, recomendando, no caso: "compreender o *prince Albert* com o auxílio do nome do pai" e interpretar essas formas de reapropriação como "riscos a serem tomados" e uma "perda das referências".

Identidades estratégicas e pós-identitárias

Se os discursos reversos podem às vezes incitar a um retrocesso, a um engessamento a-histórico, ou suscitar veleidades naturalistas, as novas estratégias pós-identitárias são destinadas a reagir a identidades recentes, passíveis de se tornar por sua vez hegemônicas e normativas, inclusive entre as minorias que as produziram.

Uma das funções das estratégias queer é combater o momento em que "gay e lésbica" significa apenas gay. De modo significativo, a primeira ocorrência da curiosa formulação "*queer theory*" – que devemos a Teresa De Lauretis –, data dos anos 1990, e está na capa da revista feminista culturalista *Differences*,

21 O *prince Albert* é um piercing colocado na glande do pênis. O anel passa pela uretra e sai à altura do freio peniano.

em contraponto à menção "*gay and lesbian sexualities*". Como esclarece De Lauretis em sua introdução, o termo "queer" vem marcar uma distância crítica em relação a uma dominação invisibilizante não somente para as lésbicas, mas para todos aqueles e aquelas que não são brancos (inclusive gays) ou brancas. Na França, a proliferação de novas identidades queer, pós-identitárias, ou de políticas sexuais que preconizam uma relação estratégica não essencialista e hipercrítica à identidade (o que consistiria numa definição muito boa do posicionamento queer), também provém de um questionamento da política assimilacionista gay (& lésbica) e das infradiscriminações que se produzem no interior da dita "comunidade" gay e lésbica, no que diz respeito a gays de origem árabe, pessoas com deficiência ou às lésbicas masculinas ou políticas, para ficar somente nesses exemplos.[22]

O "*politically pervers*"

Um "espírito" (para não dizer um espectro bem republicano) vai vociferar para você, com um ar de desgosto, que todas essas tecnologias de resistência vêm dos perigosos Estados Unidos, que elas estão para o sexo moderno libertino ou sadiano como a gastronomia francesa está para o McDonald's: depois do péssimo rango, a péssima trepada, ou seja, a guerra dos sexos, o *politically correct*, o retorno do feminismo, a politização do "íntimo". Ele vai urrar sobre a "tentação comunitarista" e a "retração identitária". Ele vai empunhar a "ameaça do gueto", sem distinguir entre enclausuramento imposto e inscrição das subculturas num espaço público que ele gostaria de ver reservado para si, de modo a privatizar as diferenças sexuais e sociais. De passagem, ele vai esbarrar, por meio da denegação, nas raízes da má consciência francesa quanto às políticas da identidade, que funcionaram a todo vapor para alimentar o antissemitismo de Estado e institucional. Ele contribuirá, assim, para reificar as oposições público/privado, subjetivo/objetivo e homo/hétero, a fim de continuar

22 Sobre esse assunto, ver o artigo de Cécile Bailly: "Beurs, bears, punks: ces minorités qui dérangent". *360°*, n. 24, julho-agosto de 2002.

se apoiando no universal heterossexual – a decorrência não marcada e não historicizada da homossexualidade – e se prevenir contra um lobby gay que conta, entretanto, com uma boa quantidade de gays e lésbicas pré-identitários, tão universalistas quanto ele, para não dizer tão conservadores quanto.

A reapropriação perversa que minou a construção da sexualidade moderna (a "dinâmica perversa" identificada por Jonathan Dollimore[23]), da qual dei alguns exemplos, desembocou numa crítica dos mecanismos de renaturalização identitária e submeteu as identidades a uma velocidade de transformação e a uma exigência de desconstrução que deveriam inspirar os universalistas nacionalistas. Eles insistem em ignorar seus pressupostos coloniais e masculinistas, em tachar qualquer política identitária de regressiva ou fascistoide, enquanto são eles mesmos os que mais engessam as coisas, principalmente pelo modo como definem o homem e a mulher, pela imutável diferença que seria a diferença sexual. Pela força das opressões, a multidão das identidades e das pós-identidades sexuais e de gênero, que contrasta com a pobreza da identidade unívoca nacional francesa branca, está bem adiantada em matéria de consciência do caráter construído e político da identidade, da sexualidade e dos gêneros. A década de 1990 são os anos de um retorno crítico às políticas da identidade dos anos 1960, inspirados no *black power* e nos limites da transposição do modelo étnico. O que resulta dessas políticas das diferenças não são novas identidades sexuais e de gênero unitárias, mas políticas culturais, novas maneiras de conceber as políticas, seus sujeitos e seus objetivos. Longe de reificar os binarismos identitários oriundos da *scientia sexualis*, essas novas lutas político-sexuais, e particularmente as que se denominam queer, propõem agir transversalmente contra qualquer identidade passível de se tornar hegemônica e excludente, normativa e marginalizante, incluindo as identidades gay e/ou masculinista, que jogam com os recursos da homossocialidade e do homoerotismo.

23 Ver do autor: *Sexual Dissidence*. Augustine to Wilde, Freud to Foucault. Oxford: Clarendon Press, 1991.

ESCRACHE A PSI

Escrache a psi: acharam o pau de Lacan!

"Estamos a todo instante ameaçados de perder a bússola do sexo."
Colette Chiland[1]

"Neste final do século XX, em que nos encontramos na própria fronteira dos gêneros, vemos convergir as epistemologias da prática médica masculina, a cólera das teorias feministas e o caos da experiência vivida a partir da determinação pelo gênero nesse campo de batalha que é o corpo transexual. Ele é um local de inscrição cultural altamente contestado, uma máquina significante para a produção de um tipo ideal. Representação em seu estágio mais mágico, o corpo transexual é também memória aperfeiçoada, em que está gravada a 'verdadeira' história de Adão e Eva como prova ontológica da diferença irredutível, biografia essencial que faria parte da natureza. História que a cultura conta a si própria, o corpo transexual é uma política tangível de reprodução, que se faz através da violência textual. A clínica é uma tecnologia de inscrição."
Sandy Stone, *Postranssexual Manifesto*[2]

O pau a gente acha (sem razão) que sabe o que é, mas o que seria um escracho? Literalmente, escrachar é produzir uma impressão forte, chocar mesmo, como está no dicionário. Para militantes do Act-Up, mas não apenas, trata-se de uma ação simbólica conduzida por um grupo de ativistas que visa a instituições ou personalidades públicas. Mais concentrado, mais reativo, mais rápido, mobilizando menos recursos do que uma

1 CHILAND, Colette. *Changer de sexe*. Paris: Odile Jacob, 1997.
2 "The Empire strikes back, A Postranssexual Manifesto". In: EPSTEIN, Julia; STRAUB, Kristina (eds.). *Body Guards*. The Cultural Politics of Gender Ambiguity. Nova Iorque; Londres: Routledge, 1991. Disponível em: https://sandystone.com/empire-strikes-back.html.

grande ação (o exemplo clássico foi quando o Act-Up Paris colocou uma camisinha gigante no obelisco, em 1993), o escracho está para a ação como o micro-ondas está para o fogão a gás. Nos dois casos, o objetivo visado é uma retomada pelas mídias e, portanto, a visibilização de um problema, e de um ponto de vista político, no espaço público. Quer se trate do escracho que vai ser relatado aqui contra o conhecimento lacaniano sobre trans numa conferência de 2003, em Paris, ou da primeira ação conduzida pelo Act-Up New York contra o FDA (Food and Drug Administration) em 1988, o que eles têm em comum é mobilizar ativistas especialistas contra saberes-poderes (discurso médico, jurídico, político...) normativos e patologizantes. Não surpreende que esse tipo de estratégia seja o apanágio das minorias sexuais, étnicas e de gênero, das transbichassapatas soropositivas.

A reprodução a seguir é a retranscrição na íntegra de uma comunicação que fiz no dia 23 de novembro de 2003, no âmbito da jornada "Pat Califia enfin à Paris" ["Pat Califia enfim em Paris"], organizada pela EPEL – uma seita lacaniana parisiense – e pelo Caritig,[3] na ocasião do lançamento da tradução para o francês do livro de Patrick Califia, *Sex Changes*, The Politics of Transgenderism [*Mudanças no sexo*: a política transgênero].[4] Esse livro tem que ser lido como um escracho, escrito e berrado com e pelas pessoas trans presentes entre o público, claramente destinado a dizer aos psis lacanianos, que se debruçam com curiosidade sobre as minorias sexuais e seus sexos e textos, que essa atitude não é nem benevolente nem interessante. Esse escracho foi um tanto especial. Minha contribuição consistiu em utilizar a forma da participação em uma conferência, com o intuito de objetificar os psis presentes no salão, à maneira dos teóricos e das teóricas do "transexualismo", em alta entre os psicanalistas e nas instituições médicas que continuam a reger a trajetória transexual na França. Não se tratava de interromper a conferência, impedindo que os palestrantes se exprimissem – o que pode ser o objetivo primeiro de um escracho.

3 Centre d'Aide, de Recherche et d'Information sur la Transsexualité et l'Identité de Genre [Centro de Ajuda, de Pesquisa e de Informação sobre a Transexualidade e a Identidade de Gênero] (www.caritig.org).

4 CALIFIA, Patrick. *Sex Changes*. The Politics of Transgenderism. São Francisco: Cleis Press, 1997.

Há várias razões para isso. A ideia era criar um rebuliço nos roteiros discursivos e pseudocientíficos dos psis, colocando-os de uma vez por todas, e em público, em uma situação que os fizesse senti-los na própria pele. Era preciso, então, fazer ou encenar novamente a performance do especialista e de seu paciente. Há alguns anos, os psicanalistas lacanianos franceses – sob pretexto de respeitar o mote político de não falar em nome de transexuais e transgêneros – insistem no erro de convidá-los.as para falar em seminários. Razão pela qual eles faziam questão de apresentar essa jornada de estudo em torno "do queer" e "do trans", sob os auspícios de uma organização trans, convidando Pat Califia, um eminente representante da cena política transgênero norte-americana.

Algumas pessoas verão nisso um progresso, embora o que muda seja apenas o local de encenação do zoológico. À observação do corpo e das afirmações do trans completamente patologizado e tímido se juntou o espetáculo de ativistas em cólera, com desfiles teóricos fantasiosos. O que muda fundamentalmente com a publicação do livro de Pierre-Henri Castel[5] sobre a transexualidade, que é referência para os leitores do *Le Monde* e para vários especialistas da cena médica internacional, é que ele cita a literatura transgênero (inclusive de ativistas) unicamente para continuar o diagnóstico num outro nível. Agora é preciso levar em conta as errâncias psicológicas de trans eruditos.as, sem esquecer de restabelecê-los.as biologicamente ao longo do percurso. Não fosse isso, por que Castel se daria ao trabalho de especificar, no índice de sua bíblia sobre a transexualidade, que Kate Bornstein "nasceu Albert"? Que eu saiba, é só na França que esse nível de arrogância lacaniana heterocêntrica ainda é possível.

Por todas essas razões, era preciso assegurar uma presença na tribuna e na sala, o que foi feito: o texto desta intervenção havia sido preparado anteriormente com ativistas do GAT (Grupo Ativista Trans) e do VigiTrans. Deu tudo certo: Patrick Califia morreu de rir, assim como todes queers presentes. Do lado do público, as pessoas trans tomaram a palavra para quebrar o tom epistêmico

5 CASTEL, Pierre-Henri. *La Métamorphose impensable*. Essai sur le transsexualisme et l'identité sexuelle. Paris: Gallimard, 2003.

da manifestação, na presença de Catherine Millot, especialista em "ilusão transexual".[6] Esse escracho teve um prolongamento em 2004, num filme com Lacan e outros, *Le Doigt de Dieu ou la bite de Lacan* [*O dedo de Deus ou o pau de Lacan*], inteiramente dirigido e rodado por pessoas transgênero componentes do GAT. Ele se soma a outros escrachos organizados pelo GAT, em Sainte-Anne ou na Cidade das Ciências e da Indústria,[7] em Paris. Em 2004, em La Villette, também em Paris, o GAT interpelou Patricia Mercader, durante sua intervenção sobriamente intitulada "A ilusão transexual", no âmbito do colóquio "Masculino: Feminino, a lei do gênero".[8] Em Sainte-Anne, os alvos foram participantes do seminário destinado a "profissionais", intitulado "O clínico e a demanda transexual", e os do último seminário, "Os distúrbios da identidade sexual", organizado por Thierry Gallarda e Colette Chiland. Um seminário aberto a estudantes, mas proibido a especialistas trans: a despeito dos pedidos, Tom Reucher teve sua participação recusada.

Para além da especificidade circunstancial de formas de desobediência civil como o escracho, ou mesmo os *sit-in*, os *die-in*, os *picketings* e os diversos tipos de *pride* (marchas dos orgulhos), tem algo que une as pessoas trans do GAT, Gandhi, as sufragistas, Monique Wittig e outras lésbicas diante do túmulo do soldado desconhecido em 1970,[9] as pessoas com deficiência na frente do

6 MILLOT, Catherine. *Hors sexe*. Essai sur le transsexualisme. Paris: Point Hors Ligne, 1983. No Brasil, *Extrasexo:* ensaio sobre o transexualismo. Trad. de Maria C. Marcondes e Nelson L. Barbosa. São Paulo: Editora Escuta, 1992.

7 "O GAT se opõe à infantilização das pessoas trans e ao poder médico totalizante" (panfleto de 10 de fevereiro de 2002) e "Mercader transfóbica, La Villette cúmplice" (panfleto de 2 de junho de 2004). Os panfletos e os comunicados do GAT estão disponíveis em: http://transencolere.free.fr [N.E. fora do ar]. Após o escracho, o debate seguiu no site do La Villette e deu lugar a rodadas de pergunta/resposta entre Patrícia Mercader e Tom Reucher (28 perguntas feitas a Patrícia Mercader. Disponível em: http://syndromedebenjamin.free.fr).

8 Ver a entrevista de Tom Reucher, "Trans la Menace, la police du genre c'est fini!". *Corps 9*, primavera de 2003.

9 Em 26 de agosto acontece, no Arco do Triunfo, a ação que lança o MLF nas mídias: uma dezena de mulheres, entre as quais Monique Wittig, deixam um punhado de flores para a mulher do soldado desconhecido. O evento acontece em conjunto à greve nacional das mulheres, organizada pelas feministas norte-americanas que entram em greve do trabalho doméstico, da maternidade, da cama, para festejar o 50º aniversário do voto das mulheres nos Estados Unidos.

Flyer GAT, Escracho Mercader, La Villette, Paris, 2004.

G.A.T MERCADER TRANSPHOBE LA VILLETTE COMPLICE

Le Groupe Activiste Trans (G.A.T) s'étonne et s'indigne ce soir, qu'une cité comme celle des sciences et des industries prônant le débat public et par conséquent l'ouverture des échanges invite Patricia Mercader, maître de conférence en psychologie sociale, auteure de l'ILLUSION TRANSSEXUELLE. Un titre qui ne fait qu'expliciter son contenu transphobe, et la transphobie de son auteure que nous dénonçons et condamnons fermement. La Cité de la villette en laissant Mercader usurper NOTRE parole, celle des trans (transsexuelLEs et transgenres), se fait également complice de cette transphobie. Puisque Mercader tient ce soir à nous démontrer l'illusion du transsexualisme, nous allons lui démontrer la réalité de la transphobie, la réalité de SA transphobie.

Au nom de quoi Mme Mercader vous permettez-vous de parler à notre place si ce n'est pour asseoir le statut que vous nous infligez de malades mentaux ("*La conviction de ne pas être de son sexe, mais de l'autre relève du domaine de l'illusion voire du délire*", "*le syndrome transsexuel peut se concevoir comme une forme particulière de décompensation psychotique ou bien de décompensation chez un borderline*") si ce n'est également de mettre en avant votre moralisme absolu hétéro-patriarcal légitimé par le biologique et l'ordre naturel et donc votre position idéologique tout à fait hors de propos dans votre étude sur les trans ("*or l'une des caractéristiques de l'attitude naturelle à l'égard du sexe est d'être invariant: tel individu est homme ou femme parce qu'il a été homme ou femme dès sa naissance, et le restera jusqu'à sa mort et même au-delà.*") et surtout de légitimer voire rassurer vos contre-transferts envers vos "patients" trans ("*Pendant la 1ère phase de mon travail par exemple, alors que je rencontrais des femmes en demande de changement de sexe, et par conséquent d'abord d'une mammectomie, je me suis aperçue un soir que depuis quelques temps je m'endormais les mains posées sur ma poitrine, comme pour la protéger.*").

Parce que nous sommes TRANS et fièrEs, nous dénonçons le fait de n'être réduitEs qu'au silence, et au mépris de ces psys transphobes; psys sujets à des contre-transferts patents, psys qui cautionnent la façon dont les trans sont pris en charge en France, prise en charge protocolaire moraliste, fascisante qui consiste en "un suivi psychiatrique sous contrainte" d'au moins 2 ans, et si nous répondons à LEUR CRITERES DE SELECTION ARBITRAIRE, que nous entrons dans le quota de 15% de CANDIDAT trans sélectionnés par an, que nous faisons partie de la bonne tranche d'âge selon les régions (puisque les protocoles varient d'une région à l'autre, il faut avoir entre 23 et 65 ans sur paris par exemple), que nous ne sommes pas homosexuelLEs dans le genre d'arrivée, que nous n'avons été ni mariéE, ni parent, que nous ne sommes ni séropo, ni travailleuRSE du sexe ("*Il est également indispensable que le changement du sexe civil ne servent pas à cautionner la déviance, la perversion, ou la débauche.*")…et avec beaucoup de chance on pourra enfin obtenir le certificat qui nous annonce ce que l'on savait déjà: "Oui vous êtes enfin transsexuelLE".

Parce que nous refusons l'ultra-pathologisation que vous nous infligez, parce que nous refusons que quiconque nous dise qui nous sommes au nom d'une morale hétéro-normative pseudo-compassionnelle complètement ringarde, parce que nous voulons disposer librement de nos identités sans définition et de nos corps sans nom:
Nous dénonçons ce soir la TRANSPHOBIE de Mercader et de la Cité
Vous qui vous faites **responsables** des corps mutilés, estropiés par des opérations de réassignation dont la réussite fonctionnelle et esthétique est encore trop aléatoire, manque de motivation des équipes chirurgicales françaises due à l'ultra-sacralisation d'un corps qui ne doit pas nous appartenir.
Vous qui êtes **complices** de la clandestinité dans laquelle vous nous poussez, nous trans sans papiers qui pour les obtenir sommes contraintEs à une castration physique et une expertise qui relève du viol physique et psychique.
Vous qui êtes complices également du suicide des membres de notre communauté, de leur auto-mutilation, des crimes transphobes dont ellui sont victimes.
Comment osez-vous Mme Mercader après tout cela parler à notre place?
Répondez à la question!

Le GAT exige:

- **La dépsychiatrisation de la question trans.**
- **L'aide à l'auto-diagnostic, c'est à dire privilégier le diagnostic différentiel et non pas positif conformément aux standards de soins internationaux et la résolution du parlement européen du 12 septembre 1989.**
- **L'abrogation ou la révision des protocoles de soins aux trans suivant les Standards Of Care de la HBIGDA ou de la résolution du parlement européen du 12 septembre 1989.**
- **Une prise en charge uniforme et de qualité des demandes de soins destinés aux trans sur tout le territoire.**
- **Le changement d'état-civil et des papiers usuels (carte vitale…) dès que l'usager le souhaite.**

Flyer GAT, Escracho Mercader, La Villette, Paris, 2004.

parlamento inglês em dezembro de 1997,[10] Rosa Parks e os *sit-ins* dos negros durante a luta pelos direitos civis nos anos 1960: uma estratégia de expressão política que se vale da performance "teatral" (como toda política), da consciência da performance forçada da raça ou da identidade sexual e de gênero, e do poder político da fala e do silêncio. É porque Gandhi entendeu que "interpretar o inglês perfeito" não bastava (muito pelo contrário) que ele decidiu trocar sua performance de advogado *so British* de terno e gravata pelo dhoti tradicional, multiplicando os exercícios públicos de "não cooperação" com as autoridades coloniais. Foram as sufragistas atrizes de profissão que insuflaram formas de visibilização de empalidecer as *gay prides* atuais, ao organizar, no dia 17 de junho de 1911, a Woman's Coronation Procession, em que 40 mil mulheres desfilaram em Londres, encenando figuras femininas históricas, sem esquecer de Joana d'Arc. Se Rosa Parks ficou imóvel no fundo do ônibus e negros.as resistiram pelo silêncio, voltando todos os dias a se sentar em cafés nos quais o atendimento lhes era negado, é porque eles apontavam a arma do silêncio para aqueles que antes se utilizavam dela: os escravocratas do Sul, que proibiam escravizados.as negros.as de falar. "Silêncio = morte", "saber = poder". Os escrachos têm por finalidade evidenciar as políticas da fala e do silêncio. Impedir um especialista de se exprimir visa a criar consciência não apenas do caráter discutível de suas teses, mas também dos silêncios que ele impõe ao falar no lugar de alguém. Assim, é extremamente revoltante ver que o Estado francês acaba de abrir processo judicial contra oito militantes do Act-Up Paris que jogaram sangue falso (um grande clássico, e com razão, no país do sangue contaminado) nos muros do palácio presidencial, o Elysée. Mas é ainda mais deplorável ver que esse estilo de ação é demonizado pelos.as homossexuais limpinhos.as, alérgicos.as à militância que os.as trouxe aonde eles.as estão hoje.

10 Pessoas com deficiência sem braços e sem pernas fizeram uma ação na frente do Parlamento usando as extremidades de seus membros para manchar o solo com sangue.

Transcrição (intervenção de 23 de novembro de 2003)

"Será que os psis são transfóbicos"?[11] É evidente que sim, e a culpa é de Lacan. Vou tentar descrever a síndrome do CTLPHF, que afeta especialmente os lacanianos e se apoia em duas negações principais: a foraclusão do nome de Lacan e a negação de sua militância heterocêntrica, para fazer valer o delírio da diferença sexual como natural. É, aliás, esse segundo aspecto que me levará a tratar do segundo ponto do debate de hoje, "Lésbicas, gays, bi, trans: uma mesma luta?", respondendo à pergunta a respeito do que distingue completamente as políticas transgênero das políticas homonormativas e conformistas em matéria de gênero, e ainda mais das políticas *straight*, que encaram o queer como quem vai ao zoológico. Mas, antes de mais nada, o que é a síndrome do CTLPHF? Contra trans lacaniano pré-feminista hétero fetichista.

A síndrome do CTLPHF

Essa síndrome vem sendo descrita e foi objeto de algumas comunicações em congressos recentes: na Conferência Nacional sobre Gênero, Gender PACKING, que aconteceu em Washington D.C., no dia 10 de maio de 2003, e cujo tema era "A heterossexualidade, esse problema doloroso"; na Escola Prática de Estudos de Perversão e Desvios de Paris, no dia 5 de fevereiro de 2003, com uma conferência intitulada "Freud e Lacan, a *folie à deux* e sua resolução homoerótica"; e no MacBa de Barcelona, em junho de 2002, com uma intervenção notável do grande professor Bikou, intitulada "Usos conjugados da testosterona e da cocaína, ou a reconstrução da virilidade e da mandíbula de Freud". Ela se apoia numa literatura de casos lamentável de se ler e que, na França, diz respeito principalmente a Mercader, Millot, Castel, Frignet,[12] Lacan... Infelizmente, é preciso conhecê-la. Chiland é claramente

11 Dois temas foram reservados para essa "conferência-debate sobre transgênero" que acontecia na sala Chaillot-Galliera, na Avenida Georges V, em Paris: "Será que os psis são transfóbicos?" e "Lésbicas, gays, bi, trans: uma mesma luta?".

12 FRIGNET, Henry. *Le Transsexualisme*. Paris: Desclée de Brouwer, 2000. No Brasil, *O transexualismo*. Trad. de Procópio Abreu. Rio de Janeiro: Companhia de Freud, 2002.

uma irracional mística, e Millot uma psicótica assintomática. No caso de Castel, é preciso reconhecer que ele produziu "um texto perfeitamente inteligível": *La Métamorphose impensable* [*A metamorfose impensável*], que não é "uma salada de palavras".

[todas as afirmações injuriosas e os adjetivos pejorativos empregados ao longo desta intervenção provêm dos textos de Mercader, Millot, Castel e cia., que os utilizam para falar de pessoas trans. Assim, os comentários sobre a surpreendente inteligibilidade do texto de Castel são uma retomada de suas colocações condescendentes em relação ao texto de Kate Bornstein, *Gender Outlaw*[13] [*Fora da lei do gênero*]:

> Esse texto é mais preciso e mais denso (que outros textos da literatura transgênero), tanto nas reivindicações quanto nas dúvidas levantadas. É importante notar que ele é perfeitamente inteligível: não cabe dizer que o jogo aqui jogado, com categorias majoritárias como o pertencimento a um gênero, ou o sentimento de si, é tão desviante que beira

13 Ao ler *Nearly Roadkill*. An Infobahn Erotic Adventure, o ciberromance escrito por Kate Borstein e Caitlin Sullivan, rapidamente surfamos para fora das regiões metamorfóbicas de Castel. Scratch e Winck, os.as dois.duas heróis/heroínas, não se deixam designar por um gênero e inventam novos *shifters*: *he/she* tornam-se "*ze*"; *his/her* tornam-se "*hir*". Scratch e Winck praticam todas as performances da feminilidade e da masculinidade, do *bear* à *femme fatale*. O fato de elas terem tantas sexualidades diferentes insinua claramente que o sexo é apenas uma performance. Na realidade, Scratch e Winck são *gender killers* tão perfeitas, que será preciso detê-las. Já que elas reivindicam o direito de não assinalar o campo M ou F online, o Federal Bureau of Census and Statistics fica responsável por elas, sob pressão das empresas, que gostariam de marcar perfis e lucrar em paz. O intuito de *Nearly Roadkill* é dinamitar a rigidez do sistema sexo/gênero binário, desnaturalizá-lo, indo além dele por meio de diversas performances de gênero e de *wet sex*. Nas entrelinhas, estamos diante da caça ao *gender bender*, o *road movie* tão presente na cultura transgênero e na luta militante pela abolição dos marcadores do gênero no documento de identidade – que, aliás, foi inscrita em 2004 na agenda do coletivo contra as discriminações, que reúne o Les Panthères Roses, o GAT, o Act-Up e a Academia Gay & Lésbica.

o *non-sense*. Não é uma salada de palavras [...]. Bornstein,[14] aqui, manifesta-se capaz de acomodar suas dificuldades de identificação a um sexo no interior de um âmbito lógico-gramatical e de integrar experiências recalcitrantes.

Assim, vou comentar alguns casos de CTLPHF tirados de minha prática pública, para que vocês possam perceber a extensão do problema colocado por pacientes desse tipo. Insisto em chamá-los de pacientes, "eles deverão permitir que os chamemos de pacientes, pois todos sofrem, são mesmo tão *patéticos* que terminam por tragar os médicos à loucura da bússola do sexo".[15] Antes de começar pelo caso Chiland, examinemos o primeiro nível de negação: como é possível que todos os pacientes de que vamos falar tenham forjado para si a crença desvairada segundo a qual existiriam apenas dois sexos? Como eles puderam ignorar as reformulações da articulação sexo/gênero operada pelos médicos e psicólogos dos anos 1960, no pior sentido? Primeiro nível de negação, que pode chegar à foraclusão: o que chamamos a foraclusão do nome de Lacan, assim como do nome do pai, e que, por isso mesmo, tem por efeito a integração da confusão feita por Lacan entre o falo e seu próprio pau. E de fato, para os lacanianos, como imaginar Lacan sem pau? Como admitir que o

14 O importante é saber que *Gender Outlaw* é uma das primeiras autobiografias transgênero, escrita em 1994 por Kate Bornstein, ativista e ícone da cena trans americana. A própria forma do livro e da escrita autobiográfica inventada por Bornstein vem quebrar a linearidade do destino trans do ponto de vista dos médicos e redesignadores de gênero: passar de um sexo a outro. Antes da intervenção de trangêneres como Kate Bornstein, a trajetória e a maioria das autobiografias trans eram produzidas sob controle. No dispositivo médico e psiquiatrizante, a autobiografia e seus equivalentes – visitas ao psi para ver se está tudo bem – são instrumentos privilegiados de regulação e devem ser produzidos pelas pessoas trans a partir de códigos muito precisos, para ter credibilidade como mulher, se a pessoa tiver se tornado mulher, e como homem, se a pessoa tiver se tornado homem. *Gender Outlaw* é escrito num estilo autoficcional pós-moderno, que se vale da retórica da colagem e do fragmento, mas também do teatro: a segunda parte do livro é o texto de uma performance, *Hidden Gender*, escrita e encenada por Kate inúmeras vezes. *Gender Outlaw* simplesmente explode a disciplina autobiográfica trans. E isso não tem nada de uma salada de frutas bonitinha (BORNSTEIN, Kate. *Gender Outlaw*. On Men, Women and the Rest of Us. Nova Iorque; Londres: Routledge, 1994).

15 Chiland, em resposta às pessoas trans que não querem se identificar nem como doentes, nem como doentes mentais.

significante falo ["*phallus*"] possui curiosas turgescências, e ainda assim desejá-lo profundamente?

Os lacanianos acusam as pessoas trans de tomar o significante-mestre, o falo, pelo órgão, mas o problema também aparece em Lacan, como bem demonstraram Silverman[16] e De Lauretis,[17] ao comentarem esse excerto acerca do significado do falo:

> O falo é o significante privilegiado dessa marca, onde a parte do logos se conjuga com o advento do desejo. Pode-se dizer que esse significante foi escolhido como *o mais saliente do que se pode captar no real da copulação sexual*, e também como o que é mais simbólico no sentido literal (tipográfico) desse termo, *já que ele equivale aí à cópula* (lógica). Também podemos dizer que, *por sua turgidez, ele é a imagem do fluxo vital na medida em que ele se transmite na geração.*[18]

Complicação suplementar muito sensível nos casos de Chiland e de Millot, uma vez que a lei do Pai Lacan é transcendental e hiperestrutural; eis o que constitui dois obstáculos suplementares para pensar a desnaturalização do pau em geral, e a do pau de Lacan, *a fortiori*. Isso demonstra uma negação fundamental das formas de masculinidade sem pau praticadas por várias pessoas transgênero, que usam muito bem o dildo e usufruem o bastante da metoidioplastia, sem Lacan, é claro.

16 "A relação entre o falo e o pênis é, portanto, completamente mistificada: ela advém ao mesmo tempo do milagre (isto é, está para além de qualquer explicação racional ou profana) e da natureza (isto é, que ela motiva biológica ou ontologicamente). Em ambos os casos, esse vínculo parece escapar a qualquer determinação ideológica. Dizem que é assim mesmo". SILVERMAN, Kaja. "The Dominant fiction". *Male Subjectivity at the Margins*. Nova Iorque; Londres: Routledge, 1992.

17 Ver o capítulo: "The Lure of the Mannish Lesbian". DE LAURETIS, Teresa. *The Practice of Love*. Lesbian Sexuality and Perverse Desire. Bloomington; Indianapolis: Indiana University Press, 1994. Teresa De Lauretis retoma a discussão, percebendo a ancoragem fundamentalmente heterossexual do pau procriativo em questão.

18 LACAN, Jacques. *Écrits*. Paris: Seuil, 1966. No Brasil: *Escritos*. Trad. de Vera Ribeiro. Rio de Janeiro: Jorge Zahar, 1998, p. 699 (grifos de Sam Bourcier).

O caso Chiland

Eis o que Colette Chiland escreveu numa de suas obras pseudocientíficas - *Changer de sexe* [*Mudar de sexo*] - e que ela própria utiliza em sua prática filosófica, médica, psiquiátrica, psicanalítica e pedagógica. Vocês vão notar o aspecto *multiple identity disorder* e a vontade de invadir as profissões ligadas à medicina e à psicologia, muito frequente entre transfóbicos:

> Quando conhecemos a história do paciente, do mesmo modo que é fácil para nós nos dirigirmos a ele em seu gênero de chegada, é difícil fazê-lo sem esforço. Mesmo com a igualdade de condições - nós conhecemos o percurso -, algo nos é imposto. Não é um critério constante para nós mesmos, nem invariável de uma pessoa à outra. Mas são sempre critérios superficiais. Não se diz Senhora ou Senhorita para alguém que tem barba e bigode. Num nível mais profundo, eu teria dificuldade de considerar como um homem alguém que não seja - virtualmente - capaz de me penetrar, e não tenho medo de ser encurralada [*leia-se estuprada*] na minha vida privada por um transexual FM, porque o critério superficial na fantasia de Adão é revelador. O mesmo não acontece com meus colegas homens diante de um transexual MF.

Aqui, é preciso entender, elas podem estuprá-"lo" e eles têm medo de serem estuprados por MF não operados. Segue um instante de lucidez, imediatamente aniquilado por uma visão: "Mas eu me repreendo e o paradigma dos intersexuais se apresenta a mim. Posso ter na minha frente um homem nascido sem membro, não percebo isso - e muitos outros como eu - da mesma maneira que um homem que teve o membro retirado".

Aqui, é preciso dizer, estamos diante de uma apropriação, no mínimo literal, da psicologia das profundezas. E que mostra bem a força do contratrans, que eu sequer preciso chamar de contratransferência! O que Chiland fantasia é uma designação do gênero pelo estupro: um FTM nunca será um homem, já que ele nunca poderá exercer sobre mim uma penetração forçada e, seria preciso acrescentar, fecundante! Pois, ainda segundo Chiland, a diferença dos sexos não é apenas biológica. O que é decisivo, cito, é "a posição no coito e a situação em relação à procriação". Disso resulta que as penetrações anais não fazem parte do quadro, pois são não fecundantes. Sabemos quais são os posicionamentos de Chiland sobre a homossexualidade: ela recentemente lamentou que a homossexualidade tenha sido tirada do índice mundial das doenças psiquiátricas, como me recordou o professor Jean-Marie Grégoire, grande especialista da transcorporação *à la* Cronenberg.

A essa regressão em direção à heterossexualidade como natureza, essa designação do gênero masculino no regime heterossexual, é preciso acrescentar o dedo de Deus. Com efeito, pode-se imaginar que a cena primitiva completa da heterossexualidade inclui, para Chiland, ter um dedo enfiado em si, mas o de Deus, tendo em vista seus "delírios místico-morais". Eu me refiro aqui ao subtítulo e ao desenvolvimento das conclusões de *Changer de sexe* e, principalmente, à parte intitulada "O dedo de Deus", seguida de um "se Deus está morto, tudo é permitido", que é preciso parafrasear com "se o pênis desapareceu ou saiu para dar uma volta, eu perco a bússola do sexo, então façamos de tudo para que ele não saia do lugar e para que nem Deus nem Lacan percam seu pau".

Lembremos, de passagem, que Chiland, na mania de falsificação de textos que caracteriza as traduções dos psis transfóbicos – mas daria para dizer a mesma coisa dos psicanalistas homofóbicos e lesbofóbicos –, traduziu o título de uma obra de Stoller, *Presentations of Genders* [*Apresentações de gêneros*], de 1985, como *Masculin ou féminin* [*Masculino ou feminino*], publicada pela editora Presses Universitaires de France, em 1989. Cabe identificar aí um outro índice dessa vontade desvairada de fabricar para si uma concepção binária e exclusiva dos gêneros, fonte de injunção à regressão biologizante. Por exemplo, quando Chiland fala, para fixar a ligação a um único sexo a ser estigmatizado, "[n]a vontade desvairada dos transexuais de querer ser membro do outro sexo". Ou quando ela se tranquiliza no que diz respeito às pessoas FTM, ao ressaltar, com uma fórmula que eu deixo para avaliação de vocês, que "se o pedido para mudar de sexo fosse motivado pela inveja do pênis, que toda mulher vive de uma maneira ou de outra, haveria uma fila enorme de mulheres pedindo para mudar de sexo". Aff! Filas de mulheres, isso não existe. Não tenho tempo suficiente para me aprofundar nisso, vocês vão me perdoar, mas me deixem assinalar, de passagem, que a forma que a CTLPHF toma em Chiland também se manifesta por meio de uma violenta resistência à autodenominação e ao autodiagnóstico operados pelas pessoas trans, pela promoção de uma política de prevenção das dissonâncias de gênero desde a mais tenra idade (se apenas pudéssemos alertar as crianças em devir trans para desviá-las desse destino sombrio) e pelo desenvolvimento de um regime disciplinar de vigilância das pessoas trans operadas (os estudos catamnésicos) sob a forma de um abusivo contrato de troca: se as pessoas trans são operadas, elas devem aceitar em contrapartida serem observadas durante alguns anos, só para provar que a operação não as curou. Chiland ainda não pensou em acompanhar as pessoas não operadas. E, é claro, as pessoas trans é que são acusadas de serem biologizantes em seu pedido de operação corporal, e nada mais que corporal.

O caso Millot

Já Millot é um caso característico de delírio: um significante perseguidor, aqui "trans, a ameaça" remete a qualquer significado. Isso vale especialmente para *Extrassexo*, uma obra felizmente esgotada, mas que infelizmente não foi escrachada pelas pessoas trans, como aconteceu com Chiland ao sair pela editora Odile Jacob. É um livro que tem uma estrutura interessante, ilustrado com fotos de Coccinelle, travestis de Singapura, Eva pelada, pessoas trans completamente exotizadas e erotizadas: ou seja, apenas MTF. Parecia até que estávamos em um guia da Paris devassa dos anos 1950, ou então em *Tirésia*, o último filme de Bonello, lançado em 2003. Voltarei mais tarde a esses dispositivos de demonstração das minorias sexuais que tornaram a ficar em alta entre os psis. Antes disso, vamos tentar restituir a constelação de significados que entram na classificação "trans, a ameaça", coletados em *Extrassexo*: são também figuras de trans, extraídas, em parte, da prática clínica de Millot. Como Chiland e muitas pessoas que sofrem da síndrome do CTLPHF, Millot se esconde para exercer suas fantasias sobre as pessoas trans, e isso em troca de uma remuneração naquilo que chamamos de consultório.

Vejamos o que *Extrassexo* reserva para as pessoas trans. São putas: trans, especialmente as MTF, fazem isso por dinheiro. Interpretam *stars*, como se elas próprias não pudessem ser. São mentirosas, pois em vez de se reivindicarem como doentes mentais, elas se reconhecem como trans para afirmar uma identidade trans; mentirosas que, quando se politizam, viram mártires da causa transexual. Evidentemente, isso é um problema para Millot, já que elas não querem mais frequentar seu consultório e, principalmente, não querem mais falar de sua infância para os psis. São perversas que dão aos psis o que eles querem ouvir. Eis o que as torna imediatamente agentes secretos, agentes duplos; quimeras na parte de cima e na de baixo (não dá para saber direito) e até mesmo metonímias. São psicóticas e histéricas, é claro. E, para finalizar, são "mutantes". Nossa paciente se vê em maus lençóis com uma pessoa mutante, um FTM, o que para Millot claramente quer dizer que existem apenas dois sexos. Isso faz Millot mergulhar num delírio místico sobre o sexo dos anjos. Não é por acaso que ela sente a necessidade de rebatizar aquele que se define voluntariamente como "mutante e monstruoso" (esse será "Gabriel, um nome de arcanjo"), de maneira a relegar sua identidade de trans a um improvável extrassexo. Ainda mais porque o Gabriel em questão manifesta uma concepção protética, realmente interessante, de sua masculinidade: "é como se as mulheres tivessem sido amputadas de mim", dirá ele. Constata-se sem dúvida que Gabriel é um dildo de um novo gênero. Mas como se desapegar do falo de Lacan, como deixar de ser falóforo, como imaginar que Lacan poderia ter-se deixado penetrar por um dildo?

O caso Bonello

Uma variação interessante do CTLPHF, e ainda mais sangrenta, se é que isso é possível – que profissão imunda –, pode ser vista no último filme de Bonello:[19] *Tirésia*. Com seu capítulo sobre os ritos

19 [N. E.] *Tirésia*. Dir. Bertrand Bonello, França/Canadá, 2003, 111 min. No filme, Tirésia é uma transexual brasileira. Na mitologia grega, Tirésias foi profeta e transitava entre os gêneros.

da castração, Millot já se voltava para os dados civilizacionais improváveis, a fim de concluir acerca da estrutura a-histórica da transexualidade e chegar à conclusão de que apenas a terapia analítica conseguiria desfazer a ilusão transexual dos pacientes. Isso a autoriza a se recusar a passar o endereço de um cirurgião mediante o pedido de um "paciente", com a desculpa de que a operação seria apenas trocar uma mentira por outra: a mentira de se dizer mulher encarnada, em certo sentido incorporada por meio da cirurgia.

Bonello, por sua vez, se dá ao luxo de voltar à figura mitológica de Tirésias, ao propor uma visão ainda mais radical do Édipo e da castração. Terranova, aquele que no filme supostamente saberia da trans, é, antes de mais nada, um cliente atormentado da zona de prostituição do Bois de Boulogne, em Paris. Ele captura e sequestra Tirésia, uma puta trans não operada, e então fura seus olhos quando sua barba volta a crescer. Normal, ele a deixara sem hormônios. Na sequência, ele a coloca em seu Volvo e a joga colina abaixo. Mas essa versão sangrenta do Édipo aparentemente não é suficiente para que Tirésia entenda a diferença dos sexos. Terranova faz uma nova aparição, dessa vez como padre (é o mesmo ator que interpreta o papel), e descobre que Tirésia sobreviveu e se manteve em sua paróquia. Tirésia está cega, claro, mas possui poderes de adivinhação. O padre tenta lhe explicar que ela não conhece a verdade sobre si mesma, em suma, que ela continua tão cega quanto antes. Nesse momento, a pobre Tirésia não reconhece a voz de seu torturador, que a atropela com seu carro, eliminando-a de uma vez por todas. O Terranova em questão é apresentado no comunicado de imprensa do filme como um esteta de pensamento poético, que aproxima Tirésia de uma rosa perfeita, sem espinhos – e sem dúvida sem pelos. Mas eu diria que sua posição provavelmente se encaixa melhor na figura do psicanalista acometido por CTLPHF, que exige que a pessoa trans confesse sua ignorância, que recusa as modificações corporais pedidas e produz a verdade do sexo e do corpo no lugar do paciente. Enuclear a pessoa trans é tornar a inscrever Édipo em sua mente e continuar a enxergar em seu lugar o que ela supostamente não pode ver. Isso não deixa de envolver um certo gozo sádico e, principalmente, uma privação da capacidade simbólica, como acontece nesta entrevista entre uma pessoa trans e vários psis que a cercam, todos com casos graves de síndrome do CTLPHF.

Diálogo entre M.H. e J.L., pessoa trans e médico-chefe, que me foi transmitido pelo professor Tom Reucher, ex-presidente da ASB, fundador da marcha Existrans e coapresentador do programa "Bistouri, Oui, Oui" ["Bisturi, sim, sim"] na *Radio Libertaire*:

> **Dr. J.L.**: Fale comigo um pouco, assim. Coloque as coisas em ordem, se quiser; coloque as coisas em ordem por sua própria conta. Me diga por que está aqui. Me diga, se isso não te aborrecer, a ideia que você tem de tudo isso aqui (M.H. treme). Você sabe, aqui todo mundo é médico (sorrindo).
> **M.H.**: Sim.
> **J.L.**: O que você tem para nos contar?
>
> *M.H. conta como desde criança já gostava de usar roupas de menina às escondidas, e que tinha um fraco por combinações de nylon. Ele mesmo usa a expressão "travestir-se". Então o doutor J.L. se esforça para provar que M.H. sabe que tem culpa e que acaba de admiti-la:*
>
> **J.L.**: Então você admite que é um travestimento? [...] Por que você diz "eu me revestia"? Em geral, o certo é "eu me vestia".
> **M.H.**: Meu francês é muito ruim, porque na escola eu sempre ia muito mal, com o meu problema. No meu trabalho, eu sempre ficava pensando nesse problema, e isso sempre estragou tudo na minha vida [...].
> **J.L.**: Então, você reconhece que isso estragou tudo na sua vida e você mesmo chama isso de travestimento. Então, você sabe muito bem que você é um homem.
> **M.H.**: Sim, disso eu tenho muita consciência.
> *M.H. segue tentando explicar o prazer que sente em vestir roupas femininas ("isso me traz felicidade") e mostrar que se situa mais no que chama de "plano do coração" do que no "plano sexual". Na realidade, o esforço é para descrever sua identidade de gênero, mas o Dr. J.L. quer resolutamente*

retornar à questão do sexo, focando brutalmente em sua indestrutível masculinidade:

M.H.: Eu já tenho todo o jeito de mulher, no plano sentimental também...
J.L.: No plano...
M.H.: Sentimental.
J.L.: Talvez você possa me esclarecer isso um pouco: sobre o plano sentimental.
M.H.: Quer dizer, é uma qualidade, eu chamo isso de qualidade, eu sou uma pessoa doce.
J.L.: Diga...
M.H.: Sou uma pessoa doce e gentil.
J.L.: Sim, prossiga...
M.H.: Mas não vejo nenhuma outra qualidade fora isso... principalmente a doçura, no plano sentimental.
J.L.: Você teve alguma relação sentimental? [...] Olha, meu caro, o negócio é que você tem barba na cara, não dá para ir contra isso.

M.H. expressa sua intenção de fazer a cirurgia no Marrocos, o que acaba irritando o Dr. J.L.

J.L.: E você acha que vão te operar no Marrocos?
M.H.: É claro.
J.L.: Como sabe?
M.H.: Li em alguns livros.
J.L.: A cirurgia então é o quê? Essencialmente, cortar o pinto.
M.H.: Tem a castração, mas também a transformação do corpo, os hormônios!
J.L.: Os hormônios, parece que você deposita neles uma esperança especial. É a única coisa em que você se apoia, por enquanto?

E M.H. completa, explicando o que espera da cirurgia estética. É nesse momento que Dr. J.L. decide colocar um fim na "entrevista":

J.L.: O que você espera da transformação do seu rosto?
M.H.: Primeiro, a barba. Uma depilação é algo crucial. Em seguida, há cirurgias no queixo, no nariz. Obrigatoriamente, isso acaba embelezando o rosto. Não dá para dizer que depois de uma cirurgia dessas a gente fica com rosto de mulher, mas já dá uma melhorada.
J.L.: Pobrezinho. Até mais.

O paciente sai e o doutor J.L. discute o "caso" com os outros psicanalistas presentes: Czermak, Suzanne Ginestet-Delbreil e Alain Didier-Weill (particularmente dedicado). Dr. J.L. é formal. Nada impediria M.H. de ser operado. A impotência da psicanálise comove Alain Didier-Weill, que deixa escapar um grito de sofrimento:

Dr. Alain Didier-Weill: Mas, senhor, será que é de fato impensável termos esperança de poder ajudá-lo a optar por uma operação analítica?
Dr. J.L.: Não dará em nada. Não dará em nada. Já foi feito, não deu em nada. Isso é coisa da primeira infância. Ele está decidido a passar por essa metamorfose. Não mudará nada.
Dr. A.D.-W.: Isso nos leva a uma impotência que é quase tão insuportável quanto a que ele próprio vive.
Dr. J.L.: Não vejo nenhum elemento que me permita ter esperança de um outro resultado.[20]

Vocês sem dúvida reconheceram o caso Lacan, então nem me darei ao trabalho de comentar. Vocês podem consultar os trabalhos do professor Tom Reucher,[21] a quem agradeço mais uma vez pela indicação desse caso extremamente patológico, mas que, sem sua perspicácia, poderia ter caído no esquecimento. E não venham me dizer que Lacan permite aqui que seus alunos compreendam que a operação é inevitável, pois dá para ver a

20 "Entretien avec Michel H.". CZERMAK, M.; FRIGNET, H. (orgs.). *Sur l'identité sexuelle:* à propos du transsexualisme. Paris: Éditions de l'association freudienne internationale, 1996.
21 http://syndromedebenjamin.free.fr

reação de Alain Didier-Weill, que compartilha a dor de renunciar à "operação analítica".

Como curá-los?

Então, a questão que se coloca agora é: qual a terapia para esses pacientes difíceis? Alguns propuseram uma regulação das análises de controle e uma formação para os terapeutas que sofrem de síndrome do CTLPHF, com um acompanhamento obrigatório de dois anos, de modo a ajudar esses pacientes a sair desse sistema de crenças ilusórias e dessa propensão ao proselitismo. Na realidade, os melhores resultados, por enquanto, vêm da terapia aversiva. São exibidas imagens de Colette Chiland trepando e, após vômitos múltiplos, assistimos a deseterossexualizações e a saídas do pensamento binário duráveis e muito encorajadoras. Pois é! Os psis que sofrem de síndrome do CTLPHF são "sensíveis à sugestão": ao contrário do que se afirma, nós bem que tentamos, com esse tipo de pacientes, e não sem sucesso, todos os tipos de psicoterapias baseadas de um jeito ou de outro na sugestão: da hipnose às terapias comportamentais, passando pelas técnicas de condicionamento. Dá certo.

"Enquanto os leões não tiverem seus próprios historiadores, as histórias de caça continuarão a glorificar o caçador"[22]

Agora, vou passar para o segundo aspecto da minha intervenção: a questão das políticas transgênero *versus* as políticas da representação e do saber *straight*, das quais, como quem não quer nada, acabamos de ver alguns exemplos com os casos citados. É óbvio que as políticas transgênero vão ao encontro das políticas homonormativas, como as praticadas pela Inter-LGBT (a interassociação que organiza a marcha dos orgulhos gays e lésbicos, em junho), pela Homossexualidade e Socialismo, pelo Partido Socialista[23] e

22 REUCHER, Tom. *Corps 9*. Op. cit.

23 Basta ver como o projeto do centro de arquivos das homossexualidades, apoiado pela Prefeitura de Paris (CADHP) e pela revista gay *Têtu*, evita, logicamente, as questões de gênero e as políticas trazidas por elas.

pela futura autoridade universal contra as discriminações (a Halde), que na verdade buscam se prevenir contra o questionamento do regime dos gêneros binários. As políticas transgênero e queer também se inscrevem em negativo, contra os dispositivos de saber e de produção da verdade do sexo e do corpo trans, mais particularmente através do discurso psicanalítico lacaniano.

As pessoas trans fabricam seu próprio conhecimento e suas próprias mídias (em sentido amplo). Elas opõem o autodiagnóstico e a autodenominação (que tanto apavoram nossa paciente nº 1, Millot) aos discursos científico, jurídico e psicanalítico. Como Pat Califia[24] aponta muito acertadamente, ao introduzir uma forma teatral em sua autobiografia e ao interpretá-la como uma performance, Kate Bornstein, translésbica, consegue criar sua própria mídia e descola a forma autobiotrans das narrações condicionadas pela medicina e pela literatura de caso.

Fim do familiarismo para explicar as pessoas trans, fim da individualização do sintoma, da polícia dos gêneros. Fim das políticas de prevenção destinadas a evitar a confusão dos gêneros, que estão no cerne da atividade de não poucos psis, inclusive de alguns aqui presentes. O *psyspeak* opõe-se ao discurso, às subculturas e às identidades trans que saíram daí, e que vêm se desenvolvendo desde os anos 1960. Azar de Millot se, como Beauvoir, ela esbarra em Sarlota[25] por não conhecer nem a *butch* nem a translésbica. Azar de Lacan e de todos os psis franceses, ainda roendo o osso da transexualidade, porque ela bagunça o diagnóstico diferencial entre transexualidade, travestismo e

24 CALIFIA, Pat. *Sex Changes*. The Politics of Transgenderism. Op. cit.

25 Sarlota/Sandor é um caso de "lésbica masculina demais", comentado por Krafft-Ebing em *Psychopathia Sexualis*, e que Simone de Beauvoir também faz o favor de chamar de "viril" demais, no capítulo consagrado à lésbica em *O segundo sexo*: "muitas vezes, a lésbica tentará compensar sua inferioridade viril com uma arrogância, um exibicionismo que manifesta, na realidade, um desequilíbrio interior". BEAUVOIR, Simone. *O segundo sexo*. Paris: Gallimard, 1949, v. 2. E Beauvoir lamenta que "Sandor não tenha sido psicanalisada", o que não a impede de diagnosticar. Na realidade, Sarlota viveu como homem e tinha parceiras sexuais mulheres. Para uma crítica da lésbica segundo Beauvoir, e que Monique Wittig tanto detestava, ver: "A lesbeauvoir entre feminilidade, feminismo e masculinidade", no primeiro volume de *Queer Zones*, publicado por esta editora, p. 134-144.

homossexualidade, com a intersexualidade no papel do espectro. Azar de todos os psis que querem se agarrar à psique, como se as pessoas trans só pensassem no corpo e não tivessem cérebro: "mas o que sabem os transexuais sobre o próprio cérebro, além do fato de ele ser o apoio da vida psíquica?".[26]

O que os lacanianos querem manter são os segredos linguisticamente cifrados, e até mesmo matematicamente transcritos, da subjetivação, estupefatos que estão com a emergência de uma construção e de uma política da identidade trans que lhes escapa. Isso significa que a estratégia queer se situa, a um só tempo, do lado da produção de identidades e pós-identidades, e do lado da dessubjetivação.

Millot tem razão em se preocupar: as pessoas trans saem da cena psicanalítica em que foram confinadas na posição de objetos para se tornarem sujeitos de seus próprios discursos, até mesmo de novas terapias. Sim, elas passam da esfera privada familiarista e querida da psicanálise a uma cena política e epistemopolítica, de onde podem questionar as políticas lacano-*straight* de vocês. Sim, as pessoas trans entenderam bem que a designação de gênero se apoia em um poder performativo (o silêncio incluído) que os psis confiscaram. Os lacanianos, como vimos, só podem ser contratrans.

E não é tentando se passar por lacanianos modernistas *new look* que as coisas se ajeitam. O desfile de queers que a EPEL financia desde que Jean Allouche, aqui presente, veio nos cercar como se estivesse no zoológico em 1996, na ocasião do lançamento de *Q comme Queer*[27] [*Q de Queer*], prova que ele não entendeu nada, nem da teoria queer, nem das políticas queer. São as lésbicas feministas ou pós-feministas que estão na origem da maior parte da teoria queer, e todo mundo sabe bem que esse esforço teórico e político foi logo em seguida confiscado pelos gays brancos hegemônicos nas universidades norte-americanas e em outros lugares. Na França também. Ainda assim, é curioso ver que a EPEL nunca se interessou pela crítica feminista a Lacan, há

26 CHILAND, Colette. *Changer de sexe*. Op. cit.
27 BOURCIER, Sam. *Q comme Queer*. Lille: Gai Kitsch Camp, 1999.

anos conduzida por Rose, Gallop, Brennan e De Lauretis... O que tanto excita vocês nos textos queer?

No final das contas, entre a conferência de hoje e o livro de Millot, não há poucas homologias. O dispositivo de saber e de enunciação desta conferência-debate é duvidoso. Vocês tratam pessoas trans como costumavam ir caçar um programa em Pigalle. Parece até que ficou ainda mais exótico se interessar pelos textos produzidos por queers do que por seu sexo. Vocês não param de exibir filmes em seus seminários sobre as minorias "exotizadas", "erotizadas"... Como é que vocês assistem a *Bloodsisters*,[28] os filmes sobre Jennifer Miller,[29] pagando quarenta euros a sessão, em vez de trabalhar com uma coisa que diz respeito a vocês mesmos e que nunca é questionada: o heterocentrismo branco e burguês? E é exatamente isso que transparece na maneira como vocês traduzem textos queer de um ponto de vista lacano-heterocentrado. Sim, é preciso tirar a política psi *straight* do armário. Sim, eu enfio o dedo no lapso de tradução que se encontra bem no meio do texto de Judith Butler, "Imitation and gender insubordination" ["Imitação e insubordinação de gênero"]. Vocês traduziram "bairros homofóbicos" ["*homophobic quarters*"] por "bairros geralmente heterossexuais [*"quartiers généraux hétérosexuels*"]. Provando muito bem, como lembra Sedgwick, que tanto a homofobia como a transfobia são, antes de tudo, assuntos epistemopolíticos. Entenda-se: máquinas que produzem saberes-poderes, definições das minorias, e não necessariamente nem simplesmente insultos. Sim, a política de tradução de vocês é estranha, e David Halperin, aqui presente, sabe do que estou falando, já que seu *Saint Foucault*[30] saiu na França sem o capítulo sobre as biografias de Foucault, como se isso não fosse do interesse de ninguém. O que vocês não entenderam é que nós não temos nada a ver com o molho queer praticado na EPEL. As políticas transgênero e queer questionam

28 *Bloodsisters. Leather, Dykes and Sadomasochism*. Dir. Michelle Handelman. Estados Unidos, 1995, 69 min.

29 *Un Cirque à New York*. Dir. Frédérique Pressmann. EUA/França, 2002, 54 min.

30 HALPERIN, David. *Saint Foucault*. Towards a Gay Hagiography. Oxford: Oxford University Press, 1995. Para a tradução francesa truncada, feita por um intelectual *wannabe*, ver: *Saint Foucault*. Paris: Épel, 2000.

o querido Lacan de vocês, que é um dos psis mais transfóbicos que existem; elas questionam práticas clínicas, o armário, os tráficos de vocês. É porque vocês ainda conseguem pagar as pessoas trans, economicamente falando, que nós estamos aqui, mas fiquem sabendo: as pessoas trans não precisam de vocês. São vocês que precisam delas e que as utilizam para continuar a assentar a psicanálise em seus verdadeiros pontos de ancoragem: as perversões. Senão tudo cai por terra. E nós já entendemos bem que o que vocês chamam de "queer" é uma subversão a mais, uma imagem a mais, um "queer chique" *made in chic* Paris, que vocês cultivam em relação a outras obediências psicanalíticas e lacanianas, para parecer mais modernos. Mas os médicos e os psicanalistas não são mais autoridade em matéria de sexo, gênero e sexualidade. Agora, é preciso entender psicanálise como análise dos psis, até que surjam terapias queer de que vocês nem fazem ideia. Enquanto isso, parem de tentar nos traduzir.

Dados Internacionais de Catalogação na
Publicação (CIP) de acordo com ISBD
Elaborado por Odilio Hilario Moreira Junior - CRB-8/9949

B767q Bourcier, Sam

Queer Zones 2: Sexopolíticas / Sam Bourcier ; traduzido por Caroline Micaelia, Henrique Provinzano Amaral. – São Paulo: crocodilo, 2025. 282 p. ; 13cm x 21cm.

Tradução de: Queer Zones

ISBN: 978-65-88301-29-6

1. Ciência política. 2. Estudos de gênero. 3. Estudos Queer. I. Micaelia, Caroline. II. Amaral, Henrique Provinzano. III. Título.

2025-2741 CDD 320 CDU 32

índices para catálogo sistemático:
1. Ciência política 320 / 2. Ciência política 32

crocodilo edições

coordenação editorial
Lou Clara Barzaghi
Marina B Laurentiis

crocodilo.site
ig: @crocodilo.edicoes
fb: @crocodilo.site

isbn: 978-65-88301-29-6

tradução
Caroline Micaelia
Henrique Provinzano Amaral

revisão técnica
Henrique Provinzano Amaral

revisão da tradução e preparação
Nicole Alvarenga Marcello

revisão
Juliana Ramos Gonçalves

projeto gráfico e diagramação
Laura Nakel
Luiza Rolla

ilustrações
Ruth Mora

A crocodilo edições agradece à artista Ruth Mora, que gentilmente cedeu as ilustrações deste volume. Algumas modificações foram feitas para sua inclusão no livro.

créditos imagem de contracapa
"O pênis, o retorno", flyer antiqueer e anti-S/M assinado pela SCUM Associées, distribuído no festival Cineffable em 1996.
SCUM Associées

Cet ouvrage, publié dans le cadre du Programme d'Aide à la Publication année 2025 Carlos Drummond de Andrade de l'Ambassade de France au Brésil, bénéficie du soutien du Ministère de l'Europe et des Affaires étrangères.

Este livro, publicado no âmbito do Programa de Apoio à Publicação ano 2025 Carlos Drummond de Andrade da Embaixada da França no Brasil, contou com o apoio do Ministério francês da Europa e das Relações Exteriores.

AMBASSADE
DE FRANCE
AU BRÉSIL
Liberté
Égalité
Fraternité

Este livro foi composto com os
tipos Rotis Semisans e Futura Bold.
Impresso em papel Pólen Bold 90g
pela gráfica Loyola.